雅理

通过阅读　解放自己

生而为男？

男性气概的人类学真相

ARE MEN ANIMALS?
HOW MODERN MASCULINITY SELLS MEN SHORT

[美] 顾德民 — 著
Matthew Gutmann

宋熙 张飒 — 译

中信出版集团 | 北京

图书在版编目（CIP）数据

生而为男？：男性气概的人类学真相 /（美）顾德民著；宋熙，张飒译. -- 北京：中信出版社，2023.6
书名原文：Are men animals? How modern masculinity sells men short
ISBN 978-7-5217-5606-7

Ⅰ.①生… Ⅱ.①顾…②宋…③张… Ⅲ.①男性－社会角色－研究 Ⅳ.① C912.6

中国国家版本馆 CIP 数据核字 (2023) 第 078628 号

Copyright © 2019 by Matthew Gutmann
Simplified Chinese edition copyright © 2023 by Tao Zhi Yao Yao Culture Co., Ltd
This edition published by arrangement with Basic Books,
an imprint of Perseus Books, LLC,
a subsidiary of Hachette Book Group, Inc., New York, New York, USA.
ALL RIGHT RESERVED
本书仅限中国大陆地区发行销售

生而为男？——男性气概的人类学真相
著者：　　［美］顾德民
译者：　　宋熙　张飒
出版发行：中信出版集团股份有限公司
　　　　　（北京市朝阳区东三环北路 27 号嘉铭中心　邮编 100020）
承印者：　河北鹏润印刷有限公司

开本：880mm×1230mm 1/32　　印张：12.25　　字数：230 千字
版次：2023 年 6 月第 1 版　　　　印次：2023 年 6 月第 1 次印刷
京权图字：01-2023-2996　　　　　书号：ISBN 978-7-5217-5606-7
　　　　　　　　　　　　　　　定价：79.00 元

版权所有·侵权必究
如有印刷、装订问题，本公司负责调换。
服务热线：400-600-8099
投稿邮箱：author@citicpub.com

献给我的兄弟：罗伯和瑞克

难道我们不都是同一个俱乐部——毛猿俱乐部的会员吗？

扬克，《毛猿》，尤金·奥尼尔

目录

引　言 ... *1*

1 性别困惑 ... *20*
令人困惑的是什么？ ... *22*
当下的性别困惑 ... *28*
性别困惑始终相随 ... *35*
走出困惑 ... *48*

2 关于男性的科学 ... *50*
低睾酮问题升级 ... *52*
流行语限制了我们 ... *61*
杀人犯是男人 ... *68*
关于雄性动物的科学 ... *72*

3 猴在看，人在做 ... *76*
从宠物和探索频道学到的知识 ... *79*

动物很适合用来思考 ... 83
倭黑猩猩活泼的性欲 ... 89
羞怯的雌性是一种误解 ... 94
拟人论者太离谱了 ... 99
人类例外论 ... 106

4 男人的力比多 ... 112
常春藤盟校中的性选择 ... 113
观看男人脑中的色情片 ... 116
男性是具有动物性的性别 ... 124
我们所不知道的事情害了我们 ... 130
一位助产士的尾声 ... 137

5 男人天生的攻击性 ... 141
选择性地征兵 ... 146
蒂娜的刀子和德蒙的最后一次任务 ... 149
男人为什么打仗 ... 153
联合国维和部队中的性剥削和性虐待 ... 158
强奸作为正常的男性性行为 ... 162
什么是自然而有益的 ... 168
有胆量的男人 ... 172

6 我在,故我思 ... 178
男性情谊和社会性别隔离 ... 180
公交系统中女性专属的空间 ... 189

抗议以及虐待的语义学 ... 196
　　宽容和人群混合 ... 202

7 为人父 ... 206
　　想象中的父亲形象 ... 209
　　继承单身母亲身份 ... 212
　　移民与为人父 ... 215
　　我的堂弟理查德，帝企鹅 ... 220
　　代际转变 ... 223

8 中国：回归自然性别 ... 229
　　重申男性特权（以及女性的默许）... 230
　　撑起半边天，还是在你的宝马中哭泣 ... 235
　　在上海相亲角的会面 ... 239
　　现代媒人 ... 242
　　你的女儿是"剩女"吗？... 248
　　挑剔的女人不易嫁 ... 252

9 我们能改变自己的动物本性吗？... 255
　　男人用哪个部位思考？... 259
　　被奉若神明的男性身体 ... 267
　　亚洲的方法：不可分割的身体 ... 270
　　继承革命性的暴力 ... 274
　　恕我直言 ... 275

10　别让男人置身事外 ... 283

　　他们／她们／他她们的 ... 287

　　怪物高中生 ... 292

　　阿尔法男的法则 ... 299

　　不可避免的光环 ... 302

　　踢"球" ... 310

致　谢 ... 314

注　释 ... 319

参考文献 ... 341

索　引 ... 359

引言[*]

我们对从生物性的角度来解释男性行为抱以不合理的信心。[1] 2018年初,《新闻周刊》刊登了一篇题为《喜欢爵士乐的男性分泌的睾酮比喜欢摇滚乐的少》的报道。这是一个抢眼的标题。它所陈述的事实是基于我们对性别和行为的既有概念,但也有用一点新知来挑逗我们的意味。可能一些读者已经准备好接受这一结论,即摇滚乐更显男子气概。因为他们认为这种音乐形式显得比较直接好斗,而他们也会把睾酮这种荷尔蒙与具有攻击性的男子气概联系到一起。

---

[*] 本书第一、四、八、九、十章及致谢部分由宋熙翻译;第二、三、五、六、七章由张飒翻译。两位译者进行了互校。引言由两位译者合作完成,感谢刘勇强先生对引言部分内容的润色。——译者注

另一些读者则可能对这篇报道所依托的来自日本的研究感到心悦诚服。这一研究将高智商与作者们所谓的"复杂的音乐形式",即古典音乐、爵士音乐以及世界音乐的偏好建立了联系。不过,就算是对那些同意"玩硬摇滚的人一定会分泌更多的睾酮"这一结论的读者来说,也要考虑这样一个小问题:这根本就是无稽之谈嘛!这一研究建立在一个极小的男性样本之上。这个让作者宣称证明了"如硬摇滚等叛逆型音乐"和睾酮较高之间的相关性的研究究竟涉及了多少男人:总共也才37个,而且还全是来自日本大学和职业学校的年轻男学生。

这37个日本学生于是成了世界上所有地方和所有时代男性的代表,用来证明"内分泌诱因与音乐偏好模式"之间的关联。这个研究完全没有进行有关日本摇滚乐、古典音乐以及爵士音乐听众的文化分析。他们是老年人还是年轻人?居住在城市还是农村?有没有受过高等教育?有没有去过海外旅行的经历?确实,如果这个问题用内分泌学的知识就可以得到完整的解答,那还管他什么人口学呢?《新闻周刊》花在这篇报道上的工夫不过是在一本科学期刊上找一个符合男子气概预设的发现罢了。[1]

这一类的结论极其常见。从咖啡因的影响到读心术,再到性(你懂的),科学家们对研究资助的渴望使得其中的一些人在研究各种时兴的热点问题时只图快,却忽略了治学所需要的严谨。专门报道科学内容的记者们也有同样的压力,根据他们对读者喜好的认识，又不免对事实添油加醋地渲染一番。而研究生物学和人类行为之间的关系本来就需要小心。当记者欣然地接受了最新的，尚未得到证实的生物性因素和人类行为之间的关联时，往往我们读到的见解更多的会是既有的文化上的偏见而不是新的科学发现。你喜欢摇滚乐吗？明显你的睾酮水平较高，那么，如你所知，这意味着你更男人。你喜欢爵士？那你一定更复杂高雅，不过你的男人味就没那么足了。

对人类行为的生物学解释不加批评的推崇不仅影响到我们对男性的看法，也同样影响到我们对女性的想法。但是最近的几十年，女性做了更为有力的反击。大多数人现在已经知道了，比如说，女性的月经周期和她们的情绪之间没有可预测的相关性。但是"男人就是这样"，对吧？尽管这几十年的研究一直得出相反的结论，但我们仍然倾向于全然认同认识男人最好的方法就是通过更近距离地观察他们的大脑、睾丸和肱二头肌。[2]

每天人们都会与荷尔蒙、基因、遗传以及进化相关的生物学术语不期而遇，似乎他们在试图理解男性的性冲动和暴力，好像这些生物学上的线索解释了是什么让男性形成了他们现在的行为模式。一种特别有效的策略是将男性和其他物种中的雄性进行比较。当我们这么做的时候，我们倾向于简化男性的行为以强调其对于外部刺激自动的、动物性的反应，而男性大量基于文化、历史和性格的反应则被忽视了，于是也无需对其进行解释（其实，这对人以外的雄性也不是很公平）。如果我们[3]

认为理解男性行为的最佳途径是将他们与各种其他物种中的雄性的行为和感受联系起来,并认为这些行为和感受都是本能和性冲动驱使的,那么我们真是小看了男人。男人是动物。但是这一论断究竟意味着什么呢?

几乎没有人会如此盲目以至于认为生物性决定了成为一个男人意味着什么的所有事情。但我们之中又有多少人可以宣称对男人的生理可以解释很多他们的行为这件事心存不止一点点的怀疑呢?毕竟生物学对人生大问题的解答如此简洁,确实是难以抗拒的。谱系检测公司 23andMe 和 Ancestry.com 的受欢迎程度有目共睹,他们通过让人们沉溺于诸如 DNA 可以告诉我们"我是谁"以及我们的性格脾气在某种程度上可以从我们的祖先那里追根溯源这些信念,赚得盆满钵满。

我们如何谈论男人,即使是在随意和非正式的情况下,决定了我们对男人的预期。以睾酮为例。我们之中一些最为博闻强记和聪明的权威人物就会随意地让这一分泌物带上超自然属性以对男性做出普遍性的推论。如果我们对日常新闻做些搜索可以很快得到诸如这样的描述:"一片睾酮"(弗兰克·布鲁尼,Frank Bruni),"强劲的、由睾酮驱动的文化"(沃尔特·艾萨克森,Walter Isaacson),"虚夸的睾酮赤字"(凯瑟琳·帕克,Kathleen Parker),"睾酮满满"的电影明星们(出现在一篇讲一个前程似锦的年轻演员的文章之中),以及"称量睾酮度量的握手"(查尔斯·布洛,Charles Blow)。詹姆斯·李·伯克(James Lee Burke),我最喜欢的推理小说作家之一,在他2016年的小说中写下了令人难忘的一幕:"我可以听到他在呼吸,可以闻到那仿佛被熨烫进他衣服里的睾酮的气味"。[3]

  从上述这些例子中不难读到所谓"诗的破格",即为修辞而改变语法规则的情况。但是这一模式是值得留意的,因为把睾酮当作一种修辞手法用来形容男子气概已经变得有害无益。当我们用化学物质来解释强有力的握手,那是在找麻烦。而且这种表述方式背后心照不宣的假设还不断地被设计差劲的,抑或是被错误解读的研究强化着。当男人们行为不端时,该类研究通过将这些行为归因于男性特质而使得他们可以推卸责任。生物学似乎是一成不变的。所以通过把它和男性行为贴到一起,男性就无需为其越轨行动,尤其是性暴力行为承担责任了。从这个意义上来说,正是我们对关于男性及其行为的生物呓语(biobabble)的深信,使得父权关系本身变得顺理成章。[4]

  人们相信男性有着固有的、天生的特性,这不仅对政治过程,也对我们的人际关系有着直接的影响。有时候这些影响之间还有相关性。一位年轻的男士在2017年秋季学期的一门课后来找我,他告诉我:"我妈妈把票投给了特朗普。我觉得她无视特朗普针对女性的言论,因为,你知道,'男人就是这样的。'"这位学生停顿了一下,有点不好意思地继续说道,"但是我很想问她,'你是不是觉得我也是这样的人?'"想象着妈妈仅仅因为他们同为男性,就把特朗普和他混为一谈,他显然为此而苦恼。"你跟妈妈讨论过这件事情,还有你的感受吗?"我问。他带着极其悲伤的表情回答道:"不敢问,我怕知道答案。"

我会在后面的内容中谈到特朗普以及他那得到广泛默许的厌女症。暂时,他可以作为集各种貌似无法动摇的关于男性固有倾向的执念于一身的原型,包括人们在多大程度上会相信男性的生物性控制着他们的性倾向和攻击性;只有傻瓜会试图去否认这些事实;以及社会必须形成适应和限制这些倾向的体系。

"男或女"的二分法之所以会持续存在,原因是多种多样的,有些是现实,有些却已过时。《动物世界》在全球70个国家和地区都可以看得到,当我们观看这个节目时,如果听到"雄性天鹅会在雌性天鹅孵蛋时帮忙筑巢",我们会点头称道。这一分工与我们对人类分工的认识是一致的,而且也没有发现雌、雄性天鹅行为上的特例。所以我们极易产生思维上的认知跳跃:"好吧,可能我所熟悉的男女间的分工模式也是根深蒂固的。可能我的丈夫真的难以改变。"

关于男人和男孩的生物学极端主义是无稽之谈。但是这种无稽之谈在我们的想象中牢牢占据着一席之地,似乎还建立在我们的经验和科学的证明之上。说到行为的生物决定因素产生的影响,杰出的神经科学家罗伯特·萨波尔斯基(Robert Sapolsky)曾经说过:"为什么人们特别容易被基因产生一切且终结一切的想法所哄骗。这在当下尤其糟糕。"他接着驳斥了这些想法背后低劣的科学研究，但他并没有谈到产生这些偏误的社会根源。[5]

数万年来，男人的生物性大体上没有发生什么变化。单凭这个理由，我们当下面对的男性危机就不能从一个狭义的生物学的角度来理解或者挑战。这就是我写作本书的目的。作为一个人类学家，我运用一套与前述不同的方法来试图回答关于人们为什么容易被"男人就是这样的"这一类说辞所哄骗，以及为什么为数众多的科学家竟也成为让这些想法深入人心的共谋者。人类学可以揭示貌似源自生物性的男性行为复杂的文化起源，并且指出为何某些被科学家推崇的关于男性的基本想法，他们本身也是同一文化影响下的产物。科学家们也会像非专业人士一样易受影响，以至于认为某些特定的染色体和荷尔蒙揭示了关于男性的密码以及成为一个男人一定具有某些特质。

我相信人们看待男性以及期待男性表现的方式可以重新检讨，但这就需要我们理解关于男性和女性的根深蒂固的观点为何。还有千万不要搞错：其实对男性生物天性的假设无论是在受到良好教育、开明的社会阶层，还是保守的社群，同样都盘根错节地植根到了其社会基本结构之中。这些对于男子气概固执己见的想法的表达方式在全球各地差异很大，不过当今世界一个令人惊讶的特点是听到别人借助伪科学的语言来表达关于男性、性能力以及攻击性的想法，是多么稀松平常。

举个例子。有一个未受到质疑的关于男人的性和好斗天性的假设,在现代军队的实践中变成了一个骇人听闻的表现形式,为确保男性士兵可以得到性满足,他们可以充分且定期释放他们的"性能量"。法国军队把这种慰军的做法叫作"野战军人妓院"(bordels militaires de campagne),它们在第一次、第二次世界大战,印度支那和阿尔及利亚战争中不断涌现。更有甚者,一个臭名昭著的例子是,1945年8月23日,占领日本的美军高层决定成立一个娱乐消遣协会,强征多达55 000名女性为占领军提供性服务。在越南战争期间,军方的所谓休憩娱乐中心同样资助着明目张胆地为美军提供慰军服务的妓院。

马里奥·巴尔加斯·略萨(Mario Vargas Llosa)在他的一篇小说中写到,一位将军为那些被丢在秘鲁丛林中的男性士兵们鸣不平:"长话短说,禁欲产生很多腐败,导致他们丧失士气、紧张和冷漠。"如果你同意,比起女人来,男人对定期的性释放有特别的、根深蒂固的需求,那么你可能觉得这一切都是合情合理的。但是请认清这里的风险。你真的准备把男性运用身体的正当性让位于他们自己都不敢奢望能够控制的性冲动吗?[6] 如果你认为男人的身体控制着他们的命运,这其中就有一些实际的含意,因为这一想法影响着你对一些基本问题的理解,比如养育、野心、竞争、原谅、侵犯以及战争。其暗含的关于男性性欲的看法可以提供科学上经得起考验的支持以主张男性和女性的性驱动生来就有着显著的差别,而且这些主张反过来又可以解释为什么几个世纪以来没有发明新的针对男性的节育方法以及为什么往往节育还被武断地当作女性的责任，这似乎还是合情合理的。

为什么生物学的解释如此广泛、流行和有说服力，为什么生物学今天已经成为理解男性的全面解释工具？主要不是因为关于睾酮、大脑皮层或DNA有了新的科学发现。毕竟，研究实际上并没有为提出的问题提供有说服力的答案。如果普通大众已经变得过度依赖从基因互动、荷尔蒙水平和灵长类动物表亲拼凑出来的解释，那么是时候问一问为什么现在会出现这种趋势，以及为什么近几十年来这种趋势一直在增长了。

有一个关键方法可以攻破这些关于男性属性的想当然的观念，那就是研究男人和男性气质在不同时间和地点的实际多样性。相信你自己作为男人或与男人在一起的经历放之四海而皆准可能看似合理，但事实上，正如我们将看到的，这是错误的。最重要的是，除了正确和错误的观念之外，还有更危险的，那就是，关于男人是某种脱离时间限制和文化限制的单独物种的潜意识概念助长了这样的想法："别怪我。我是男人！"一派胡言。

权当男人不能自控是危险的。指出问题是解决问题的重要环节。因此，在我看来，问题在这里：我们不仅太急于对男性的性行为和暴力做出生物学的解释，这些解释也不够坚实，难以支持我们的结论,而且我们用于男性的语言陈腐僵化地定义了男性气质和男性属性,这使问题更加复杂化了。鉴于男人并非一串染色体克隆,我们就可以探索那些关于男人和他们的所谓先天特征的僵化生物学解释具有吸引力的根源,借此摆脱在思考男性行为时不必要的、自己强加的限制。

同样未被承认的事实是,对世界上大多数男人来说,在大多数时候,女人是男人意义的核心。对大多数男人来说,作为男人首先意味着不是女人。可以肯定的是,男人还有其他定义自己和被定义的方式:与其他男人相比,感觉自己更具有或更缺少男子气概;在特定时间感觉自己比其他男人更具有或更缺少男子气概;不是某一类男人(瘦子、富人、直男、毛发重、白人)。然而,正如认为男人的生物学决定了他们几乎无法自控是错误的一样,不把女人看作有关男人一切的核心也是危险的。

在关于男人和男性气质的讨论中确实有一种倾向,即认为仅限男性的互动和空间暗示了女性在很大程度上与男性无关,至少在他们成年后是这样。没人能否认女性在儿童生活中的重要性,尤其是母亲。但要思考女性对男性的影响就更困难一些。

说女性是男性全部生活的核心就不仅仅是母亲抚养儿子比父亲抚养女儿花时间更多的问题了,尽管这很重要,而同样重要的还有,与父亲对儿子的作用相比,母亲通常更是女儿现成的榜样。我们需要了解女性不仅对男孩而且对成年男人的影响。

我们需要了解,女性在大多数男人对男子气概和阳刚之气的意识中有核心作用。这意味着要注意女性关于男人的看法和经验,以及对于许多男人来说,男性气质是如何发展和转变的。另外,男性气质除了与处于相似的多样性和复杂性中的女性和女性身份及活动相关之外,是没有什么意义的。

本书更多的是关于男性而不是女性,即考虑到研究的聚焦性,也因为有一些具体问题需要我们特别关注。但女性与男性生活的许多方面相关,包括她们本人不在场的时候;她们对涉及男人的事件、身份和活动的解释,对于理解男人对自身信念和行动的控制来说是最根本的。因此,纵贯全书,我同时使用了女性以及男性生活中的例子来理解现代男人和男性气质。我们也可以从几十年来对女性的研究中学到很多东西。毕竟,女人也是动物,而且女人在历史上一直是海量生物学谬论的目标,这些谬论断言她们的身体将她们束缚在这种或那种低级行为中。

男性气质从何而来?有一个观念往往被认为是无可辩驳的事实,即男(雄)性行为在整个人类历史上和动物世界中基本上是相同的,但我们需要推敲一下。例如,请考虑以下这些神话和半神话:

· 除了少数例外,雄性在育儿活动中花费的时间和精力比雌性的少。第一,这一点在人类和非人类动物中都有重要的反例。第二,更重要的是,在人类中我们看到了巨大的"弹性",即养育行为模式的可塑性和变化,亦即男人有能力做"女人的工作",反之亦然。例如,当妇女为工作而迁移时,男人可以而且确实承担了比我们通常期望他们的要多得多的养育责任。

· 尽管做出了热忱而崇高的努力,但人类学家仍无法在地球上任何地方找到母系社会结构。没错,但这实际上告诉我们什么呢?在另一个弹性的例子中,在过去一百年的人类历史里,我们破天荒第一次看到女性在世界上几乎每个国家都能升格为政治领袖。我们还没有接近公平,但却指向了这一方向。

· 除了在电影中,我们总是发现军队中的男性多于女性。这种不平衡不再是生理上的原因;文化,而不是生物学,解释了这种差异,即使亚马孙女战士在西雅图以外从来没有存在过,也没关系。[7]

· 在一种又一种文化中,性幽默的特点是讲更多男性而不是女性的壮举和幻想。如果收集和讲述性幽默的人是男性,这一发现并非不令人惊讶。在这里和其他地方,如果我们只是和男人谈论男人,就不应该对女性的性行为做出那么多假设。

· 黑猩猩群体,"我们最近的表亲",是由阿尔法雄性领导的,而不是雌性。但事实证明,另一个"我们最近的表亲",倭黑猩猩,是由阿尔法雌性领导的。

这里的问题是,每一个例子都只是肤浅地支持这样一个说法,也就是所谓无可辩驳的事实,即雄(男)性行为在人类历史上和动物界中是一致的。实际上,它们根本不一致,而我们需要做的第一件事就是考虑多数,考虑各种各样的情况。我们对男人和男性气质的许多假设远不是无可辩驳的事实,而是基于披着生物学外衣的文化信条。"男孩总归是男孩"这句话隐含着这样一个观念,即男人是天生的,而不是后天造就的。因此,父母和社会几乎无法影响他们的欲望和行为——我们无法与生物学对抗,所以最好是专注于采取措施来限制他们和他们顽固的冲动。

还有,为什么我们只有在对男孩或男人的行为做负面评论时才会说"男孩总归是男孩"这句话呢?不知何故,当男人和男孩做了一些用心和慷慨的事情时,我们没听到,比如有人说:"嘿,你知道,他把自己的房间打扫得相当干净。因为,毕竟,男孩总归是男孩。"生物学决定了男性行为不端的规则,而当他们做了什么积极的事时,却只能用个别男性的例外情况来解释。[8]

在美国,我们说"男孩总归是男孩"。在墨西哥,我们说"Así son",意思是男人就是这样的。在现代中国,"男子气概"的含义几度波动,从"寻找男子汉"到狡猾的企业家的灌输,他们知道你需要引用科学才能被视为有见识和成功的。虽然它不仅仅适用于男人，但中国有一句话，"狗改不了吃屎"，经常被用在男孩身上。它的意思是，我们只能接受他们就是这样的，而且他们永远不会改变。⁹

在法语里，你有时会听到"Ça, c'est bien les hommes（你看男人就这样）"。在葡萄牙语里，相关的说法是"Como um rapaz（就像男孩那样）"。根据古典学家的意见，"男孩总归是男孩"的说法可以一直追溯到古罗马的一句谚语："Sunt pueri pueri, pueri puerilia tractant（男孩就是男孩，男孩会像男孩一样行事）"。我很喜欢拉丁语对孩子气的强调。

语言很重要，而英语中"男孩总归是男孩"这句半开玩笑的说法已经不再好笑了。

研究性别和性行为的乐趣和困难之一是，实际上每个人都有关于它们的经验和意见。还有问题，以及争议。通过从人类学宝库中提取的例子，以及一些个人轶事，本书将为我们的日常讨论提供一些深刻见解。包括男人的内心深处是什么样的，我们可以从男人那里合理地期待什么，以及作为男人我们应该对自身期待什么。当乌干达的吉苏族少年接受割礼时，乌干达人的目的是驯服"这只野生动物"，以便他们能够获得自控力，成为负责任的成年男子。欧洲的历史学家写到同样的问题，即掌控一个人的性冲动长期以来被认为是心理健康和可信度的标志，而缺乏有男子气概的控制力则暗示着精神疾病。在一些历史时期，人们把女性的所谓缺乏这种控制力当作不能信任她们做重要决定或担任领导角色的证据。当然，当剧本翻转——假设男人难以控制的力比多更高——这反倒成为阻止女性涉足政治和商业的证据，因为女人柔弱端庄的特质必须远离这些领域中性欲旺盛的男性氛围。[10]

长期以来，在历代的社会评论中，一直都有关于男人的讨论，以及男人书写的男人。现在不同的是，我们也在从积极和消极的方面把男人作为性别化的对象来思考和讨论。尽管"性别"一词（如性别问题、性别权利、性别平等）经常是"妇女"（妇女问题、妇女权利、妇女平等）的同义词，但它本不应该是。性别适用于，也应该同样地适用于男人和女人。人类学家长期以来一直在争论这到底可能意味着什么。20 世纪70年代的一些研究表明，存在广泛的全球和历史模式，将男性与文化、女性与自然，男性与公共空间、女性与私人空间联系起来。从那时起，女权主义者和其他学者一直在努力探讨我们是否可以合理地对男性、男性属性和男性气质做出这些和其他跨文化的概括。

我们知道，生物学很重要，而性繁殖则清楚地说明了男女之间重要的生理差异。只有女性会怀孕和哺乳这一事实具有明显和根本的意义，是各种性别分工的基础，而这些分工一直是人类生存的核心特征。但当我们从这些现实的男女生理差异做推断，并且假设我们也可以将其他差异解释为源于性别的生理差异时,问题就来了;这些其他差异包括在领导能力、数学天赋、养育能力、逻辑推理或智力等方面的差异。

在揭示明显的性别差异在多大程度上并非生物学上的因素导致的这一点上,20世纪被证明是一个转折点。可靠的避孕药具的广泛引入(以及生育率的急剧下降)、产科和妇女健康的普遍改善(以及母婴死亡率的降低)、商业婴儿配方奶粉,以及强大的女权主义政治运动,都明确无误地改变了全球每个角落的性别分工。或者,更确切地说,它们提供了这些性别分工可以改变的条件。

尽管有这些改变,但关于男人和女人不由其自主的天性的观念仍然存在,以至于我们格外需要更仔细地审查究竟什么是生物的,因而不那么容易改变,以及我们自己对生物学和性的盲目成见如何限制了我们的期望。与20世纪初相比,现在有更多的人知道,认为某些种族天生就更聪明、更勤奋或性欲更加旺盛(或相反)是多么可怕可憎的想法。我们同样需要挑战我们对男性属性和女性属性的理解、我们讨论这些问题的语言,以及那些通常被认为是男性或女性的内在属性。

在本书中,我们将穿行多地,从墨西哥城到上海,从奥克兰的康复项目到伊拉克的战争前线,从联合国海地维和人员的性剥削和性虐待悲剧到内分泌学家看似无党派的实验室。当美国历史上最广为人知、影响最大的一批性犯罪案件在2017至2018年震惊全国后,关于这些问题深思熟虑的对话变得空前重要。每一个案件的核心都是男人的性行为问题，它有什么标准，男孩和男人是否要学习以某种方式释放他们的性欲，以及当事情严重失控时，他们是否还能被改造好。在这里，我们将讨论贯穿每个新启示的基本关切。男人是否有某些内在的因素使他们更容易做出性侵犯行为？是所有的男人都这样，还是只是一些掌权的男人？他们犯下强奸和谋杀的罪行是否因为这就是某些物种中雄性会做的事——事实上，如果他们认为可以逃脱的话，他们所有人都会这样做吗？

我们需要学会更好地区分哪些是潜在的生理冲动和约束，而哪些只是大众的想当然。虽然我不会否定基因、荷尔蒙和进化，但我将会指出何时生物学解释超出了其合理的限度。社会科学早就应该与生命科学更紧密地合作，不要再拿生物学做挡箭牌受人文主义的嘲笑了。

本书也是关于全球文化对厌女症和男性暴力问题的回应之书。2017年席卷美国的强大的#MeToo运动*要求男人停止对女性的性侵犯，但活动家们没有更多地思考男人一上来就这么做的原因是什么。是本性使然吗？是他们进化的冲动吗？即使是

---

* "#MeToo运动"是美国反性骚扰运动，这个词起源于一个服务于弱势女性的纽约社区组织者塔拉纳·伯克，她提出了#MeToo——"我也是（受害者）"的口号。2017年10月15日，美国女明星艾丽莎·米兰诺在推特上转发，并且表示如果你曾受到性侵犯或性骚扰，请用"MeToo"来回复这条推文。发起这一运动主要是针对美国金牌制作人哈维·温斯坦性侵多名女星的丑闻，目的是呼吁所有曾经遭受过侵犯的女性说出自己的惨痛经历，以唤起社会的关注。——译者注（下文如无特殊说明，所有*注均为译者注）

那些为性别平等不懈努力的人，也受到关于男人固定气质的广泛理论的影响。有些人坚持认为，像"男人"和"女人"这样的性别分类与我们的日常互动无关，而另一些人则强烈反对任何偏离两性划分思维的做法。

　　人类学家研究人类存在的模式。我们提出作为人意味着什么的哲学问题，而我们的答案所考虑的不仅是从出生到死亡之间发生的事，还包括从受孕到葬礼之间都发生了什么。我们寻找共同点，但变化才使研究得以蓬勃发展，因为这证明了我们有多少种选择。这就是为什么我在本书中的研究方法是尽可能广泛地撒网，而由于我自己的研究经验，这意味着我会特别聚焦于美国、墨西哥和中国；当涉及 21 世纪的男人和男性气质时，我要展示各种规律以及反常、模糊和确定性。保守的性别关系减少的浪潮在不同的地方可能有不同的形式，但它明确无误是全球性的现象。在本书中，除了描述我的观察、我和男人及女人之间关于男人的谈话以外，我还希望明确一点，即目前正是巨大的风险与机遇并存的时候。

　　这将是一项集体努力。如果你不认为工资差距或缺少儿童照护是问题，那么你就是问题的一部分。如果你在教育孩子时，分别警告男孩不要强迫女孩做爱，而告诉女孩在性的问题上要小心周围的男孩，那么你也是问题的一部分。如果你从不质疑为什么所有的现代避孕方式都是为女性设计的，或者为什么只有年轻男性必须做征兵登记，你还是问题的一部分。也许你也保留着一些未仔细审视、未公开声明的关于男人和女人本性的观念,并在生活中遵循着无形中已成自然的性别准则。

这个令人困惑的时代提供了变革的机会,这不容我们错过。

1

性别困惑

我们生活在一个过渡时期。

——劳拉·吉普尼斯*

---

* 劳拉·吉普尼斯（Laura Kipnis），美国文化批评家和散文家，美国西北大学广播电视电影系教授。她的作品关注性政治、性别议题、美学、大众文化及色情文化。

一个幽灵，性别困惑的幽灵，在世界游荡。对性别的理解，对男性属性和女性属性的理解，以及对其他性别属性的理解，在保守和进步之间摇摆，而幽灵的身影总会出现。喜欢异性装扮的人欣然接受它，而原教旨主义者则试图驱魔。在我们周围，性别困惑引发了激烈的辩论和令人痛苦的质疑，却也提供了绝佳的机会，让我们可以审视男人，重新评估和检讨男人的定义，并审视为何我们关于生物学和男性气质（masculinity）的看法似乎如此清晰地反映在我们的社会和政治信条之上。在性别困惑这个问题上，我们的立场应该更加明确：最好能把焦虑和限制与期待和选择区分开来，也要比任何时候更意志坚定地厘清关于男人的童话故事与活生生的男人的身体和灵魂之间的区别。

必须要承认的是，性别困惑是一个尚在发展之中的现象。我们仍然会问"是男孩还是女孩？"，但是即使是这类最简单的定义性别的方法，也能轻易地让我们感到大惑不解。先是问男孩还是女孩，在这之后，便得问是异性恋者、同性恋者还是非常规性别人士？甚至连区分"性"和"性别"，这两个截然不同却又紧密相连的概念，也常常会引发反思和争议。鉴于出现了大量与性别议题相关的讨论和困惑，社会学家迈克尔·金梅尔（Michael Kimmel）协助发起了有关男人和男性气质的当代性别研究，并抛出了一个带有挑衅意味的说法："那么，这就是美国男人最大的秘密：我们怕其他的男人。我们文化上对于男子汉形象的定义有一个核心的、论述有序的原则，即恐同。"[1]

令人困惑的是什么？

2009年末，墨西哥城实现了同性婚姻合法化（比美国联邦政府一级的同性恋婚姻合法化早了近6年）。这代表着人们看待男性及其性行为（sexuality）——当然也包括女性及其性行为——的态度发生了巨大的变化。整个墨西哥的家家户户都在讨论男人、情爱、性、为人父母、宗教以及进步。

当美国的杀人狂大多都是"少白男"时，我们不免怀疑在讨论导致这一情况的原因和解决办法时，男人和暴力之间的关联是否应该成为核心问题。

在世界各地的地铁上，不乏有为女人和小孩准备的专属车厢。我们都明白，这是为了保护女性免受男性的侵害，但我们其实并不确定，性侵究竟能不能被制止，还是仅仅只能被短暂中止。

当跨性别政治的内容在电视节目里备受瞩目，当在填写申请表格的时候，性别一栏再不能只简单提供两个选项时，"何为男人"这个问题越发受到关注。在大学校园里，现在学生们习惯在第一次见面的时候交流自己的姓名、入学年份、专业以及喜欢的代称：不知从什么时候开始，突然之间，对更为年轻的一代人来说，"他/她"显得既老土又充满局限性。

当我们发现美国的女性更快地从2008年的大萧条中缓了过

来，她们比男性更快找到工作，整体的再就业情况也优于男性，我们开始重新审视男人对家庭和社区的贡献，而男人养家糊口的形象也变得模糊起来。

在中国，如果女人到了一定年纪还未婚，在外便抬不起头。人们不禁要问我们是否也该这么看待男人，而为什么现实中又并非如此？

当一个女人在德里一辆行驶的巴士上遭到轮奸；同样在波斯尼亚，穆斯林女性遭到信奉基督教的塞尔维亚人骚扰；或者在美国的大学校园里，年轻的女性被年轻的男性性侵，我们会问为什么。或许我们会说，男人就跟其他雄性动物一样，他们能够这么做的时候就会这么做。当遇到这样的事情时，我们常常会问是不是雄性本质上缺乏什么特质，才使得男性会去侵犯女性，尤其是在某种情况下。

所有这些情况都造成了困惑、争论、担忧和混乱。小学生回家吃晚饭，问什么是变性手术，他们能不能做一次。关于如何改尊称的讨论不断，从"小姐"和"太太"到统一称呼"女士"，再从"女士"和"先生"到跨性别的尊称"君"（Mx）。商店里出现了"中性服装"。《精神疾病诊断与统计手册》的内容一再改版，在数量相当庞大的民众中，这成了争论哪些性别特质可以被称为"正常"的好素材。连男厕女厕这原本没什么争议性的空间，也突然变成了道德上让人心惊胆战、法律上让人争论不休的地点。

经过多年的争论，美军开始接受同性婚姻人士和同性恋者服役。这可能让人觉得是解决性别困惑的某种方法。但还没等大家喘口气，美国最高法院就昭告天下，异性恋者和同性恋者的权益不能得到同等程度的维护（比如蛋糕师可以拒绝为后者制作结婚蛋糕），毕竟连美国总统也宣布美国不欢迎跨性别人士正式参军。[2]

对于美国和世界上其他地方的很多性少数群体（LGBTQ）积极分子和学者来说，针对跨性别人士的歧视成了下一个需要质疑的情欲生活的主要领域。跨性别政治占据了大众的想象，触发了新一轮的性别困惑，同时凸显了生活、爱情和工作之间的联系。下面这个例子可以说明在一段相当短的时间内，很多情况都发生了变化。1996年，我去应聘一个人类学和性别研究双聘的职位。在面试接近尾声的时候，招聘委员会主席问我，"你会考虑去做变性手术吗？"我想，由于围绕变性的社会风气发生了重大变化，20年后没人能够避开这样的玩笑了。

一些导致性别困惑的因素源于新的情况，而性别的一些方面则一直以来都比我们所知道的要复杂。近几十年来，在美国甚至全世界，女性的大学入学人数已经超过了男性。这一趋势的长期意义才刚显现，包括就业模式、收入差距以及财产所有权。#MeToo运动的突然涌现要求终结男性的性骚扰和性侵行为，并激发各个年龄层的女性反抗的勇气，从电影界到新闻界再到学术界，男性从权威的宝座上跌落下来。

与此同时，我们对性别的另一些困惑则源于过去肤浅的想法。如果"性别"通常被用来强调男人对女人的偏见和虐待等社会问题，那么为什么这个词用于男人的次数和用于女人的次数不相上下？毕竟，一般来说男人并不用面对类似的性别歧视或者骚扰。原因是，当我们留意到男性有性别时，这恰恰意味着我们需要停止把男性作为人类的预设值，即社会语言学家所指的未标记的类别，可以替代任何人的群体。我们对男人的很多事情都想当然，以至于他们的很多特质变得不明确或者根本未被注意到，似乎具有性别特征的只有女人。尽管有这样的失误，但无论男人还是女人都是与性别有关的社会规范和期待的产物。谁也不是仅仅因为身体的构造就生来如此。[3]

我们默默相信男人的行为并不具有标志性，但从犯罪行为到日常琐事，这一想法常常会影响到我们对男性不当行为的反应。一般而论，这一想法并没有错，但是一般论可以被挑战，特别是在历史上的关键时刻。女性主义学者盖尔·鲁宾（Gayle Rubin）的见解对理解今天重新评估男性和男性气质的利害关系尤为重要。她在一篇发表于1984年的论文中写道，"当代围绕性价值和色情行为的冲突与之前几个世纪围绕宗教的争议有许多共同之处"。通过比较关于性和宗教的主张，鲁宾试图提升性政治在历史记录中的重要性，并认为它应该得到承认并予以重新审视。

一般观点普遍认为在宗教信仰和实践的历史中存在着决定

性的时刻,利用这一种说法,鲁宾进一步指出在性欲的历史中也是同样(有一些决定性的时刻)。"性欲受到更为尖锐的质疑以及过度政治化的历史时期",她总结到,在那些时刻"情欲生活的领域,实际上是经过重新界定的"。换言之,在社会压力无处不在的时期,即便是几个世纪以来已经受到广泛接受的性行为和性观念都会开始瓦解继而发生转变的。[4]

性别和性或者性欲不是一回事。这些词语素来难以定义,但即便要冒着过分简化的危险,也让我们来尝试一下。一般来说,性与某些生理问题有关,而性别关乎某些社会问题。关于性欲的生理问题同样非常难下定义,比如说,这些生理问题总与生育相关吗?并非如此,口交就与生育无关。尽管如此,鲁宾对于性欲的观点却同样适用于性别,因为在历史的某些时刻,我们发现围绕性别总会出现更多的困惑,带来更紧张的气氛,而变化也正是会发生在这些时刻,那些被我们认为是理所当然的情况尤其会发生变化。军队就是一个例子,军队常会成为关于男女社会风气变化的例证。1970年代,美军的征兵工作严重滞后,突然之间,女性被征召入伍。对于女性和服兵役的观念也不得不相应地发生改变。

但是有一点需要注意,那就是事情如何变化、向何处发展从来都不是注定的。如果在未来的某一天,军队再次认为只有男性才能胜任所有的岗位,"重新评估"过后即宣布女性因为生性使然不适合或者相较男性来说比较不适合履行军人的使命,包括那些与战争有关的任务,这也是完全可能发生的情况。这就是《使女的故事》中的预防原则:未来关于性别的竞争将由身处其中的人来决定,所以现在谁也无法准确预测未来会发生什么。无论是鼓吹紧缩的保守主义者,或者是鼓励渐进改革的人们,此刻争相从不同的方向解决性别困惑的问题。再评估和再探讨男性和男性气质之争的核心是我们如何看待男人和他们的身体。*

《使女的故事》呈现的场景警醒人们,要说男人是为了自己的快乐而主张奴役女人,倒也并非是难以置信的事情。想想"非自愿独身者"**,那些年轻的男性认为自己处于"非自愿禁欲"的状态,而女性通过拒绝与他们发生关系来折磨他们。许多保守派承认,近几十年里,女性已经改变了她们对男性的期待,但是他们对性别变化的反感情绪有一个致命的缺陷:它把男性落在了后面。这些保守主义者以男人天生如此为由,不给男性改变的可能性留下任何余地。比如说,在教育和职业成就方面,他们担心男人将再也无法超过女性。在过去的一个世纪

---

* 《使女的故事》是一本由加拿大女作家玛格丽特·艾特伍德(Margaret Atwood)所著的反乌托邦小说。书中描写在不久的未来,美国因战乱及其他灾难瓦解,极权主义的基列共和国取而代之,多数女性沦落为杂役,少数仍具备生育能力的则被选为"使女"成为权贵的生产工具。

** Incel,由 involuntary(非自愿)、celibate(禁欲)两词组合而成,指现实社会基于经济条件或其他非自愿的原因而无法找到伴侣的人。这些人一般都是男性,而且可能从未有过任何性经验。这样一群人成为西方社会中的一个次文化团体。

里，女性在追求性别平等上取得了巨大的进步，且没有迹象表明要让出这些阵地。女性不会突然默许性侵；不会集体辞去工作，又当起家庭主妇；也不会放弃她们在商界、教育界、艺术界或政府部门的要职，重新回到男人们一手遮天的日子。她们更不可能放弃投票权。她们为什么要这么做？这些成果来之不易，已经成为我们文化的一部分。而这些出色的成绩又把男人置于何地了呢？这是本书致力于探讨的一项重要内容。如果过去关于阳刚之气的观念不再能打动女人的心，男人们就需要探索其他可能性。通常，刺激他们改变的是女人，但是唯有当男人成为关键的参与者，才能带来改变的决心。困惑、怨恨，甚至是愤怒，都能带来巨变。[5]

来自女性的挑战正在促使男性改变。她们是整个性别变革的催化剂。但是为了弄清我们可以对男性期待些什么以及应该期待些什么，首先我们需要理解男人是什么以及能够成为什么。尽管男人参与家务劳动这一点很重要，但同样重要的远不止于此，甚至还关系到命悬一线的情况。对于世界上很多人来说，这个性别不稳定的年代是让人困惑、充满不确定性的。但这也可能是一个觉醒的时代。

当下的性别困惑

动物性在多大程度上决定了人类的特性，比如种族或者男人味，这取决于一个特定时期的社会和政治环境。我们对男人和男性气质相关的特性所做的假设，则是由我们对不同文化背景和历史时期的男性的了解程度直接决定的。

在美国20世纪的大部分时间里，我们关于动物性和性别之间关系的讨论从来没有停止过。科学的种族主义及其在优生学的理论下的必然结果，还有科学的性别主义，在1910年代和1920年代，这些都被认为是理所当然的，但是到了社会骚乱鼎盛的1930年代，这一切都遭到了尖锐的攻击。当时的社会结构中渗透着关于几乎所有事物的进步思想。第二次世界大战之后兴起的保守主义试图重建女性在家庭以及厨房里的固有位置，但是这一尝试在1960年代和1970年代民权运动高涨的时期遭到了广泛的反对。对女权主义的反击随之而来，到了1970年代中期，这种反对甚至有了科学的形式，而它所依托的正是所谓无所不包的社会生物理论，这一理论也通过各种形式在之后的几十年间产生了巨大的影响。尽管争议不断，1990年代的人类基因组计划代表着继优生学之后，20世纪对乔纳森·马克斯（Jonathan Marks）所谓"遗传主义科学意识形态"的第二次重大推动。2010年代末的#MeToo运动，虽然没有直接针对男人身上那些无药可救的问题，却也预示着对男性性掠夺常态的一次重要反击。[6]

这段历史中出现的趋势是，科学通常增加对话的效果，而不是改变它的内容。科学赋予盛行的观念（比如关于性别的）

以合理性，而这些观念本身则来自政治观点。在 20 世纪早期，研究社会达尔文主义的历史学家理查德·霍夫斯塔特（Richard Hofstadter）认为："在确定一些观点是否会被接受这一点上，相比起真相和逻辑，是否能迎合知识界的需要和社会利益的先入之见是更重要的标准。"为了确定关于男性和男人味的观念的真实性和逻辑性，先考虑一下哪些观点符合谁的利益是没有坏处的。[7]

关于人性的主流理论，特别是关于种族化以及性欲化的人性，在 20 世纪已经经历了剧烈的波动。科学家们在两种极端的理论之间摇摆：一极强调生理学决定一个人的天资、兴趣和能力，而另一极则强调社会约束和机遇在人性表达中的作用。在出现重要的社会动乱事件的时期，包括围绕性别问题的事件，比如在 1930 年代、1960 年代和 2010 年代的美国，性别困惑占据上风，经常与具有影响力的科学主张和民意进行对话，讨论男人、女人以及他们是否真的生而不同。

比如说，艾丽卡·洛林·米拉姆（Erika Lorraine Milam）写了在第二次世界大战之后美国的"口语科学"中攻击性和兽性是如何变得密不可分的这段历史，她问道："进化论者是如何成为探讨人类本性问题上值得信赖的专家的？"她描述了一种转变，不再把生命比作机器："进化论者想象人的本性中继续保有动物行为"，所以，"进化论可以解释更基本的问题——身为人类意味着什么？"当今的进化论者、遗传学家和内分泌学家都有权从科学的角度解释男性特征。这些方法的共通点是将身体的概念作为他们对人类科学定义的中心。[8]

我们是不是自己身体的囚徒?从某种意义上来说,你可以说关于这一讨论的分水岭是1949年。那一年,法国哲学家西蒙娜·德·波伏瓦*出版了她如启蒙宣言式的作品《第二性》。在书中,她批判了有关女性固有行为和身体的假设,更广为人知的是,她写到生物因素"是理解女人的关键之一。但我不认为这些特质为女性确立了一种固定的、不可避免的命运:它们不足以支撑起一套性别等级制度;无法解释为什么女性是'他者';也不是在谴责她要永远处于这种从属地位不得翻身"。《第二性》之所以成为全球女权主义运动的圣经,部分原因正是因为它挑战了一个被广泛接受的想法,即女性的身体恰恰限制了她的能力和行动。[9]

但是,《第二性》并没有在它出版后的1950年代即成为经典作品,而是在后来的1960年代,作为挑战男性统治和所有随之而来的政治浪潮的一部分才被奉为经典。这本书为这股浪潮做出了贡献,但它需要一场政治运动来实现其更全面的影响。

波伏瓦的作品问世的时候,第二次世界大战刚结束不久,一边是支持女性更全面地参与经济活动,一边是一系列针对女性的保守文化的限制,两种紧张气氛令人不安地混合在一起。

---

* 西蒙娜·德·波伏瓦(Simone de Beauvoir, 1908—1986),法国作家、存在主义哲学家、政治活动家、女权主义者、社会主义者和社会理论家。

这也是一段性别困惑和争议都空前高涨的时期。到了1960年代，受到美国本土及其他地方的民权运动，以及紧随其后的反越战运动的启发，女权主义的浪潮达到了新的高度。

不是所有人都乐见女权主义的发展。在对激进的社会变化强烈的反对之中，一本1975年出版的里程碑式的作品，即《社会生物论：新的综合》十分引人瞩目，它的作者是爱德华·威尔逊（Edward O. Wilson）。在这本书里，威尔逊把人类和其他动物的社会行为解释为生物进化的功能。从一个宏观的角度来看，他认为："人文和社会科学退化成为生物学里一个特殊的分支学科。"威尔逊提出的社会生物学是20世纪新的生物学范式之一，作为其奠基人，在我看来，他的突出之处在于，他明显厌恶某些进步的社会运动，包括试图消除性别之间"天生"差异的女权主义运动，并将社会生物学与他拒绝接受的那个时代的社会动荡直接联系起来。[10]

长期以来，社会生物学家一直都试图将所有的学术研究都变成生物学的分支，把大多数人类行为简化为狭隘的达尔文生物进化规则。在这一背景之下，文化虽然仍是人类组织中正式的一环，但它由自然过程来创造并支配。人类的社会生物学特别依赖神经科学和进化生物学，用威尔逊的话来说，这一学科研究的问题是"人类的本能是些什么？它们如何结合从而形成人性？"其传达的讯息显而易见："人类是由基于基因的本能引导的。"正如我们将在下文看到的那样，本能是当代男性性欲和攻击性概念的核心，它也是使本质主义者摆脱性别困惑的核心。[11]

当性别困惑带来疑问时，威尔逊的答案是把握基因和遗传的力量。有些人宣称威尔逊的大部分科学研究结果是扎实且具有启发性的，而他的错误在于过于热切地希望自己的主张能得到更广泛的应用。无论这是否属实，威尔逊的后继者们都是理查德·普鲁姆（Richard Prum）所说的"赶时髦科学"的拥护者。这段历史让我们有充分理由在思考性别、性和性欲时，秉持一种健康的生物怀疑论的立场。[12]

就像所有重要的科学文献一样，威尔逊的著作既是某些政治大背景作用下的产物，同时也为政治推波助澜。社会生物学的兴起，而与之相对的，是反对这一理论以及这一理论的后继者，即进化心理学对它暴风雨般的批评，这都是当时政治环境的一部分。除了威尔逊对于各个时代左派人士无谓的评价外，作为他的理论所涉及的政治观点的证据，我们还可以考虑这个旁证：第一代社会生物学家以及他们忠实的支持者都是南方白人，而第一代社会生物学最激烈的批评者都是北方犹太左派人士。[13]

在下文中，我们会谈到特朗普以及2016年的总统选举。而在此我想先讨论#MeToo运动和性别困惑，因为尽管这场运动并不仅仅是选举的结果，但它可以说是选举之后最为积极的政治发展之一。然而，尽管运动产生了巨大的影响，但也有一些关于性别的问题困扰着政治进步势力，促成了令人吃惊的愤怒和实实在在的性别困扰。

其中一个问题是：为什么数千万计的女性投票给了特朗普？他在竞选过程中怂恿女性支持他，并认为他是一个男人中的男人，一个除了服从天性上和生理上过度贪欲之外无法无天的男人。然而，6300万人投票给他，无视他粗俗的言论和行为，使他能够成功当选，因为他们相信如果你让男人摆脱束缚，他们都是这副德行，所有男人本性就是如此，只不过有些男人太过胆小以至于会压抑自己的冲动罢了。对于那些不同意这一分析的人来说，好吧，他们是一厢情愿地自己骗自己，他们对其他很多事情的态度也是如此。

在试图理解为什么那么多女性会有这种想法的过程中，很容易会忽略选举这一特定历史时期中的关键因素，尤其是在美国民众中普遍存在的对性别的困惑、危机及焦虑程度。大多数的选后分析都聚焦在特朗普的选民对经济和阶级的关注上，但是保守派反对女性和性别进步的势头也有了重大反弹，它还成了特朗普政治的一个核心特征。

#MeToo 运动是对特朗普的回应，但它远不止于此。如果我们认识到与#MeToo 运动同时发生的是上百万女性投票给了特朗普，我们便能更好地把 2016 年视为一个关于男孩和女孩、男人和女人的冲突以及困惑的分水岭。我们也能更好地理解为什么那么多女性没有对这个随便"抓女人下体"（pussy-grabber）的男

人反感,*事实上还把他选为总统。在性别保守主义重新抬头的时刻,当公开敌视女性的情绪在世界各地社会的最高层得到宣扬的时候,患了厌女症的男人公开选择一个他们的同类或许还可以理解,但是女人为什么会做这样的选择呢?很明显,关于男人,他们的性欲和侵略性的潜在理念已为这些女人选择这位总统提供了逻辑解释:天下男人一般黑,放弃纠结吧。

这一刻,不仅是一个政治上认可攻击女性的时刻,也是一个性别蠢蠢欲动、充满形形色色的男人和女人的时代。在全球范围内,"性别",甚至"性",这两个术语的意思都比以往更不确定。为了更好地把握这个充满性别不确定性、躁动不安和变革的时刻所带来的机遇,我们需要用更细致的滤镜来理解男人和基因、遗传以及身体遗产。当男人打破任意强加在他们身上的模式的时候,我们也不需要太惊讶。

性别困惑始终相随

让我们先回到这个假设,无论文化背景和物种,雄性动物的行为似乎都高度一致,再来探究一下这个假设的真实性。要

---

* 2016 年 10 月的一个周五,共和党总统候选人特朗普被曝光在私人谈话中使用了"pussy"这个词,而且他指的不是猫咪。两天后,在与希拉里的第二场辩论中,特朗普解释说,当他大谈自己可以随便"抓女人下体"(grab them by the pussy)的时候,那不过是"更衣室里的谈话"。

提出一个强有力且普世的（不过是错误的）关于男性和男性气质的定义是有可能的。所有的文化都认为男性比女性的性需求旺盛，我们也发现所谓直男癌说教和"叉开腿"大爷式坐姿在各个历史时期都有迹可循。就照顾后代来说，男性一般比女性缺少责任心。纵观历史，男性比女性更频繁地控制着政治、经济和文化。尽管在不同时代都出现过富于领导力的女王，但是在世界上每个角落，难道一般不总是男人在管理着绝大多数的机构和实体吗？这一点，即便是最无心的观察者也会留意到。类似这些普世性的性别定义必须始终受到审视。

这就是本书的核心赌注。如果我们能诚实地得出结论，纵使时间和地点发生变化，男人的行为都如此相似，那么就证明是我错了，某种形式的生物极端主义有其存在的必要。但如果我是对的，而这种想法不过是具有说服力的民间智慧，那么我们就需要重新评估我们对男性气质和男性的定义。我之所以要打这个赌，是因为我手握两个有力的证据：变异性和可塑性。

性别困惑既是历史性的也是文化性的：世界上很多地方的人都生活在一种恒常的对性别感到困惑的状态——对性别模棱两可、模糊不清的地方也可以泰然处之。事实上，极端主义者对性别类型的主张大多来自一种狭隘的视角。从某些方面来看，在认清性别实际上有多么复杂或者说可以变得多复杂这件事上，我们美国人还在追赶世界上其他地方的人。这就是为什么现在正是时候，我将通过三个非凡的个案，利用人类学的知识来研究男性和男性气质这个问题。

墨西哥南部瓦哈卡州的特万特佩克地峡的穆克斯

我在翻阅女儿放在沙发上的 2007 年 3 月号的《嘉人》杂志时，看到这样一篇文章《认识一下维达尔·古艾拉和他的妈妈安东妮娅：她把他变成了一个女孩》。文章开头这样写道："在墨西哥小镇胡奇坦，女儿比儿子珍贵。所以母亲们鼓励自己的儿子变成女孩。"墨西哥南部特万特佩克地峡这个地方，因某些男人（他们被称为"穆克斯"）公开变装成女人而闻名。他们与其他志同道合的男人发生关系，他们也会勾引年轻男人，有时是为了钱。时尚杂志的作者显然对一个"传统"土著社会在这个神话般的同性恋热带天堂里容纳并且宣传如此离经叛道的行为感到兴奋：多么浪漫啊！充满情色的土著人！

"穆克斯"常见的翻译是"异装癖同性恋者"。然而，并非所有的穆克斯都是同性恋，而且有些人也并不异装。在胡奇坦镇的日常生活中，这个词的意思与这个简单的标签不符。它指一种充满创意的社会组织形式，在世界上其他地方都难觅其踪。[28] 穆克斯生理上是男性，其中一些人会异装，而从一个相当明确的性别分工的语境来理解，他们中的大多数人从事的工作也是跨性别的。穆克斯与其他男性不同。一些与女人结婚生儿育女；更多的则和男人发生关系，其中一些人即使与女人结婚，仍然会保持与男人的性关系。他们最普遍的共同点是从事女性的工作，从经营露天市场到在街上卖东西，从刺绣到制作墨西哥玉米饼或者首饰。[14]

穆克斯和被称为地峡女人（Istmeñas）的亲密关系是社会生活的核心。她们在社区中共同扮演的角色在该地区颇具传奇色彩，她们是时而冷静克制、时而活色生香的公众人物。旅游手册经常夸大其词地把胡奇坦描述成母系社会和同性恋圣地，但无论是地峡女人还是穆克斯的存在都是异乎寻常的，在墨西哥其他地方也绝无仅有。在地峡地区确实有种流行的说法，即母亲更偏爱穆克斯儿子，因为他们总在母亲身边帮她们干活。

虽然穆克斯的历史存有争议，不少人说这种第三性别早在16世纪早期西班牙人征服这个地区，并带来僵化的两性制度之前就已经存在了。尽管穆克斯的性别分类体系总是让外人感到困惑，但它为当地各色人等提供了理解和包容世界上多样性别的可能性。与此同时，世界各地关于穆克斯的神话更多地与原始的感性认识、想象力丰富的妄想以及作为生理上的男性却可以表现得像女性的各种灵活的形式有关。至少在一些时候，对不少穆克斯来说是这样。

成为穆克斯意味着什么？莫衷一是。这本身就是让这个身份与世界上许多地方的两性规范有巨大差异的原因之一。在这些地方，你要么是男人，要么是女人，大家一般十分默契地把这个问题解决了。成为穆克斯也未必意味着就成了同性恋者。但穆克斯确实可能是同性恋者，而且很多时候都是。此外，在特万特佩克地峡的社会生活中，同性恋以及异装和从事跨性别工作的男性处于社会的核心位置。"在胡奇坦，"诗人马卡里奥·马图斯（Macario Matus）写道，"同性恋被视为一种恩典，是一种来自大自然的美德"。尽管外界将胡奇坦过度浪漫化为"酷儿"的天堂，但是这里"恐同"的情况依然明显，虽然比墨西哥的其他地区要好很多。不过，穆克斯和几个世纪以来他们在家庭以及更广泛的地峡社会之中不断变化的关系确实提供了一个清晰的例子，展示了长期以来男（女）扮女（男）装这一做法的暧昧不清与难以定义。[15]

巴布亚新几内亚萨比亚部族男孩的成人礼

有人称之为"长期的仪式化同性恋"，另一些人则认为，这是对儿童的性侵行为。但是，没人能否认这一让男孩成为男人的成人礼成为传承，在萨比亚部族的族人中延续的事实。萨比亚部族长期生活在巴布亚新几内亚东部的高地。正如人类学家吉尔伯特·赫德（Gilbert Herdt）记录的那样，当地男孩在 7 岁时就会接受成人礼，而形式是学习并被强迫给年长的男孩进行口交。[16]

其背后的逻辑似乎挺简单：为了成为男人，他们必须要有精液，而为了拥有自己的精液，他们必须先摄取成年男人的精液，也就是比他们年长的大孩子的。至少直到最近，没有一个萨比亚部族的男子不是通过这种历时几年的成人礼而成为男人的。

当他们长大后,比他们小的男孩们会重复这一过程,直到他们性成熟并可以娶妻,那时他们便只会与自己的妻子发生性关系。

这一文化模式与世界上其他地方的两性规范大相径庭,所以在人类学概论课上常被提及。如果萨比亚族男孩必须给年长的男孩口交,再反过来接受小男孩的口交,然后再停止与其他男性的性接触,而将自己的性精力投入到女性身上,那么这对性取向、性身份以及性创伤来说意味着什么呢?是否意味着童年遭到性虐待?又是否意味着童年获得了性刺激?对于男性身体、勃起、精液,以及男性的性能力又意味着什么呢?

赫德在一本关于萨比亚的民族志中写道:"从这样的经历中男孩获得了阳刚之气。所以阳刚之气是一种通向成年的仪式化同性恋制度的产物。"但他也指出,这一过程涉及的因素比表面看上去的要多,不仅仅是从男孩到男人的象征性过渡和摄取精液。事实上,赫德坚持认为,"男性的成人礼要行之有效,必须把弱小的、依附于母亲的小男孩变成阳刚的、充满进攻性的战士,他们首先被男孩激起性欲,然后才是女人"。赫德把萨比亚人的性别和成熟的概念与他们在此过程中使用的情色剧本联系了起来。这一过程在每个阶段对每位参与者都提出了苛刻的要求。[17]

无论是心怀敬畏或是鄙视,认为这是仪式、性虐待或是情色体验,萨比亚族的男性成人礼都促使我们重新思考,对于男人来说,不管他多大,也不管他来自哪里,他的性别和性欲之中什么是生来如此,什么又不是?

印度的海吉拉

男子汉的本性和性别界限的流动也是印度海吉拉生活的核心。海吉拉生理上是男性,但他们佩戴首饰,穿着女装,剃除脸上的毛发并留起长发。最为坚定的海吉拉弃绝性欲。为了在社区里获得最高地位,他们必须通过阉割来放弃男性的身份。

男性气质总与性欲和男性生殖器联系在一起,这在世界上很常见。海吉拉则试图通过将自己的性器官献给印度教女神而达到精神上的纯洁。他们通过这种方式以获得各种力量,比如可以将生殖力注入已婚夫妇和新生儿身上,以及参加伊斯兰教的净化仪式和葬礼。虽然不少学者将海吉拉称为印度的"第三性别"(墨西哥的穆克斯有时也被称为"第三性别"),但也有人反对这个概念,他们认为海吉拉表现出了多种差异——性别上的、宗教上的、亲缘上的、身体上的,这些差异不能简单地归于所谓"第三性别"的范畴,更不适合纳入男女二元论的框架。虽然海吉拉让代词显得重要,她们偏爱使用"她/她的"来自称,即使这个概念太过局限,无法概括他们在印度社会占据的多样化的位置:一些人是虔诚的,一些人则具有性挑逗性。[18]

海吉拉以两种特殊的公开展示而广为人知:一是她们拍手祈福驱魔的方式;另一种就是强行展示她们不甚明确的性能

力——撩开她们的沙丽露出阴茎,或者更确切的说法是,展示原来阴茎所在的部位。这一骇人听闻的暴露行为是为了使人震惊和困惑,为了让路人质疑作为一个男人意味着什么,怀疑一个人是否可以非男非女,或者也非其他任何固定且可以被清楚定义的存在。无论我们是否将这些暴露的行为看作是强加给无辜路人的性别困惑,还是将注意力集中到已经存在的、即使很少面对的性别歧义上,我们都必须清醒地从这些差异之中看到挑战主流的关于男性和男性气质的性别态度、关系和做法。

我们应该把狭隘和天真视为理解性别可能性的障碍以及性别从众引发的严重危害,它们还阻碍了我们理解作为一个男人在这个世界上意味着什么这一文化幻觉。我们还应该严防自以为是的念头,认为其他人也用一种狭义的方式来定义男人和男性气质,视而不见这一情况,即男性气质虽然有各种限制却也有很多可能性。

在探索墨西哥、巴布亚新几内亚和印度等地男人的实际生活时,我们发现身为男人的意义和如何看待男性气质方面存在很多差异,以至于要对这些概念以及具有男性生理特征的人的生活经历进行整齐划一的描述,比我们预想的要困难得多。认识到这一差异,以及由来已久的多种多样展示身为一个男人的方式,我们便能够更全面也更准确地重新评估什么才是男性气质。

性别困惑和焦虑

当关于男人和女人的陈旧习俗不再具有解释力的时候，性别困惑就会造成性别焦虑。用卡尔·马克思的话来说："一切坚固的事物都烟消云散了。"对很多人来说，宗教可以成为困惑时的避风港，这也是为什么马克思提到，"宗教焦虑同时表现为真正的焦虑以及对这一焦虑的反抗"。就像宗教长久以来为解决真正的焦虑提供了某种宣泄渠道一样，在我们这个时代，科学似乎为我们指明了一条思考如何走出性别困惑和焦虑的道路。通过科学，我们可以找到一种方法来解释和寄托我们被迫重新思考的，有关男人、男人味以及男子气概的任何内容。

马克思在讨论宗教可以给人带来的安慰时，继续着他对现实焦虑的思考。他写道："宗教是被压迫生灵的叹息，是无情世界的感情，正像它是没有精神的制度的精神一样，"然后他用这句大家耳熟能详的名言为讨论做了总结，这句话也总是会被单独引用，"宗教是人民的鸦片。"通常，引用这句话是为了说明马克思对于宗教的不敬。他对有组织的宗教以及宗教思想在历史上扮演的角色是相当批判的。但他也深深懂得人们为什么可以在宗教信仰中获得启迪和慰藉；他的著作表现出对于日常生活中焦虑和绝望的理解，他明白正是这些感觉激励着人们在力所可及的地方寻找启示和信仰。在这一脉络下，使用"人民的鸦片"这个说法恰恰说明他意识到为了应付社会性的困惑和创伤人们需要付出的努力。所以我们在探索性别困惑和焦虑时，也不能忽略极端的生物学观点对于男性和男性气质意义的解读。也就是说，在批判这些观点能够带来危害的同时，我们也应记得，这些观点是在应付性别困惑和焦虑的过程中人们曾试图寻找的启示和信仰。[19]

尽管在理解男性特质方面，保守派和思想进步的人士并不代表两种全然泾渭分明的势力，但也不难看出他们在如何看待某些问题上的普遍差异，特别是涉及我们的身体（以及动物性）与主体的相关性方面。最为明显的分界线是：在多大限度上认为性别是可塑的，是能够被改变的，或者反之，在多大限度上认为性别是由进化过程决定的或者在人出生时就已确定的。

关于性别和可塑性的一个明显例证是，在1900年，全世界每一个国家的政府机构，几乎每一间大公司，几乎每一间大学，以及几乎每一个其他的社会主要机构，领导层都是由男性构成的。在当时，有相当多的科学理论为这一局面背书。毕竟，如果女性能够胜任领导的角色，为什么除了一些君主立宪制的国家之外，在其他任何地方都难觅女性领导人的身影。这一切看上去似乎是完全合理的、理性的、具有解释力且长期存在的。在世界各地的机构中，男性继续在有影响力的职位上占据主导地位，这一事实极为重要。而女性越来越多地行使她们的权力则更为重要，包括从根本上驳斥了把女性排除在权力之外的种种理所当然的借口。

如果说我们仍然发现担任要职的男性远远多于女性，这是因为要改变延续了几个世纪的、根深蒂固的文化模式和偏见需要时间并且付出相当的努力。但是如果性别平等以及让女性掌权在本质上代表着一场与大自然之间展开的不可能获胜的斗争，那么支持那些试图跨越性别宿命的女性很大程度上就成为一场空想了。

因为存在那些爱唱反调的人，所以反对性别、性别关系以及性别认同具有可塑性的观点长期受到追捧。2002年，畅销书作者、心理学家史蒂文·平克（Steven Pinker）写道，"到了现在，许多人终于可以坦然说出在好多年前出于礼貌无法说出的想法：男人和女人的头脑无法互换。"遵循同样的逻辑，从头脑的部分往下挪一点，我的一位旧识曾经告诉我："性别困惑是什么？如果他们把裤子脱下来，我立即可以解决谁是男人谁是女人的谜题。"[20]

好吧，那我就来追问："是男是女究竟有什么区别？男人女人的分类是固定的吗？这些分类对个体、社会和政治生活又有何种重要性呢？而谁又有权来做这些决定呢？"因为坚持认为男人和女人的头脑大不同，平克暗示根本的生理性性别差异再一次被科学家和公众所接受，尽管曾经人们的想法和态度发生了变化，我们应该对再次回到原点感到高兴。平克相信认知科学最新的发现已经一劳永逸地证明了男人几乎没有脱离史前动物的冲动和本能，而这一论断的影响之一，就是他大力捍卫强奸行为源于男人的天性这一观点。[21]

平克对性别问题并不感到困惑。他之所以受欢迎,部分原因是因为他迎合了陈腐的男孩女孩差异的成见,并利用科学的背书,反哺急于确认持"男人来自火星,女人来自水星"这一观点的公众。平克所依托的事实是他的想法为人类社会按自然法则进化而来这一盛行的观念提供了科学依据。

关于男人和他们的天性的保守想法不仅影响到了像平克这样的科学家,也包括一众没有受到男性和男性气质困惑折磨的宗教团体。在美国,尽管主要的宗教团体远非代表着过去的遗风,但他们在教规中越来越多地使用僵化的性别分类。一些人称此现象为回归原点,比如南方浸信会在2000年改变了教规,以使其教义与上帝如何把男女造得不同这一观点更为一致。在2000年之前,浸信会对女性担任牧师一职并没有明确的限制。但就在那一年,在《浸信会信仰精义》的第18条中,长老们规定:"妻子如仆人一样顺服自己丈夫的领导,正如教会甘愿服从基督的领导。"这让人想起《圣经》的内容,包括《哥林多前书》14:34:"妇女在会中要闭口不言。"[22]

发生这些变化的原因不在于一些新的神学启示,而更多的是教会对性别、控制和决策方面日益增长的不安和困惑一种责无旁贷的回应。教义的改变同时也反映了教会过去和现在是如何应对普遍存在的性别困惑和焦虑的:为了能生活在一个纯粹的非男即女、等级制的性别世界里,于是响亮地呼吁收紧教义和法规。

这些圣经经文已经存在了大约两千年，教会的领导层大概也曾读过这些经文，而这一事实却从未在近期教规发生变化时向信众解释过。2000 年发生了一些事情迫使这些绅士必须支持教会对性别差异和等级制度的认可，这些事也对上帝设计的伟大性别维度的挑战提出了强烈的反对。南方浸信会在回应教徒的性别困惑时没有表现出丝毫的不安和内疚，而仅仅是用专制的教义来规定女性要进一步服从她们的丈夫和长老的权威。[23]

无论是平克和他志同道合的科学家，还是南方浸信会的教长和他们意见相近的弟兄们，都不喜欢重新讨论性别分类的想法。他们反而坚持要求我们重新承诺和相信，生物学或者上帝能够更好地使我们摆脱所有这些困惑和烦恼。一些无神论者和没有宗教信仰的保守人士在谈论性别问题时，听上去跟宗教右派没什么两样，只不过是用 DNA 代替上帝来解释生命的奥秘。他们坚持认为，背离对性别的"传统"理解是荒唐可笑的。这些生物学（以及《圣经》）的说教断言你不是男人就是女人，而所有的含糊不清都是错觉。

我们可以认为所有这些来自边缘评论人的非主流的想法不值一提，尤其是当我们听到这类人中的某些人更为疯狂的警告，比如说变性儿童是撒旦计划的一部分，或者同性婚姻将不可避免地导致兽行。但是我们必须意识到这些想法的存在，因为他们有上百万的信众；更重要的是，我们可能也认同这些顽固不化的认识的前提,比如说不情愿地认同男人糟糕的行为从生理上来看确实是无法避免的,而且普遍存在。

或许我们的词不达意是因为懒惰,无法完全领悟我们的隐喻中真正的含义。对于男人和女人之间基本的区别有些无意的预设,它们广泛地存在于我们对其他事情的推论以及我们日常生活点点滴滴的表现之中。你可能听到过(或者想到过),"不管您喜不喜欢这个想法,我不得不承认我的儿子和女儿似乎天生就不一样"。然而,近期的研究显示,这是因为亲生父母对待新生儿的方式不同造成的,比方说,我们如何抱他们、抱的频率,如何摆弄他们的手和腿,以及如何跟他们说话。[24]

走出困惑

如果性别的世界看起来呈现出简单的二元化,那么就需要彻底纠正我们的交叉眼障碍,以克服我们的双重视野。性别困惑不足为惧。我们要与之搏斗,而不是幻想着它会消失不见。拥抱对男性气质新的思维和言论不仅是可能的,且在一个对"何为男人"存在普遍不确定性的时代更是一件迫在眉睫的事情。我们应该对有关男性和男性气质的传统叙事持更多的怀疑态度。

给男人和男性气质贴标签未必是因为懒惰。比方说"直男癌"这个词,依其具体意思,在谈论一些有恶劣影响的男性行为模式的时候，它可能是很有帮助的。但是将男性气质自然化的表达方式则是有问题的，往往还会进一步混淆男人是什么以及可以变成什么样。下面这些话常带有开玩笑的意味，但也并非总是这样："有点男人样！""像个男人！""有种一点！""拿出点男子气概来！"它们都传达出一种介于命令与对男性带一些盲目崇拜之间的意味。

然而，正在发挥作用的东西远不止一些诙谐的语句。真正的问题是认为男性气质对男人来说是一种本能的、天生的、天然的、不可或缺的、固有的并且是根本性的特质。我们重新审视男人和男性气质，主要不是因为男性受到了虐待、污蔑或者不公平的针对。我们之所以这么做，是因为在一个充满性别困惑的时代，如果重新讨论男性气质和性别是以男性气质植根于自然性别秩序的极端主义版本为前提的，那么我们的使命从一开始就注定要失败。

继续表现得好像男人的动物性就是他们的宿命，这就是问题所在。重新讨论作为男人的意义才是答案。

2
关于男性的科学

> 有些年代会提出问题,另有些年代会回答它们。
>
> ——佐拉·尼尔·赫斯顿*

---

* 佐拉·尼尔·赫斯顿(Zora Neale Hurston),女,美国哈莱姆文艺复兴时期的民俗学家、黑人民间传说收集研究家、作家,是20世纪美国文学的重要人物之一。

2002年时，我们对有些事还一无所知。那一年，《商业周刊》刊登了一则广告，它不无同情地问："你是否感到疲惫不堪？情绪低落？性欲低下？这可能是因为你缺少睾酮。"

　　昂斯妥（AndroGel）的制造商想让我们知道，对于我们的各种问题都有一个解决办法。在此之前，只有极少数人被诊断出患有睾酮缺乏症。到2012年，昂斯妥凝胶和其他旨在提高睾酮水平的睾酮补充疗法药物的全美销售额已经增长到20亿美元。到2017年，这一数字为50亿美元，而预计在2020年将达到至少65亿美元。和睾酮补充疗法的销售势头对比一下，降胆固醇药立普妥（Lipitor）在其专利到期之前的2010年全球销售额约为50亿美元。为什么补充睾酮药物的销量会爆炸性地增长？这赫然表明，在大众心目中，男人的生理与男人的健康、欲望、需求和幸福之间存在着多么大的联系。并不是昂斯妥引发了低睾酮恐慌潮，但制造它的公司却知道怎样站在这件事的风口浪尖上。[1]

　　20世纪90年代末，瑞典和美国的制药公司推出了第一种睾酮补充疗法荷尔蒙贴片和凝胶，从而引领了一股潮流，其明确的目的就是解除男人对变老的焦虑。也许问题真的不在于咄咄逼人的女人消耗了男人的雄性能力，而是一种化学物质失衡。那些对自己的疲劳、勃起功能减弱和男性型脱发感到困惑的男人，只需在街角的药店就能找到解决的良方。是不是那些跟昂斯妥公司和它的营销团队合作的内分泌科和泌尿科医生炮制了一场虚假的低睾酮危机呢？果真如此，这也并非他们首创，因为长期以来一直有许多生物学家和医疗从业者认定了男性身体的某一部分乃男性的本质，并试图用医药手段来化解人们对于男子气概衰减的担忧。

此外，自20世纪90年代末兴起的向男人推广睾酮补充剂的种种做法，还远远没有为调整女性雌激素水平从而"解决"多种确诊的健康问题尝试的努力多。[2]

低睾酮问题升级

关于雄性的科学在发现荷尔蒙和睾酮之前早已有了，而且在人们不再迷信荷尔蒙之后，雄性科学更新的分支还会继续发展。但在我们讨论这些之前，让我们更仔细地看看20世纪末男性低睾酮的症状。正如昂斯妥广告所示，最常提及的表现是性欲降低、精力不足、疲劳感增加，以及中等硬度的勃起——至少与20多岁男人的经验相比是这样。关于低睾酮这一流行病的突发以及治疗低睾酮的药物瞬时应运而生，我们可以有两种解释。要么低睾酮是一个真实并且经常被忽视的问题，最终引起了广泛关注，要么这场危机是有人故意设计并拿来做营销的。[3]

事实是，低睾酮诊断的广泛流行与2010年代的一个特定时刻有关，当时围绕男人健康的问题导致了市面上各种补救药物的激增。在这场纯属鼓吹出来的突发流行病背后，种种问题已经发酵了很长时间。

在 2010 年代中，睾酮在我们讨论男女区别时地位突出。我们会问，他们不是有大不相同的睾酮水平吗？睾酮是个好用的词。它听起来几乎就像是在说防晒霜或巧克力棒。它是解释年龄较大男子的精力下降和年轻男子不良行为的一个捷径，或者说，它干脆可以解释任何年龄男子的粗鲁行径。通过赋予行为一个化学诱因，我们把抽象的直觉具体化了。在当代，惊人数量的关于男子气概的讨论是以各种方式围绕着假定的睾酮属性展开的。

对各种睾酮补充疗法的狂热是由迎合男性虚荣心的深夜电视节目培养起来的，并通过创造像"男性更年期"那样听起来很像医学术语的词使人们乐于接受。这个词和其他新增的词被用来说服男人，他们需要治疗一种他们甚至不知道自己患有的疾病。关于名为 Nugenix 的一种产品的广告煽情地说，男人曾经是"能量、力量和活力的源泉"，但是，"有一天你醒来时却发现，自己雄风不在，只剩一具躯壳了"。这不是男人的错，只要他在意识到自己的症状和选择都有哪些之后采取行动。Nugenix 吹嘘说，它挖掘了"自然界的秘密武器"，为男人提供一种"免费的睾酮增强剂"。这些广告商都是狡猾的家伙。广告最后还有一句点睛："而且，伙计们，她也会喜欢你的不同！"[4]

就这样，大量男人着了魔一样地消费这种神奇的精华素，包括在休闲娱乐时，这样原本不济的体能就又充足了电。与此同时,睾酮这个词也深深烙上了"男性荷尔蒙"之名,尽管事实上女性也有这种荷尔蒙,只是占比要小得多。这种新思维加强了约翰·霍伯曼(John Hoberman)所谓的"我们文化中的荷尔蒙民俗",为睾酮成为一种首选"魅力药物"铺平了道路。[5]

睾酮在 1905 年之前甚至不存在,或者,更确切地说,是这个词不存在。它是在那一年被首次使用的。20 世纪初,睾酮在科学上和流行意义上都开始意味着男子气概。英国神经科学家乔·赫伯特(Joe Herbert)在 2015 年撰文指出,男性的大部分睾酮来自睾丸;他由此得出结论,"睾丸是大部分我们所说的男子气概的来源"。这样,赫伯特就在有关雄性科学的两个时期之间提供了生理上的关联,一个持续了 2000 多年,而另一个则只有差不多 100 年。[6]

在知道所谓的性激素之前,人们当然就已知有性腺,包括男性的和女性的。在西方,20 世纪之前的漫长年代中,科学家们认为是性腺决定了雄性和雌性的分别。山羊和狼的睾丸是古希腊人和古罗马人喜用的春药之一。后来,到了 20 世纪初,饱受衰老之苦的男人甚至试图将其他动物的睾丸移植到他们自己的身体里,导致了所谓的"猴腺事件"。1917 年,科学杂志《内分泌学》的创办标志着睾丸和子宫的科学被性激素的科学取代。此时对于性腺激素、雄性激素和雌性激素的理解是,它们是"传递男性气质和女性气质(masculinity and femininity)的化学信使"。1935 年首次合成睾酮标志着用生理性别的化学模式取代其解剖学模式已经完成。通过这套严格划分身体生理性别的新指标，男性气质与女性气质可以得到更好的区分和衡量了。[7]

睾酮还能就当代关于男性的科学告诉我们更多，特别是关于性行为和暴力，这些我们将在第四章和第五章中专门进行探讨。在这里，我们将只考虑科学家在寻找攻击性和睾酮之间关联方面的研究。斯坦福大学的神经科学家罗伯特·萨波尔斯基（Robert Sapolsky）找到一种可能的关系并提问，在发现一种相关性时，我们应该怎么做。首先，他建议我们通过测试三个假设来确定是否存在真正的相关性。假设如下：

1. 睾酮提升攻击性。
2. 攻击性提升睾酮的分泌。
3. 或者两者互不为因。[8]

萨波尔斯基预测，如果非要回答，大多数不是专家的人会把宝押在假设1上，即假设睾酮水平较高的男人倾向于具有更强的攻击性。或者，换一种说法，大多数人认为，如果他们认识一个特别有攻击倾向的男人，那么他血液中的睾酮水平很可能也高于平均水平。

但是，如果你这样想就错了。根据目前的研究，如果攻击性和睾酮之间有任何联系，那么正确答案是假设2，即大多数情况下，攻击性行为首先出现，然后它会提升一个人体内的睾酮水平。

然而，实际上对于我们大多数人在大多数时候来说，睾酮水平本身"完全不预测谁会有攻击性"。事实就是如此，除非睾酮水平极高或极低。除非它低于正常值的20%（想想阉割）或两倍于正常值（想想服用类固醇的健身狂），否则睾酮水平根本不能告诉你谁将会是先挑事的人。数据不能支持睾酮和攻击性之间有很强的联系。人们之所以把睾酮当作神药，是因为我们生活在一个对所有关于个人行为的生物学解释都卑微崇拜的时代。肤浅地引用我们认为是科学事实的东西来解释复杂的人类行为太普遍了。[9]

也许近期关于睾酮最有趣的发现是在大众媒体中最受忽视的一则：睾酮水平较高可以与较高的慷慨度相关联。这是由于睾酮可能会加强特定的已有行为，而实际上无论攻击还是慷慨，都可以是典型的男人行为。可是为什么只有攻击才受到关注并且搞得众所周知呢？与其说这是科学该研究的问题，不如说是一个社会分析的问题。人们不认为慷慨体现了男子气概吗？如果不，为什么不呢？是对所有男人来说都如此，还是对某些人更甚于其他人呢？[10]

然而，并非所有科学家都确信了睾酮的温和表现。如果睾酮确实会影响行为，有些人认为总体上是一种积极的影响。以下是剑桥大学教授乔·赫伯特的观点：

> 大多数金融交易员都是年轻（或显得年轻）的男性，这里有一个非常简单的原因。交易的本质包含了年轻男性在生物学上已经适应的所有特征。……整个配置似乎都是为年轻男性设计的。睾酮的所有作用都与成功的交易员所需的素质相呼应。金融交易的人工世界如此适合年轻男性的先天特征，这确实看来很惊人。

我想知道赫伯特是否想过，原因是在华尔街或伦敦的金丝雀码头*工作可能会诱发神经递质和内分泌干扰物的变化，而不简单在于成功的交易员是因其已有的攻击性生理功能而被预选的。实际上，睾酮在十几岁的男孩中分泌增加，但我们并没有看到十几岁男孩攻击性的猛增。[11]

赫伯特承认，所有这些由睾酮激发的攻击性可能有消极的一面，他接着指出这种荷尔蒙的其他直接影响："除了生物遗传的印记，在战争、黑帮和狂热主义中睾酮的作用无处不在。"他认为，睾酮在男性体内煽风点火，唤起了人体最基本的、神经系统的突触来发挥它们的约束作用："人类的大脑不得不设计出多种方法，通过法律、宗教和习俗来调节、疏导和优化睾酮对男性行为的强大影响。"赫伯特此处的观点是他更广义的论

---

* 金丝雀码头（Canary Wharf）是伦敦重要的金融区和商业区。

证的一部分：睾酮可能不是好事，但它存在于自然界，因此必须控制它，而不能忽视它。[12]

尽管有大量证据表明睾酮对男性行为的影响值得怀疑，无论他们是身在健身房、卧室里、会议室或是战场上，科学家们对这一问题的兴趣却明显不减。从20世纪90年代开始，关于睾酮的科学蓬勃发展，进入了研究该激素的黄金时代。至少在随后的30年里大幅增加的相关论文发表数量提供了一种证据。如罗伯特·萨波尔斯基编纂的表1所示，这些论文研究了睾酮和攻击性之间各种能想象到的相关性，考察了是否能有根据地把睾酮认定为一种影响男性情绪、冲动、欲望和行为的全能化学物质，特别是在涉及他们的攻击性和性行为方面。

表1 基于 Web of Science 数据库搜索的关于"睾酮/攻击性"的学术文章数量（1920—2020年）

	睾酮/攻击性
1920—1930	0
1930—1940	0
1940—1950	0
1950—1960	2
1960—1970	3
1970—1980	24

续表

睾酮/攻击性	
1980—1990	53
1990—2000	401
2000—2010	757
2010—2020	1070

资料来源：Robert M. Sapolsky, *Behave: The Biology of Humans at Our Best and Worst*（New York: Penguin, 2017），605.（注：2010—2020 年的数据是根据 2010—2015 年的数据按比例计算出来的。）该表经罗伯特·萨波尔斯基（Robert M. Sapolsky）的同意转载于此。

我认为，1990 年后，研究睾酮和攻击性之间可能存在的关联的科学文献激增有五个原因：

1. 研究睾酮和攻击性的论文数量增加，反映出联邦政府对睾酮研究提供了更多经费。

2. 关于睾酮和攻击性的论文数量增加，反映出制药公司对睾酮研究的更多资助。

3. 大众对男性生物学和行为产生了更多兴趣，而关于睾酮和攻击性的论文数量增加是对此的回应。

4. 关于睾酮和攻击性的论文数量增加说明有了更多的科学发现。

5. 也许这都是某阴谋论狂人炮制的一个另类右翼分子的阴险骗局。[13]

抛开第5条不论，尽管它让人想入非非，第1条和第2条都是明显的事实，而第3条也可以说没错。因此，我们只剩下第4条需要分析一下。

但是第4条并没有得到事实的支持。在睾酮和攻击性的联系方面没有重大的新发现。有关睾酮和攻击性，我们提不出任何新的科学突破，这一事实就让这条假设站不住脚。关于睾酮的科学不断扩展，以及在科学上睾酮与攻击性之间的联系，与其说是基于新的科学发现，不如说是基于新的社会压力，要为男性的攻击性找到一个生物学上的原因。如果一种联系能够被科学地证明，它将解决关于男人为什么有暴力倾向的争论。正如20世纪90年代中国一家性用品商店的招牌所说："摆脱无知，走向科学。"[14]

今天，我们可能想当然地认为，至少在一些国家，如果说到"睾酮"这个词，人们会大概知道我们什么意思。不是指它与身体其他部分相互作用的内分泌学，也不是有关该物质的任何真正的科学。人们想到的是这个词的寓意；我们提及某种生理上的东西，而其实对于大多数人来说，这是在指它的象征意义。它意味着男人，意味着阳刚之气，意味着男性的活力，意味着攻击性。然而，我们中有多少人知道如何在显微镜下找到睾酮？大睾酮已经有了自己的传奇，这主要还不是因为市场营销大师的手段，甚或是我们容易上当。最主要的原因是，我们之中有足够多的人愿意相信一种有科学依据的物质，它象征并增强阳刚之气，而且还使用方便，男人只需在腋窝里抹一下透皮凝胶就行了。就是要小心，千万别把它放在妇女和儿童能接触到的地方。

等大多数科学家都终于同意睾酮毕竟不是一个独一无二、超级神奇的男子气概要素时，他们的意见已经不重要了。关于它的这种科学假设早已牢不可破，即单独一种男性荷尔蒙决定了我们文化中认为反映原始男性气质的许多事情，从而证明它们都是有联系的，有生物学上的佐证。科学家和大众舆论继续将男性气质与睾酮这种荷尔蒙混为一谈，这就是生物学呓语具有欺骗性的一个例子；各种术语被抛出来给所谓"自然"的行为做解释和找借口，因为它符合我们现有的对预期的设想。[15]

流行语限制了我们

"男孩不都这样吗"，对吗？这是人们最常说的话之一，常在许多谈话中被不经意地抛出来，是老掉牙的讽刺。在世界上每个说英语的地区，无论男女，无论老少，大家都这么说。这半是开玩笑，没错，它很少是指纯粹和精确的事实。但它通常也不是一个完全轻佻的俏皮话。这句话里总隐含着某一方面人们认为真实的某种东西，潜藏在任何年龄段男性身上的某种东西，近乎难以遏制的某种东西。不管父母认为他们的儿子和女儿天生就有哪些不同，这也不太可能是荷尔蒙的问题，因为在整个童年时期——婴儿期之后和青春期之前——男孩和女孩体内的睾酮水平相似。然而，当人们说"男孩不都这样吗"这句话时，是在心照不宣地勾起相互理解和共同经验。你能怎么办，男孩不都这样吗？没办法，男孩不都这样嘛。嗯，这就是了，因为男孩毕竟都这样，不是吗？这不就是典型的男孩都这样吗？

还有一个推论：女孩最好小心点。

如果生物学家能够解释我们生活的主要部分——从性行为到军国主义，从恋爱到嗜糖，从割喉式的营销竞争到愤怒管理，那么即使我们再不喜欢大自然的演化方式，该死，我们也必须尊重它。

自古以来，生殖器一直是生理性别差异科学理论的中心。但正如我们所看到的，在20世纪大部分时间里，性激素统治了生理性别差异的科学。最近，研究生理性别差异已经聚焦于遗传学和人类基因组。科学史家萨拉·理查森（Sarah Richardson）写到，随着遗传学搞起生理性别研究，"将生理性别的二元划分视为写在X和Y染色体上的分子的倾向，在把X和Y染色体性别化方面最为明显，X代表女性，Y代表男性"。也许用不了多久，蛋白质组学（对细胞内蛋白质的大型研究）这门新科学就会发现男性属性的关键，并确定男性气质是由某一种蛋白质特征造就的。[16]

对Y染色体的研究始于20世纪50年代。从那时起，Y染色体在科学研究中就代表了男性的本质。一如既往，关于男性的科学受到一种推拉效应的影响，即已有的关于社会性别和生理性别的观念启发研究，而研究则反过来证实最初的偏见。事实上，早在20世纪60年代，82%对于Y染色体的研究就聚焦于一种所谓的联系，它存在于攻击性与拥有两条而不是一条Y染色体的男性之间，这些男性被称为XYY男。当时的遗传学研究得出了一个坚定的结论：如果一个男人有太多的Y染色体，他可能就会更加暴力。这一假说背后的科学主导学界近20年时间。但后来，随着进一步的研究，这一理论突然地、彻底地被推翻了。到1980年，XYY男已经从科学文献中消失。他们不再充当将暴力和男人相关联的生物学解释的"海报男孩"这一角色了。

自从2003年人类基因组计划完成后，生理性别的生物学就以遗传学和染色体为中心了。尽管Y染色体绝不是唯一可以找到与男性有关的基因的地方，但在科学文献和大众传媒中，将Y染色体作为男性的新大本营的说法持续不断。不过有例子打破了这种简化的性别差异二维模型，比如雌性激素，即所谓的女性荷尔蒙，它也参与男性大脑的发育。但正如萨拉·理查森所说，"每当一个新的研究项目出现时，就会有人声称，两性之间的差异终于可以被定位、测量和量化了，而且两性之间的差异比以前任何时候想象得都要大"。[17]

在实验室中得到的结果貌似客观,男性科学借此获得了认可和尊重。毕竟,我们很难与生物学背书的争论,而如果它们验证了关于男人和男性气质的现有想法,那就更好了。无论你要找的东西是否存在,都能找到它,科学家将这种现象称为"证真偏差"(confirmation bias),也就是我们知道的"男孩都这样",而当科学告诉我们"男孩都这样"有生物学依据时,"男孩都这样"就成了在科学上可以证明的情况了。

每一个关于男性属性的新的科学理论都呼应了当代关于男人和男性气质的文化习俗,并促进了关于男性的科学。我们对男人的普遍品质和行为的假设(就像其他成见一样)往往是与特定时间和地点有关的。对男孩和女孩、男人和女人的期望因地域和历史时期的不同而大相径庭,涉及男人的性行为和攻击性时也不例外。我们的文化环境影响我们的思维,无论我们是谁,无论我们做什么。科学家并不比其他人对这种文化环境更有免疫力,他们也同样会强化先入为主的、错误的生活观念。

然而,男性科学的很大力量在于它的每一个理论似乎都能解开之前的困惑和神秘,即为什么男人会做他们所做的事。男性科学的一些吸引力依赖于小说家乔伊斯·卡罗尔·欧茨(Joyce Carol Oates)所说的"自然神秘主义",她将其定义为"敬慕自然;自然作为人类的(道德)指南"。这种良好愿望是,如果我们能够理解自然对男人的要求,我们就可以更好地当一个男人和与男人一起生活,更充分地与自然人保持一致。或者至少我们可以更好地理解我们应该如何当一个男人和与男人一起生活。[18]

我们有很多理由乐观地认为,在21世纪初,我们正在见证生物学和文化研究之间的和解。例如表观遗传学和神经科学这样的新兴领域会带来很大的希望,即我们可以找到新的语言来以更整体性的方式描述人类经验,无论我们把这种融合称为生物社会性、社会基因组学、文化表观遗传学或生物文化综合,也无论我们是把注意力引向生物学中的社会性还是生物-社会的转向。这将会是一件大事。在整个20世纪,太多时候,生物科学和社会科学都在自说自话,主要在各自独立的研究领域开展研究。这伤及关于男性的科学以及人类关系的科学。尽管人类学声称要通过把生物学和社会学领域的学者招揽到一个系里,以此在两个学科之间架设桥梁,而实际上大家最多也就是各研究各的。

不过,围绕人类学的这两个研究分支近期的研究成果,都刺激了将文化和生物学联系起来的新的努力。例如,墨西哥社会理论家和人类学家罗杰·巴特拉(Roger Bartra)认为,文化和社会网络的可塑性促进与大脑和意识的"假体"连接。但是,他写道,"我们不能接受这样的观点,即在中枢神经系统中有一个道德模块,能够决定个人的道德考虑"。[19]

如果男性的极端性行为和暴力行为是由大脑化学物质紊乱

或边缘系统脑炎或神经突触传导失灵引起的，那么这种行为不能通过法律规定或社会谴责来防止或改变。与我们无法控制的因素做斗争是无用的，也就是说，如果男人带攻击性的性欲旺盛和暴力是天性使然，而且这种天性是固定的，那么我们试图改变他们，或者期望他们有能力自我改变，就是徒劳。对于那些看来难以对付和难以解决的问题，我们只能希望把它们适当控制住，即如果男人是由生物学决定的富于攻击性，那么我们只需要给他们设限，倘使他们确实能被遏制和约束的话。

51　　在美国和其他国家，关于特定人群所具备的能力或缺乏的能力都有理论研究，而科学推进了这些理论，这种情况由来已久。20世纪初，"科学种族主义"在学术界和大众媒体这两个几乎都是白人当道的领域中是一个强大的框架，而种族差异则被随意和常规地归结为内在的生理上且不可改变的特征，并受到科学研究的认可。正如历史学家理查德·霍夫斯塔特在谈到20世纪那些将生物学的相关性扩大到了合理范围之外的科学家时写道，"他们的生物学数据看起来如此权威"，以至于外行人很容易因自己专业知识匮乏而感到怯懦。[20]

在21世纪，很少有科学家公开相信关于种族优劣性的科学理论。但一旦涉及男人和女人的理论的可接受性，以及据称由研究证明的他们不同成就的合理性，科学家们的态度就不一样了。科学家中一些人对错误主张的支持反过来又影响大众的想法。研究人员芭芭拉·杜登（Barbara Duden）和西尔雅·萨默斯基(Silja Samerski)将此称为"实验室语言在日常生活中产生的影响"。情况正越来越糟,而我们应该知道原因。[21]

一些公认的科学理念使太多人坚信,男人作为一个群体对他们"天性"中的性欲旺盛和暴力基本无能为力;他们必须被管理和约束,通常这要靠社会的种种限制或是他们生活中的女人。大众对造成这种"坚信"的科学理念热情高涨,而我们则应该对此好好地探索和解释一下。关于人类行为的诸多生物学解释充斥当今各种社会,当试图理解涌动在这些理论下带有社会性别色彩的暗流时,一个大众喜闻乐见的生物学叙述可能会很令人信服。

然而,人们对于男性的生物学可能评论多于理解。我们的思想和观点是什么以及如何可以在"解剖""基因"和"性腺"这样的词中寻求验证?这类词汇为何以及如何统治着本来大不相同的各类社会中的公众印象?这些观念为何以及如何,特别是就在这一特定的历史时刻,正弥漫在我们呼吸的空气中?对这些问题的理解本可以成为过去几十年来科学新发现的成果。然而没有。是什么社会因素误导性地影响了我们的科学和对人类关系的科学解释,特别是关于男人和男孩的内在本性?

如果男人和女人的能力和兴趣在很大程度上是截然不同的、固定的、永久的,并扎根于生物学中,那么任何由生理决定的两性之间社会平等的表象都是一个白日梦。然而,让我们谨慎一些,先别急于接受这一结论。正如生物学家安·福斯托-斯特林（Anne Fausto-Sterling）所说，"绝对的生理性别差异非常少，而且……如果没有完全的社会平等，我们无法确定它们是什么"。如果我们在过去的100年里通过男性科学的研究没有取得其他成就，我们至少也已经了解到，即使是男人和女人之间明显绝对的生理差异，例如在激素水平、大脑神经网络、运动能力等方面，这些在很大程度上也是社会关系、各种限制和机遇作用的结果。每当一个阻碍社会性别平等（gender equality）的障碍被消除，你就会发现，女人和男人在任何有意义的方面看上去都比之前更加相似。[22]

杀人犯是男人

在后面的章节中，我将更全面地讨论关于男性暴力的起源、解释和意义的理念。在这里，我想简要地回顾一下近期男性暴力的科学的相关研究。例如，通过认识到大多数杀人犯都是男人，我们必须知道，这里的利害关系远远高于我们对勃起功能障碍的考虑和关于男孩为什么玩卡车的问题。

在世界范围内，犯谋杀罪的人中每有1名女性，就有9名男性。我们能找到任何迹象表明是一种潜在的男性的生理状况导致了暴力行为吗？男人的暴力程度一定比女人高9倍吗？一位研究暴力生物学的权威学者阿德里安·雷恩（Adrian Raine）认为是这样，他的结论很简单："男人是杀人犯。"然而，正如研究男人和男性气质的著名学者雷温·坎内尔（Raewyn Connell）所说，"几乎所有的士兵都是男人，但大多数男人不是士兵。虽然大多数杀手是男人，但大多数男人从未杀过人，甚至没有实施过攻击行为。虽然有数量惊人的男人实施强奸，但大多数男人并没有。……世界上有许多非暴力的男人。这也需要解释"。[23]

当然，有时看来，雷恩确是对的。在一个大规模枪击事件频繁发生、高度公开的时代，我们知道犯罪者几乎总是男性。那么，男人和他们的暴力欲到底是怎么回事？

谋杀似乎植根于普遍的男性特征中，但坎内尔也有一个观点：大多数男人不是杀人犯。我们需要解释这一点。如果我们不这样做——如果我们把谋杀、强奸和其他形式的暴力归咎于男性的生物学特性——我们最终可能会把男人当作他们自己身体的受害者，而对此却什么也不做。

在人际暴力案件中，男性生物学往往是所谓的犯罪帮凶。但是，由政治家和将军们强加给世界的暴力呢？在这种情况下，它往往被认为是一种"好的和必要的暴力"与明智的战略，有时甚至是与天才有关。我们认为世界的推进者、撼动者和政策制定者以自由、民主或国家安全的名义在战争中展现出他们的分析职能。它是受到社会认可的。

在美国，我们还需要解释这样一个事实：1991 年，谋杀率是 20.8/10 万人，而 2008 年是 11.3/10 万人。（男性杀人犯的比例保持不变。)此外，我们需要解释联合国毒品和犯罪问题办公室在2014年的下述调查结果:"2012年，故意杀人在全世界造成近50万人（43.7万人）的死亡。其中超过1/3（36%）发生在美洲，31%发生在非洲，28%发生在亚洲，而欧洲（5%）和大洋洲（0.3%）在洲级的杀人案中所占比例最低。"除了人口规模的差异之外，我们当然也不会主张萨摩亚和圣保罗的男性在生物学上是截然不同的，但是一种关于男人和暴力的本质主义论恰恰就能得出这样的结论。[24]

同一份2014年的联合国报告指出，在海地，杀人率在5年内翻了一番，在2007至2012年，从每10万人中有5.1人上升到10.2人。会不会是2010年海地的毁灭性地震和随之而来的社会动荡，如帮派暴力的增长，导致海地男人的生理功能转变到这种程度？我们将在后面的章节中研究涉及改变生物体的行为因素问题，但从未有任何环境因素被证明可以极大地改变人们的身体，从而能解释海地的杀人案在5年内翻倍的情况。[25]

还有更糟的。不仅关键的科学发现被追溯性地用来解释为什么男人实施了谋杀或强奸，它们还被前瞻性地用来声称为什么，根据生理属性，一些男人比其他男人更有可能进行谋杀。指出每10个杀人犯中就有9个是男性的这位宾夕法尼亚大学的学者，也是大力倡导用测量手指来发现哪些男性可能是最具攻击性的人。阿德里安·雷恩认为，具体来说，我们需要测量一个男人的食指和无名指（手掌向上）之间的差异，因为通过这样做，我们就可以预测男人的男子气概：与食指相比，无名指越长，这个男人越"像男性"。这是玩笑吗？真不是。"2D：4D"（第二指比第四指）的比例在科学家中被广泛推广，包括生物决定论的尖锐批评者。

雷恩教授接着写道："我们对有着一根更像男性的、更长无名指的人了解多少？首先，他们倾向于占主导地位，显出生理上的优势，具有像男性的特征，并具有与攻击性有关的个性。……另一个与长无名指密切相关的特征是追求感官刺激和易冲动。"此外，"无名指较长的男性往往有较高的吸引力评级"，而"同性恋男人的无名指长度往往介于异性恋男人和异性恋女人之间"。不用说，什么是"同性恋"从未被定义。但愿我们都能如此整齐地归入这些过分简单化的分类。[26]

这种理论发展到最后，我们就从简单的男性气质、人际攻击和同性恋的表现转向了地缘政治。雷恩提出，"如果你是一国领导人，与邻国因钻石矿（注意非洲独裁者的形象）发生了冲突，这些矿藏刚刚在有争议的领土上被发现，你会作何反应？假设你可以选择谈判或开战。你的选择并不像你想的那样完全自由。它部分地由你无名指的相对长度决定"。从解剖学特征的篮子里拎出关于男性性行为和暴力的解释，很难说是表现了无知与知识的对立。一些饱学之士把我们的身体当作一切的源头，用来破译我们的社会安排，并且在此过程中，有意或无意地，扰乱了与其说是我们对身体的理解，倒不如说恰是对社会本身的理解。[27]

从男人是杀人犯到男人是性侵者,这些观念是不可避免的。请看2016年11月29日的一则新闻:在加拿大政府统计机构的一项调查中,加拿大军队中超过25%的女性报告说,她们在职业生涯中曾遭受过性侵。但在那些说自己遭到性侵的人中,只有23%的人向她们的长官报告了侵犯行为。这不难看出原因。根据加拿大前国防参谋长汤姆·劳森(Tom Lawson)将军的说法,为了理解像性骚扰这样的问题,我们需要认识到,"这基本上是因为我们(也就是说,男人)在生物学上构造特殊,因而会有一些人认为把他们自己和自己的欲望压在别人身上是一件合理的事。这不是应有的方式"。劳森后来道歉了,并表示男人不应该侵犯女人。然而,人们不禁要问,他是不相信自己关于男人侵犯女人是生理所迫的说法,并为如此说感到后悔,还是只是对公众无法承认一个(对他来说是)明确的生物学事实感到失望。[28]

关于雄性动物的科学

关于雄性的科学语言将生物学真实性的吸引力从雄激素扩展到Y染色体,再到2D∶4D的手指测量。而正是当各种物种的先生们被相互比较时,我们发现关于雄性属性的词最多。

男人被骂作猪,还有狼、蛇和狗,但很少有人将他们比作瞪羚、鱼鹰或海豚。这传递了明确的信息：不是所有动物都是人，但所有的人都是动物。那又怎样呢？因为人类与黑猩猩共享98%的DNA。接着一个循环论证就开始了，根据是我们的DNA支配我们的思想、言语和行为的假设：如果雄性黑猩猩在很多时候都具有攻击性，而且，如果黑猩猩群体是由雄性首领管理的，那么，关于人类为什么会去打仗，为什么男人在地球上每个社会的权力位置上都占主导地位，就一定有一个基因上的线索。这就在我们与黑猩猩共享的DNA中。[29]

就像宣扬社会宽容的人一样，行为生物学家可以就此占据中立的制高点，裁定什么是生物学上的，并因此应该是超越文化的，同时把他们的文化批判定位为主要针对宗教人士。我们应该自问，用DNA代替上帝是一个进步，还是用一个包治百病的药方代替了另一个。毋庸置疑，当你和朋友闲聊你那个性取向暧昧的邻居时，使用科学术语似乎更时髦。

但是，谈论你那位邻居，那位有个似乎很有自己想法的附属器官的朋友，是什么意思？为什么男人拥有想自行其是的附属器官，而女人却无法类比？男人作为一个群体，更容易被他们的天性所支配——你甚至可以说，被他们的动物天性所支配，关于这一点以上所有这些到底要说什么呢？男人是动物。同样地，那又怎样呢？

发生关于普遍和独特特征的一个领域涉及动物。出于各种原因，许多研究动物行为科学的伦理学家喜欢用有关人类行为的词来描述非人类动物的活动。它们朗朗上口。而且，它们在人类和非人类动物之间，以及更根本的，在不同物种的雄性和雌性性行为的所谓进化起源之间，形成了令人难忘的类比，不管是否恰当。

为了阻止此类比喻，我认为我们需要更多的生物怀疑主义、更多的意愿来反驳这种准宗教的信条，即生物构成是世间所有种类的动物的关键，是隐秘的代码，是"芝麻开门"的神咒，我们可以并且应该用它来理解所有人类和非人类雄性动物的行为。与它的近亲生物崇拜不同，生物怀疑论需要对事物有精细的专业知识。认同生物怀疑论，光有对此盲目的信仰是不够的。生物怀疑论并不反对科学，就像它不反对生物学一样。它也不坚持要求你煽动性地忽视专家的智慧。它确实需要对"自然的意志"进行一定的否定，而且它确实挑战一个观念，即普天下的每一件重要事情——性行为和交配、竞争和权威、暴力和攻击、培养和抚育——都可以用生物学而不是任何其他学科来进行更好地解释。

整个20世纪乃至21世纪有关雄性的科学已经一次次证明，社会价值和预期对我们的研究结果施加了不适当的影响，无论是将人类男性与其他物种的雄性进行毫无根据的比较，还是将男性体内的化学混合物与攻击性进行似是而非的联系。当下，每当我们听到有人诉诸生物学的论证来阐述男性行为时，说不定我们最初的反应可以是怀疑，而不是轻信。

给动物行为贴上值得商榷的标签也许有助于动物行为学学生记住那些他们无法控制、更遑论评估的对刺激的特定反应，但这也能使一种理解显得合情合理，即这些行为是与生俱来的。这种理解全都始于童年，是从宠物、毛绒动物和电视上的动物节目中学到的。你可能认为这些都不能算是科学。尽管如此，它们都提供了可循证的动物叙事。而谈论男人的一种看似特别科学的方式，就是在不同物种的雄性之间寻找相似之处。

3 猴在看，人在做

> 我再说一遍：模仿人类并不是让我高兴的事。
>
> 我模仿他们是因为我在找出路，没别的原因。
>
> ——弗朗茨·卡夫卡，《致某科学院的报告》，
> 关于叙述者以前作为猿的生活

西格蒙德有一只猴子。我母亲总是这样开始讲这个故事的，这里的西格蒙德是我的曾曾外祖父西格蒙德·奥本海默（Sigmund Oppenheimer）。作为一个男孩，我提起这个先例是为了说服母亲让我养一只黑猩猩。拥有一只灵长类动物是天赋人权。

可惜，家族猴子传奇的结局不能帮我说话。这只猴子（它的名字已经在家族记忆中消失了）会跟着西格蒙德在家里做猴子做的事，也就是模仿他的人类主人。这包括在我曾曾外祖父刮胡子的时候骑在他的肩膀上。我母亲并没有让我避免听到这个家庭故事的悲剧结局。你可能已经猜到了：有一天，当西格蒙德在工作时，这只猴子找到了剃须刀，而且毫无疑问，他试图模仿他的男性人类主人，第一次也是最后一次地刮了他自己的毛。

将男人与其他动物物种的雄性联系起来考虑并不是一个错误。这种跨物种的比较提供了一个特别容易理解的视角，我们以此来了解所有种类的雄性可能共同具有的特征。我们都是动物，我们都来自共同的祖先，那是很久以前，这些是对地球上生命牢不可破的基本理解。大象的天生聪慧应该让我们敬畏，而不是惊讶；当我们低估了其他动物类似人类的品质时，我们就太对不起它们了。如果对这些相似性进行严格的考评，我们可能会找到富有成效的参考点，帮助剖析人类中受性别影响的问题，包括性和暴力。但是，我们也应该谨慎，因为动物在我们生活中的重大意义，以及科学对我们认为的雄性动物特殊性的认可，都会导致我们太容易夸大男人在什么程度上做事是因为他们是雄性，几乎就像他们是身不由己似的。

我们给我们最亲近的非人类动物起人名，实际上是把它们作为家庭成员，这是一种标记我们接触动物亲密程度的方式。我希望我能告诉你西格蒙德的猴子叫什么名字。我们已经让家系专家去查了，但到目前为止，在埃利斯岛的登记处或亚马逊的提货单上都没有发现。

除了在动物园观看它们，我最接近猴子交流的方式是通过阅读灵长类动物学家同事的记载来体会。他们在森林、大草原和丛林中研究动物，并好心地将他们的记录从野外带回。当灵长类动物学家讲述他们的科学故事时，我们了解到怪异的习性和惯例，以及将这些与其他物种联系起来的理论，能和人类类型联系上的最好。但是在涉及与动物的比较时，我们需要避免一个危险，也就是当这样或那样的相似性有助于我们就人际关系提出某个更广泛的观点时，我们会从动物大集合中凭主观以偏概全地选择。与动物进行比较以证明进化的正确是一回事，但用它来阐明今天的人类行为，把它当作一面镜子来反映我们自己的择偶、育儿、养家、打架以及和解的方式，这就是另一回事了。在这里，我们需要特别小心，因为虽然有大量的相似之处，而且对非人类动物的更多了解确实提高了我们对它们自身复杂性的理解，但我们需要避免陷入以此给人类行为总结出简单化模式，包括男性的性行为和攻击性。

事实上，动物的行为是多方面的、多种多样的，不能作为人类活动的一面镜子来放心大胆地参照。过分夸大人类和其他动物兴趣和活动的一致性，这一做法最大的隐患是我们会错误地忽视所有这些行为发生的特定环境。对非人类动物的多种精彩有了新的认识是一回事，但以自然选择的名义将人类降低到一个一维动物序列的一端，则是另一回事。

从宠物和探索频道学到的知识

我们在童年学到的关于男性行为的很多知识都是通过动物学到的。公狗抬起腿撒尿来标记领地，而公猫彼此相遇时可能会变得好斗。世界各地城市化的结果之一是，人们很少与非人类动物有接触，除了宠物。即使你从小到大没有宠物——不过你很可能有，因为在2018年，美国人有9000万只狗和8600万只猫——你也从小就读以动物为主角的书，书中的动物能互相交谈，做好玩的事。此外你也观看以动物为主题的电视节目，特别是描述动物的恐惧、希望和动机的有声卡通片和自然节目。你为你的毛绒动物起名字，还赋予它们人的性格。成年后，你养上一只感觉像家人一样的宠物，或者对马和山羊类似人类的滑稽行为惊叹不已。

然而，投射的影响是双向的。不仅我们对人类男性行为的理解经过了我们非人类动物经验的过滤，而且我们对非人类生物学的研究也深受我们对人类男性和女性理解的影响。毫不奇怪,在几乎所有关于雄性和雌性动物行为的严肃论述中,查尔斯·达尔文都成了一个科学的护身符,在关于天性、培养和文化的各种靠谱与不靠谱的进化故事中被拿来做解释。

这与我们谈论人的方式有相似之处:有时我们把所有的人性归在一起,强调共同点,尽管表面上看有差异。同样,有时把所有的动物放在一起,追溯它们共同的进化起源,也是有意义的。要强调的重点是共同的种系发育起源、内分泌学、动物行为学,我们共同的人性、动物性和在地球上的共同生活。

但这种统归也有不少问题。有时对人类的概括掩盖了有意义的差异,特别是不平等。人们的不同可以是因为他们受苦的方式不同,因为他们爱的人不同,或者因为他们是每天祈祷五次还是根本不祈祷。抹去这些复杂的因素,就会产生一种虚假的等同,也能无意中揭示出许多关于不同的文化看重什么和不看重什么的问题。人类和其他动物之间过于简单化的比较也是如此。[1]

我们对非人类动物的迷恋,即恋兽癖,有无限的形式。有时,即使是随口的一句话,也暴露出错误的关于男人动物性的潜在认知模式。有一天,我在墨西哥城的朋友罗伯托就给我上了一堂课,关于人和动物能怎样被联系起来。当时他一边用乙炔焊枪修理散热器,一边笑嘻嘻地考核我作为一个男人在追求女人方面的专业知识。

"一个女人需要什么才能感到完满,马特奥?"我请罗伯托来教育我。"首先,厨房里要有一只猫,"罗伯托说,为了防止我听不懂其中的寓意,他补充道,"那是一个可以帮助她打扫卫生和做饭的人。"他继续说,"第二,门口有一只美洲豹。这意味着有一辆好车。第三,床上有一只老虎。第四,还要一头支持她的牛!"只有一个真正三头六臂的男人,一个无所不能的动物男,才能满足一个女人的所有需求。[2]

但是,恋兽癖的海报男孩肯定是雄性灵长类动物,他们通常展示给公众的形象暴露出一系列作为哺乳动物之雄性的不幸真相:要繁育、要当爹、要人照顾、霸道、恶毒,还带着一股坏脾气。如果关于银背大猩猩的说法也能用于人类的男性,那可以加分。布鲁斯·斯普林斯汀(Bruce Springsteen)在歌中唱道,"半是人,半是猴,宝贝,那就是我",代表了我们许多人的心声。[3]

我们已经审视了关于男性的科学,现在让我们再深入探究一下有关整个动物王国中雄性之间相似性的各种夸张说法。我们的目的并不是要避免对人类男性的规范性思考,而是要质疑我们所认为的男性气质的规范。男人的灵活性远远大于一个过度确定的男人生物学所允许的范畴。当我们美化不同物种的雄性的共性时,我们使自己更易受一种不准确的看法影响,即社会性别的二元划分对人类来说可能就像对其他动物那样,是整齐划一的。

儿童可以从宠物、电视，有时甚至是毛绒玩具中，学到关于雄性和雌性的知识。如果他们生活在一个大多数年轻人都读完高中的城市，那么他们有可能在学生时代学到一些遗传学和内分泌学的基础知识，包括课本上讲的关于Y染色体、雄激素和雌激素的重要性。但对许多人来说，自然类电视节目是他们接触的关于动物和雄性科学最全面的信息来源。这些节目无处不在，在世界各地都能看到。关于自然的电视节目是当代关于男孩和女孩、鸟类和蜜蜂等各种动物知识的基础。

我在上海认识一位退休工人，大家都叫他李老师。当我问他认为男人和女人有什么不同时，他漫不经心地回答："荷尔蒙呗。"当我问他这是什么意思时，李老师说："男人一看到漂亮女人，荷尔蒙就上升。"我又问他这想法是怎么来的，他告诉我，"当然是看电视啦"。他是自然类节目的狂热粉丝，这些节目在改革开放后的中国都能看了。

截至2017年，探索频道声称在170多个国家有超过4亿个家庭观看他们的节目，超过了其姐妹节目"动物星球"的9000万个收视家庭的数字。近几十年来，这些节目的受欢迎程度突飞猛进。以覆盖率、参与度、收益和最重要的"心智份额"来衡量，到2017年时，探索频道和"动物星球"在全球众多的人口类型和各种休闲观赏时段中都在成为赢家。可以说，这些节目和它们所呈现的动物滑稽搞笑的行为教给观众的核心内容就是："嘿，它们就像我们一样！"大半个世界都从这些频道中学到了关于动物和雄性的科学与伪科学知识。[4]

自然节目告诉我们，在整个动物王国中，贪婪的登徒子比比皆是。禽类和哺乳类物种的雄性都有某种控制其栖息地的不变需求，所以这也许就是社会将男人视为家庭主要供养人的原因。从雄性山羊、老虎和海狮争夺领地的方式，以及雌性动物如何选择这些争斗的赢家作为它们的性伴侣，很容易看出一些人性的东西。这些节目经常找到整个动物王国中雄性行为的相同模式，而对于很多观众而言，这令人感到些许安慰。为什么我们如此容易受到这些暗示的影响，即我们自己的壮举、妄想和欲望与我们所了解的熊妈妈和海马的情况相似？为什么"性挑剔的男性"这一概念似乎是个很矛盾的说法呢？

如果人们对社会性别关系感到苦恼或困惑——例如，对男人的狼性行为——这是真正的焦虑，我们可能会在电视中就此寻找答案也无可厚非。如果男人是动物，而男女之间的问题是由自然原因演化而来的，几乎超出了我们的控制能力，那么我们"对作为男性意味着什么"的困惑和压力就可以减轻一些。

动物很适合用来思考

让我们坦然承认吧，动物既是很好的思考对象，也很适合用来思考，而且我们在日常生活中经常这样做。动物也很适合用来骂脏话。正如英国学者埃德蒙·利奇（Edmund Leach）多年前所说的，在你破口大骂的时候，将某人比作非人类的动物，仅次于用性交、粪便和渎神的话来骂。我们中的许多人随口就把男性难听地比作动物，并且津津乐道，常常带有自然主义修辞的色彩。仅仅在西班牙语中就有很多：那些讨厌的男人被叫作山羊，懒惰的男人是狗，愚蠢的男人是驴，下流的男人是猪，小偷是老鼠；一个女人可以被叫作野兽、奶牛和狐狸精，在迈阿密的反革命古巴人被称为虫子。在中国，你可以称男妓为鸭，妓女为鸡，丑陋的女人是恐龙，丑陋的男人是癞蛤蟆，没有人愿意做王八蛋，而每个人都希望孩子猴机灵。在最极端的情况下，生物学和动物性被认为实际上决定了男性行为。[5]

从亚里士多德的 *scala naturae*，即"自然阶梯"开始，定义地球上生物之间的关系对哲学家和业余思想家来说都是一种挑战。笛卡尔认为，动物最像无知的机器。他从未见过机器人，但他确实谈论过动物机器，称动物为天然的自动机。两个世纪后，达尔文宣布，所有物种都有共同的祖先，而我们人类不容置疑也是动物。他主张，差异只是程度问题。[6]

对哲学家和诗人来说，动物往往代表着最纯粹状态的自然。这种想法往往加强了我们的恐惧，即人类是自然的巅峰之作，是它最大、最残酷的失败。但科学家的要义通常是不同的。动物研究和流行文章强调了使用手语的猿、发展复杂社会策略的海豚和操纵工具来隐藏和保护自己的章鱼。他们强调人身上的动物性，以及动物身上的人性。对许多研究人员来说，一个核心问题是:"尽管在过去的一万年里,人类文化的快速变化远远超过了我们的生理适应能力……人类仍然'在生物学上适合'现代世界。"在他们看来,对其他动物的研究清楚地表明,我们的人类文化永远无法摆脱我们共同的动物本性。[7]

拟人化——赋予非人类的动物、鬼或神以人类的特征——在我们理解包括人类在内的动物王国的历史和统一性中,是核心途径。只有创造论者才会严肃质疑跨物种共性的合理。这种对于人类与非人类动物的相提并论,尽管用得很聪明,乍一看似乎只会让我们陷入异想天开的想法。关于什么构成整个动物王国中最牢靠的基本雄性属性,层出不穷的解释诉诸超现实主义、生物学、难以抗拒的冲动,以及更多不可避免的基于有机体的论证,所有这些引发了以动物比人的无限可能性,"男人是猪!"不过是个太明显的例子。

正如儿童在将自己与动物比较时迅速学到的那样,我们人类与其他动物一样,都要吃饭、呼吸、排泄、生育、睡觉,以及做很多其他的事情。非人类动物在某些方面恰恰与我们人类一样。从鹌鹑到鳟鱼,从最驯化的动物到最野生的动物,我们在这个世界上的活动方式有非常多的相似之处。问题不在于这些共同点可能多重要,而在于哪些共同点是重要的,为什么我们发现它们很重要,以及它们能如何将我们对雄性的理解引入歧途。

我们中的许多人相信自己对宠物的想法和感受,例如,我们为宠物的幸福感到高兴，而如果我们离开时它们看起来很伤心，我们也许会感到有点内疚。我们与它们共情，就像我们确信当我们悲伤时它们也与我们共情一样。我们可以解释为什么我们会喜欢某个特定的物种。

当克劳德·列维-斯特劳斯*说"动物适合用来思考"时，他正在研究"图腾崇拜"（totemism），这是一个美洲奥吉布瓦（Ojibwa）土著词，表示特定人类群体与作为其象征或称图腾的特殊动物或植物之间的亲缘关系。图腾崇拜概念的核心是认识到非人类动物也有思想，因此人类和图腾可以通过思想联系起来，尽管正如埃米尔·涂尔干**很久以前写的那样，图腾实际上更多地说明了人类彼此之间的关系。将人类和非人类动物的思想如此直接地联系起来绝非一件小事，但列维-斯特劳斯有不同的目的。他不是要跨越物种的界限，而是要证明关于人类思维的一个观点：这些思维都是一样的。非人类动物很适合用来思考，部分原因是它们可以帮助我们认识到关于人类的这一事实。[8]

哲学家托马斯·纳格尔（Thomas Nagel）提出过一个著名的

---

　*　克劳德·列维-斯特劳斯（Claude Lévi-Strauss, 1908—2009），法国作家、哲学家、人类学家，结构主义人类学创始人和法兰西科学院院士。生前曾出访美国、加拿大、墨西哥、巴西、日本和朝鲜等国，被认为是"所有流派（和无流派）思想者的财富"，国际人类学界公认的最有权威的人类学家。

　**　埃米尔·涂尔干（Emile Durkheim, 1858—1917），法国社会学家，社会学的学科奠基人之一。

问题:"当一只蝙蝠是什么感觉?"简短的回答是,谁知道呢?因为人类肯定不能当蝙蝠。像蝙蝠一样靠重力头朝下倒挂着,你就是一个脚踝套着夹子固定、头朝下荡来荡去的人类;挖掘你未开发的回声定位潜力来躲开障碍物,就像一些盲人报告他们能做到的那样,你成功避免了摔倒。我们不假装仅仅因为我们人类和长颈鹿都能走路,我们就知道当长颈鹿意味着什么。纳格尔的观点不是说蝙蝠属性不存在,而是说我们不能仅仅通过观察其行为或研究其生理特征就知道当一只蝙蝠是什么感觉。[9]

模仿和想象是动物和人类之间关系的核心,而且不仅仅是对迪士尼而言。那么有一点关于动物的奇思妙想又有什么错呢?谁有资格评判相似之处是否合理和适当?在最近的动物剧场中,我们看到了格外感人的对动物界限的争论,表现在演出融进了人之外的其他生物,以达到带入共情和颠覆性的目的,效果非常好。各种形式的兽性被变幻出来,使我们在震惊之余更好地思考男性、性行为和自然产生的东西。当我们去掉衣服,所有的雄性真的如此不同吗?

通常,我们可能会认为进化心理学和戏剧没有什么共同之处。但是,当涉及动物,尤其是雄性动物时,剧作家可以利用关于雄性动物的同类普遍的假设和偏见。例如,所有物种的雄性几乎都会和他们能得到的任何雌性对象交媾,并且对他们的行为满怀自以为是的理由。

让我们考虑一下爱德华·阿尔比（Edward Albee）的荒诞剧《山羊，或谁是西尔维娅？》是如何将人的品质投射到一只动物，也就是剧中的西尔维娅身上的。或者，是阿尔比让一个人具有了动物的品质吗？剧情建立在对指导人与动物互动的社会价值观耸人听闻的扭转上，有人称之为物种戏剧，或对种间意识的宣传。此剧要求我们同情马丁并为他担心，他是一个丈夫和父亲，正疯狂地与反刍动物西尔维娅通奸。马丁坚持说他在山羊的兽性魅力面前束手无策，当他有机会盯着西尔维娅的眼睛看时，发现自己尤其被迷住了。"她用她那双眼睛看着我……我融化了……我从没见过这样的表情。那是纯洁的……充满信任的和……天真的；那么……那么无邪……理解是那么自然，那么强烈……一种顿悟。"

然后，阿尔比嘲弄我们，也许这里的逻辑是，西尔维娅是一只人性化了的动物，因为她是放纵无度的人类男性性欲的对象。阿尔比并不是说所有男性都是这样的；他是在玩弄观众的共同信念，即所有男性都是就像这样的。剧中所争论的是，从马丁的角度来看，跨物种的强奸是否也是一种男性性行为。如果不是因为这种可能性——一个男人与农场动物发生性关系——这出戏就失去了意义。这很牵强，但并非完全不可信。他毕竟是个男人啊。

在该剧中，越轨的性行为不是偶然的，也不仅仅是煽情的。男人与山羊的关系之所以令人震惊，是因为任何感情的语言或爱的宣言都无法掩盖这种野性放荡行为的狰狞景象,就像阿尔比沉湎肉欲的形象永远都在激怒他自己的家人一样,而这家人对待同性恋儿子又是严厉批判的态度。阿尔比让马丁坚持说,"我以为我是;我以为我们都是……动物"。

如果男人只是动物,那么什么才算是不自然的就不清楚了。[10]

倭黑猩猩活泼的性欲

在当今最受欢迎的科普作家中,我们发现有相当数量的灵长类动物学家,他们对猿类行为的研究和见解已经成为传奇。当至少学会了基本手语的大猩猩科科去世时,全美国的报纸都刊登了醒目的讣告(科科能在多大程度上真的通过手语进行交流,一直存在争议)。简·古道尔(Jane Goodall)和她的黑猩猩研究使她轻易地跻身世界上最知名的科学家之列。关于大猩猩和黑猩猩的故事在当今如此流行的原因很多,但其中最明显的一点无疑是我们相信我们正在了解的有关自身的东西。

对于我们许多以阅读科学为乐的人来说,心理学家和灵长类动物学家弗朗斯·德瓦尔(Frans de Waal)以及人类学家和灵长类动物学家莎拉·布莱弗·赫迪(Sarah Blaffer Hrdy)是有关一切动物知识方面最受欢迎的权威专家。他们的关注点一直是非人类灵长类动物,并且他们最重要的发现是基于对其他种类动物的仔细观察，而不是人类，但他们提供的分析都对我们人类有借鉴意义，包括在男性气质和女性气质、暴力与和平以及性行为方面。尽管如此，正如德瓦尔所警告的，而且毫无疑问赫迪也会同意，"我们也滥用自然，通过把我们的观点投射到它身上，然后再提取出来，循环地证明我们所持有的任何观点"。[11]

几个世纪以来，我们一直认为，动物完全受无意识的本能支配。但德瓦尔和赫迪都扩大了我们对动物的抉择和个性的认识。德瓦尔在领导佐治亚州耶克斯国家灵长类动物研究中心的工作中，基于研究出版和发表了许多著述，其中他多次提出了关于在动物之间划定行为界限的见解，以及如何提高我们的认识，了解所划的这些界限必须是灵活曲折的，而不能一刀切。耶克斯是美国国家卫生研究院资助的七个国家灵长类动物研究中心之一，位于佐治亚州劳伦斯维尔，占地117英亩，在亚特兰大东北30英里处连绵起伏、林木茂密的山丘上。当我在2014年访问那里时，它饲养着超过2000只非人类灵长类动物。

到达中心，感觉就像进入了一个军事基地，所有设施都被围了起来，大门堵住了入口，被警告不要拍照，还有一个安全检查站。摄像机和人员监控着场地上的每一个动作。德瓦尔在一座带有小型办公室的附属建筑中与来访者会面，而且，唉，没有想让人一睹为快的猿类。如果访客提出要求，他有时会允许他们在远离黑猩猩的内部围栏的地方快速看上一眼。

德瓦尔根据他在耶克斯和其他地方的工作经验，倡导了几个持久的概念创新。他的工作包括对倭黑猩猩的研究。倭黑猩猩与更常见的黑猩猩以及人类有共同的祖先，仅仅600万年前，我们都是一个快乐的大物种。从那时起，我们在很大程度上分道扬镳了，而灵长类动物学家的一个迷人的谜题就是弄清楚这三个物种是如何分化的。在他的著作和采访中，德瓦尔经常选择讨论他发现一种或另一种猿类与人类共有的某个特定的特征；通过展示相似之处，他帮助我们更好地理解猿类复杂的心理特征。

对于黑猩猩，他长期以来一直痛斥在科学界和几乎所有其他领域重复的陈词滥调，即黑猩猩是最接近人类的进化表亲。德瓦尔认为，倭黑猩猩也同样接近，但我们更多听到的是黑猩猩和我们的亲缘关系，原因与当前关于人类的男女、性行为和暴力的理念有关，而不是因为实际的进化记录。黑猩猩比倭黑猩猩花更多的时间在有攻击性的活动上（"就像我们一样！"），而人们给一群黑猩猩的一个常见集合名词是"部队"。此外，它们的部队几乎在所有情况下都是由雄性主导的（"就像我们一样！"）。德瓦尔对同事们在黑猩猩和人类之间进行过于简单化的比较感到厌倦，他表示，他们的目的往往是为了"解释"人类男性淫荡的性行为和暴力的爆发在某种程度上是根深蒂固的，因为你可以在黑猩猩中找到看起来相似的行为。但是，举个例子，雄性大猩猩和黑猩猩对性的兴趣较小，除非雌性有生育能力，这个简单的事实似乎是一个相当基本的差异，能使这些猿类表亲无法与人类进行密切的比较，至少在性行为方面是如此。德瓦尔总是不厌其烦地指出这样的问题。

71　　由于倭黑猩猩和黑猩猩一样接近人类，德瓦尔对它们的研究变得尤为重要。基于他的研究，我们现在知道，倭黑猩猩中雌性地位很高，而雄性和雌性在醒着的时候花很多时间进行奇妙的性活动，包括各种花样和组合。这一发现与人类直接相关，因为它展示了与黑猩猩的雄性暴力和雄性主导的社会组织截然相反的情况。用德瓦尔的话说，倭黑猩猩"表明我们的种系不仅以雄性统治和排外为标志，而且还以对和谐的热爱和考虑他人感受为标志"。[12]

但是，在这里，我们也应该警惕过于仔细地寻找人类的行为。倭黑猩猩与它们群体中的一系列个体发生性关系，包括同性和异性，无论雌性是否在发情期，这一事实不仅使它们区别于大猩猩和黑猩猩，也区别于它们的人类表亲。实际情况是，人类，不论是男性还是女性，对性伙伴的挑剔程度远远超过其他任何猿类。[13]

在他的许多书和文章中，德瓦尔力求居中而不落入同为无稽之谈的两个相反极端中的任何一个。一端是行为主义科学家，对他们来说，外部刺激（条件作用）是一切，而生物学没什么意义；另一端的人则把动物看作自动机，只会对内部刺激做出反应。德瓦尔明确指出，对于我们这些不是受雇来观看猴子厮打、性交、表达感情或安慰同伴的人来说，出现这样两极分化的观点不容忽视的一个原因与纳粹有关："第二次世界大战后，我认为人们对攻击性行为和暴力非常痴迷。实际上，如果你阅读关于人类进化的老书，都是关于攻击性的。一切都是关于暴力和攻击性的，并且所有人类和动物之间的比较都在这个方面。对于从生物学角度解释人类行为，存在着巨大的阻力。这样做被等同于纳粹行径。"[14]

然而，当社会生物学在20世纪70年代中期出现，特别是到了20世纪90年代时，德瓦尔看到了一种转变，达到了大学校园里用生物学术语解释生理性别差异的讲座使学生不耐烦的程度，他们那时已经把这一切视为理所当然了。然而，对德瓦尔来说，生物学却并不意味着遵守维多利亚时代的社会性别和性行为标准，或任何其他模板，认为男性和女性天生就有明显不同的性欲。他俨然是一位权威科学史家，指出男性人类学家尤其"对在倭黑猩猩中大部分时候是雌性占主导地位的观念难以接受。我从未听过一位女性灵长类动物学家或女性人类学家告诉我这是无稽之谈，或者是不可能的，或者这根本微不足道"[15]。

除了推翻那些有关社会性别的老生常谈，即不同物种中的雄性和雌性做什么和不做什么，德瓦尔还不喜欢谈论先天的生物性和本能，因为它们无法解释他所观察到的许多情况，从"黑猩猩政治"到灵长类的和解、共情和各种普遍的情感。除了工具的使用，德瓦尔还写了很多关于我们的猿类表亲各方面表现的力作，包括利他主义、性高潮、幽默、合作、心智理论、自我意识、社会互惠，等等。

他从不回避划定界限，例如交流（"我认为猿类没有语言"）和做父亲（"我们是唯一的动物……把生物学上的父亲身份作为文化上父亲身份的基础"）。这些对他来说不是微不足道的差异。但他并不特别赞同"非人类动物"这一说法，而坚持认为，和达尔文一样，这全部就是一个各种动物之间关联性的问题。德瓦尔的核心要务似乎是提高我们人类对其他动物根本能力的认识和尊重，特别是那些与我们亲缘关系最近的动物的。[16]

德瓦尔告诉我："就我们人类的近亲而言，我认为拟人化没有错，尽管我总要补充一点，那就是你仍然要检查你所看到的是否是同一事物。但如果你遇到非常不同的物种，比方说看到两只章鱼互相拥抱，那可能不是你作为人类的那种拥抱。"拟人化对德瓦尔有用，他认为我们其他人也应该更广泛地采用这种方法。[17]

羞怯的雌性是一种误解

当雄性猿类被认为表现出泛生物的雄性属性时，它们常常被看作人类男性的代表。但就像研究人类一样，你可以通过观察雌性猿类来了解很多雄性猿类的行为。

萨拉·布莱弗·赫迪在20世纪70年代为人所知，并彻底改变了我们对母猿性行为的理解，这绝非偶然，当时人们正对人类的社会性别和性行为感到高度焦虑和困惑。她在概念上沉重打击了人们长期持有的雌性灵长类动物性顺从的印象，而这也在实际上推翻了长期以来对于用什么来区分哺乳动物雄性和雌性性活动的成见。她关于叶猴的第一部开创性著作的主要目的不是为了借此更深入了解人类的男性和女性，但毫无疑问，当时的女权运动是她的兴趣和发现的背景。此外，通过赫迪的灵长类动物研究，我们得以更好地重新调整我们对男性和女性的基本假设，将其推广，从而进一步澄清错误的假设，也许还有不小的社会性别迷惑。

在任何科学领域中，歪曲事实以将其楔入预先存在的理论都可能有问题。进化心理学家因他们的做法而广受指责，即为他们的模型选择性地挖掘动物行为，其最终目的是为了表明某些人类活动是被打上了达尔文进化论支持的印戳的。赫迪是位与众不同的社会生物学家，她愿意根据新的证据重新思考被神圣化的真理，并且就像她第一个指出的，她是一个女人以及她的大多数重大发现都与雌性灵长类动物有关的事实是完全切题的。在赫迪之前，很少有科学家以如此专注和开放的心态研究雌性灵长类动物。

通过重新审视关于雌性灵长类动物行为的几个基本信条，

赫迪改写了许多定论,包括母亲行为、拟母亲行为(其他雌性帮助育儿)、杀婴、灵长类动物性行为(包括关于雌性的羞怯、性自信、一雌多雄和混交)以及科学中的性别主义。

请看以下数字,这些来自他人的观察,但在赫迪的手中却有了新的含义:一只雌性黑猩猩一生中很可能与几十只雄性黑猩猩进行6000次交配,并生下5个后代。标准的生物学课程告诉我们,雄性是纵欲无度的,而雌性是稳重而挑剔的。赫迪推翻了教科书上羞怯雌性的概念,表明在一个又一个案例中,如果有人(也就是女性灵长类动物学家)费心去看的话,真想不到,大量的雌性灵长类动物到处欢蹦乱跳,而且还,简直逆天了,即使不在发情期也交配。也许它们喜欢做爱?[18]

在研究叶猴和力比多的过程中,赫迪承认,很难克制将其外推到我们人类这个物种的冲动。"将人类与其他灵长类动物进行比较的习惯一旦养成了,就很难动摇。"当我向她提到德瓦尔曾对我说过类似的话时,她笑着说,"我把他称为我唯一的成年人同事。"[19]

赫迪能自如地划分人类和动物之间的界限。"在不同的文化之间以及个体之间,(人类中)父亲一方投入的形式和程度上存在着比所有其他灵长类动物加起来还要多的变化。"至于父子关系,以及人类男性是不是确定知道他们的后代是谁,长期以来"一直是对男性行为的进化解释中令人痴迷的焦点"。对于赫迪来说,父子关系的不确定性"只是影响男人对婴儿的养育反应的一个因素"。[20]

关键是要测试，并且必要时要推翻关于灵长类动物的现有假设。她最终推翻的许多信条都与过度二分的模式有关，即雌性灵长类动物（包括人类的女性）在性方面端庄娴静，而雄性灵长类动物则永不满足地渴望与尽可能多的雌性交配。根据研究生理性别差异科学的多学科研究员丽贝卡·乔丹-杨（Rebecca Jordan-Young）的说法，在20世纪80年代之前，雄性是猎手、雌性是被动接受者的模式一直在性行为研究中盛行：这并不是简单地认为雄性和雌性是不同的，而是将它们视为两极对立的，在这种模式中，雌性的性行为"遵循一种浪漫的、睡美人的模式"。[21]

赫迪推翻了许多人们不加质疑的假设，即雌性行为归结为母性行为，因此，有一点是，性本身不可能是雌性灵长类动物的目的。她的同行们长期以来一直念叨着"只有几百个卵子，但有几十亿个精子……几百个卵子，但有几十亿个精子"，似乎这些数字本身就证明了雄性作为一个群体是性贪婪的，它们"浪费"得起精子，而雌性则必须在性方面慎思明辨，使她们每个宝贵的卵子都物有所值。[22]

赫迪的一项早期研究特别不被某些女权主义者和社会生物学家所接受。根据她自己在20世纪70年代对印度南部叶猴的研究，她得出了在当时惊人的结论：雌性动物的一雌多雄交配比人们所了解的要广泛，而且对某些灵长类来说，这是完全正常的。女权主义者担忧的是，赫迪将生物学与性行为联系得太紧密了。社会生物学家表示震惊则因为这一概念挑战了他们进化理论的一些基本前提：一雌多雄交配的雌性动物根本不符合现有的主流理论，即（1）雌性动物需要雄性动物的供养；（2）如果雌性动物与许多雄性动物进行多次交配，它们将面临丧失雄性供养的风险；因此（3）雄性动物可以广泛交配，但雌性动物有一种内在的激励使她们更加挑剔。这对雌性和雄性灵长类动物性行为的影响是惊人的。[23]

对于这些成见，赫迪则给我们送上了一个修正性的圣代，吃这上面的樱桃就是将她的分析从猿类推广到人类，并对人类中"父系利益"的起源进行推测。赫迪认为，在新石器时代（大约一万年前）之前，"在母系亲属的支持（包括帮助养育孩子）为她们提供了社会助力的情况下，女人最有可能与几个男人发生多配偶性关系"。[24]

此外，鸟类学家理查德·普鲁姆（Richard Prum）最近提出一套在雌性性行为方面令人着迷的理论，有关美的演化："由于雌性的性高潮是通过纯粹审美的择偶进化过程而进化的，所以女人实际上确实有能力比男人获得更大的性愉悦，并且女人的性愉悦在质量和程度上都更高"。把普鲁姆的观点与赫迪的发现相结合，你就有了整套装备来彻底全新地理解不仅是我们的倭黑猩猩表亲有的，也不仅是所有雄性动物才有的，能终生进行充满活力的性行为的能力。[25]

拟人论者太离谱了

我们怎么知道我们何时把人类与其他动物的比较用得太过分了?

对我们大多数人来说,日常的拟人化集中在我们对全世界的6亿只猫和5亿只狗的大量关注上。这些宠物全天候地被我们观察,和我们互动,有人类的名字和个性。非人类的动物可以被人性化:被视为与人类共享基本的特质,如有知觉和意志,有更多的个体思维而不是盲从的羊群心理,有时甚至被视为拥有意识,即有对过去的记忆和对未来的期望。我们把非人类动物拟人化,以便能够升华它们。而另一方面,把人动物化的结果是,人被剥夺了人性并被侮辱。他们失去了自己独特的品质,被认为是屈服于群体的冲动,丧失了大部分的自制力和选择能力。

要在可接受的和不能支持的拟人化之间找出界限并不容易。我们应该在哪里划清界限,尤其是在把人想成动物的时候?圣母大学灵长类动物学家奥古斯丁·富恩特斯(Agustín Fuentes)提供了一条线索:"人们普遍认为,如果你剥离文化,剥离那些让我们保持良好行为的文化,那么野兽般的野蛮人就会出现(特别是在男人身上)。"我们越是接近把男人视为动物的想法,认为他们不能控制自己而需要被管束,我们就越应该在语言上和假设中保持谨慎。[26]

对专注于几百万年前在地球上摸爬滚打的人类祖先的古人类学家来说，他们的拟人化往往很合乎逻辑地看重我们在时间上与一个共同的祖先有多接近。我们与红毛猩猩的祖先在1400万年前分道扬镳。与大猩猩-人类的始祖分化是在800万年前。而我们知道，就我们与黑猩猩和倭黑猩猩的共同祖先而言，进化道路上的分岔口最近是在600万年前。因此，根据事实差不多可以推出，我们必然与黑猩猩比与大猩猩有更多在心灵上、思维上和生殖器方面的共同习惯，而与大猩猩又比与猩猩的更多。在这个时间尺度上越是接近，用来描述我们各自行为的相同名词和动词就越多。

请看表2中列出的诸多词语，它们被动物学家和灵长类动物学家广泛用于描述非人类动物。花点时间解读并考虑哪些词语似乎是最合理的，哪些太过充满人类特有的印记而不能有效地应用于其他动物。（提示：专家们一直在争论使用这些词的有效性。）在每个词旁边打上"A"（代表合适）或"I"（代表不合适）。

表2　科学家常用的一些拟人化名词

青春期男性冒险行为	感情
攻击	打斗
农业	后宫

续表

青春期男性冒险行为	感情
联盟	不忠
愤怒	绑架
联结	母性本能
等级	母系社会组织
求偶	玩耍
暗恋	一夫多妻
文化创新	卖淫
文化	女王
调情	强奸/强奸犯
暴君	奴役/奴隶
转向攻击	税收/投资/成本/利益
支配地位	酷刑
家庭沙文主义	战争
恐惧	

你选填"A"或"I"的原因是关键问题。如果"愤怒"[78]对你来说似乎适用于各个物种,为什么"奴役"不是呢?如果"联盟"似乎可以恰当描述成群结队到处劫掠的猴子,那为什么不把随后的冲突称为猴子"战争"的一个例子?我们听到这些词在使用,我们自己也在使用它们,却很少对此三思,即考虑把非人类动物的行为和感受与我们自己的行为和情感做如此紧密的类比会有哪些影响。

没有人真的期望非人类动物靠讲话来交谈,但拟人化的会说话的动物总是很受欢迎——至少对于马属动物来说,它们的祖先可以追溯到圣经时代。在《民数记》22:28-30中,我们读到:"耶和华叫驴开口,于是她对巴兰说,我对你做了什么,使你打我这三次呢?巴兰对驴说,因为你戏弄我,我恨不能手中有刀,现在就把你杀了。驴对巴兰说,我不是你自从有我直至今日一直所骑的驴吗?我岂是常对你这样的吗?巴兰说,不是。"一头会说话的驴子所创造的奇迹,才使巴兰的笨脑壳明白,耶和华要他醒过来,找到义人之路。[27]

每位灵长类动物学家都使用某些人类范畴的语言来描述非人类物种的行为。手头最方便使用的词是用于描述人类关系和行为的,许多人绞尽脑汁地寻找恰当的词来替代那些粗疏地将动物行为拟人化的词。拟人化的词可以是看来很适用的——"那些公猴在打架。"它们可以是把非人类动物比作人类的一种有趣方式——"那只母猴在向那只公猴示好。"它们也可以是一种更深刻地理解动物和产生同情的绝佳方式——"那只母猴是个好母亲。"也许我们应该就此打住。如果我们在过去的几十年里学到了什么,那就是非人类动物在情感、组织和性方面的生活远比我们意识到的要丰富和多样。

为了更批判性地思考拟人化问题,我们需要考虑到进化和我们共同的起源这些基础性的现实,以及对人与动物之比较的(同样真实的)滥用。这些比较往往揭示了更多的社会和文化偏见,而不是相似的跨物种的动机或意义。如果我们更仔细地看看三个反复出现的当代例子,就会更清楚地看到当拟人化被肆意使用时,会发生什么。这些例子表明,有三个特定的词是如何首先建立在雄性和雌性性行为是两极对立的错误观念上,然后又助力于加强这些错误的成见的。这三个词是:蜂鸟妓女、狒狒后宫和绿头鸭轮奸。[28]

在蜂鸟的情况中,"卖淫"一词用来指雌蜂鸟给雄蜂鸟"提供"性交易以换取其他东西,例如用于筑巢的树枝。从某些鸟类学家所认为的雌蜂鸟的观点来看,蜂鸟的性行为似乎是交易性的,而这似乎(在某些鸟类科学家看来)是人类卖淫的本质。不言而喻的前提是,雄性和雌性(无论蜂鸟还是人类皆同)发生性行为出于不同的原因,对雌性来说,除了性之外,是还想得到一些别的东西。蜂鸟和人类之间的类比影响了我们对蜂鸟行为的理解,更重要的是,就我们的目的来说,也加强了这样的观念,即人类的卖淫有一定自然性(也许,因此,是必要的),而两个物种的雌性都是为了性快感以外的原因而发生性行为。

"后宫"一词在科学家中使用得更为广泛,用来描述单一雄性动物——狒狒——与许多不同的雌性动物发生性关系的场景,而这充其量只是一个美国十几岁男孩对"后宫"的解释。我还没有看到一位灵长类动物学家在使用"后宫"这个词时,哪怕用一句话来定义他所说的后宫是什么意思,更不用说对任何人类后宫的形态、组织、存在理由、历史和生活经验进行点滴有见地的描述或是做出个分析的样子。

在一个又一个关于绿头鸭行为的描述中,"强奸"一词被大言不惭地到处用着。有时我们读到"强迫性交",这是朝正确方向迈出了一步。但即便如此,鉴于人类的强奸也可以被称为强迫性交,我们仍然处于语义的流沙中。成群的雄绿头鸭确实协调了我们可以称之为对单身雌性的攻击,其最终结果是一只雄鸭得以与该雌性进行交配。雄鸭进行这种攻击是使雌鸭受孕的常规行为的一部分。然而,一个重要情况是,鸟类学家理查德·普鲁姆报告说:"在包括绿头鸭在内的几个鸭类物种中,强迫交配占总交配量的40%,而巢中只有2%—5%的幼崽是与不是雌性选择的雄性伴侣所生。因此,绝大多数的强迫交配是不成功的。"[29]

雄性绿头鸭不以这种方式攻击雌性的小鸭。它们也不以这种方式攻击其他雄性。最关键的是,如果你跟踪一只雄性绿头鸭,几乎有一半的时间你都会目睹这种行为。在哪个人类世界里,你能对你认识的任何人类男性说同样的话?也许有一些雄性绿头鸭在这类攻击方面比其他的更成功,但没有一只认为这是可憎的行为。因此,将绿头鸭的行为等同于人类的轮奸行为,需要我们将强奸看作各物种中雄性的基本的本能性行为,并将人类女性的允许(或不允许)理解为与雌鸭的态度基本等同。

如果受到质疑,使用这些词的人常常承认,他们的目的是为了让人容易记住,而不是为了精确。诚然,夸张、惊奇和类比都是有用的教学工具,但依赖这些到如此程度让我们学会了过度认同特定的动物行为,然后把本能或自然牵扯到作为个人和特定文化的人类活动的源头。当心理学家史蒂文·平克写道"即使在所谓的成双成对的物种中，不忠行为也很常见"时，我们只需问：如果不忠是以婚姻誓言为前提的，那么那些动物的婚礼请柬是什么时候发的？事实是，平克或我可以成为不忠的一方，但查尔斯河上的天鹅却不能，就像在栖息地的草原田鼠或松果蜥蜴一样不能。不忠是一种独特的人类经验。将天鹅与多个配偶的性交称为不忠，掩盖了天鹅这样做的原因和理由，更重要的是，它不加控制地将人类的通奸行为自然化了。[30]

在这些拟人化的案例中，每一例都有许多遗漏之处，有一点就是在几乎所有的行为中，人类的男性和女性都表现出比在其他任何物种的雄性和雌性之间观察到的更多的差异。因此，虽然雄性绿头鸭出于不由自主的繁殖原因，会从事一些人称之为"轮奸"的行为是完全可以预测的，但人类的男性却绝非如此。对于人类来说，强奸是一个社会权力和特权的问题。即使当轮奸发生在战争时期时，也不是由强奸者的生物男性属性造成的。将绿头鸭的行为称为"轮奸"有着无疑超出了其本意的实际后果，因为这种语言会在无意中为人类的轮奸行为提供看似生物学上的支持。

很少有研究人员以包罗万象的方式对人类和动物进行比较。没有人说人类的男性完全像黑猩猩的雄性。相反，特定的特征被选择性地用于支持一个更大的争论。可以肯定的是，我们有一个共同的祖先，我们的 DNA 与黑猩猩的异常相似。但如果这就是进行有意义的比较的全部条件，我们也可以指出，人类的DNA与水仙花的有35%的相似性，这真的毫无意义。[31]

人类例外论

极端拟人化的另一面是德瓦尔所说的人类例外论（anthropo-denial），他将其定义为"先验地拒绝人类和动物之间的共同特征，而事实上它们可能存在"。如果你的主要关注点是对动物及其情感的复杂性认识不足，那么你可以更注意一下关于不要否认人类与动物共同模式的警告。然而，如果你的主要关注点是人类的社会性别关系，就不难看出，过度比较会导致一系列不同的问题，都集中于一个观念，即认为人类男性的行为比实际情况更加同步，并且是被他们的身体而不是决策所驱动去做像强奸这样的事。人类的强奸是一种选择，而不是一种意外或与生俱来的强烈冲动。[32]

在过去的几百万年里，持续进化的不仅仅是人类。德瓦尔写道："人们常常认为，在我们进化的时候，猿类一定是静止不动的，但事实上，遗传数据表明，黑猩猩改变得比我们更多。"因此，把黑猩猩和倭黑猩猩看成在某种程度上说明了"我们"在几百万年前都是什么样子是大错特错的。对德瓦尔来说，"关键的一点是，拟人化并不总是像人们想象得那样有问题。为了科学的客观性而对它大肆抨击，往往隐藏着达尔文之前的心态,一种对人类作为动物的观念感到不舒服的心态"。他说的是创造论者,而他的观点是无懈可击的。[33]

问题是,即使对于那些承认人类是动物没有问题的人来说,拟人化也会产生负面的影响,而对其中的一些问题保持警惕是好的。如果我对一只蚁后说我欣赏她的威严,她不会明白我作为人类的意思。我可以随心所欲地称呼她,这不会对她产生任何影响。但是,如果我跟我的理发师谈起蚂蚁中的奴隶制,告诉他奴隶制是跨物种可见的东西,它实际上并不罕见,人类的奴隶制不是特例,而几乎是动物王国的规则,这听起来就像我也是在说一些关于人类的基本情况。我可以给理发师留下这样的印象:奴隶制是自然的,因此,尽管它很糟糕,但几乎不可能从人类社会中消除,就像不可能从蚂蚁社会中消除一样。我们使用的词语和它们背后的含义影响着我们如何理解人际关系和事件。它们会造成创伤——对人,而不是对蚂蚁——在奴隶制结束后的数代人中持续。[34]

人类有人类的独特性,而动物有动物的周围环境(Umwelt)*,有它们的动物视角和特殊性,我们需要认识到这些。

---

* "Umwelt"这个词源自德语,根据2009年版《牛津英语大词典》的定义,是指"对栖居于其中的有机体产生影响的外在世界或现实"。《牛津英语大词典》把Umwelt看作英语"Environment"的同义词,然而这个词在不同语境下的使用过程中,所携带的代码、信息与英文"Environment"或中文"周围环境"并不对等,它指涉一种在生物学、生物符号学、现象学、诠释学等理论背景下特殊的"环境",因而具有多样的语义价值与各相殊异的内涵。

在其他物种中谈论奴隶制,不仅仅是把人类的压迫轻描淡写,它还会传播支持这种压迫的思想。如果人们听说一场即将到来的飓风,这并不会改变他们对造成这一风暴的天气模式的信念。但是,如果他们听说了蚂蚁中的"奴隶制",这能不改变他们对什么催生了人类中奴隶制的想法吗?

坚持认为我们要把以前当作人类独有的特征延伸到其他动物身上,与在某种意义上把动物人性化,是一回事。但拟人化可以是轻松的,也是理解世界的一种记忆方法。不过我们要用得准确。作为一个研究人类物种的人,我觉得对于人类(以及他们的核心认知能力)来说,格外重要的是,如何描述他们以及他们与其他物种的类同。这并不意味着我们不能或不应该找到其中的连续性和相似之处。它确实意味着心理学和社会学的剖析可以对人类产生持久的巨大影响。德瓦尔引用马克·吐温的话说:"人是唯一会脸红——或者需要脸红——的动物。"[35]

而且,说到脸红,那是人类中高度社会性别化(和种族化)的典型经验。在英语世界里,白人女性会脸红(blush),白人男子会脸色涨红(turn red)。而这也充分说明了拟人化的局限,因为它的最大影响就在于不同物种之间对雄性和雌性进行类比的时候。当比喻和类比使诸如后宫和不忠等人类的行为看起来很"自然",因为据说它们出现在整个动物界时,我们就会陷入灵长类动物学家斯蒂芬·杰·古尔德(Stephen Jay Gould)警告过的陷阱:

比喻也许不可避免，但它也是一种危险的手法。我们使用意象和类比来增进对复杂和陌生主题的理解，但危险在于可能错误地将我们狭隘的偏见或特异的社会安排赋予自然。当我们通过错误的比喻将人类的制度强加于自然界然后试图将社会现象证明为自然之规的必然反映时，这种情况就会变得真正危机四伏，甚至是有悖常理的如此（真正意义上而并非贬义）！[36]

我主讲一门关于社会性别和科学的课程，用蜂鸟、狒狒和绿头鸭的例子来讨论它们与人类的社会性别关系的相关性。我问学生，进化的超常行为是否也适用于人类。讨论总是很热烈，而且很少有统一的意见。有一年，在这堂关于将复杂的、基于历史的人际关系标签应用于非人类动物行为的课讲完后一周，一位年轻女生在课堂上让我们惊呆了。这周内，她在一堂生物课上听到教授向学生讲解"群体乱交的细菌"的活动方式。你来说说：这是风趣还是疯魔？[37]

拟人化可能使对非人类动物抑或是对细菌的研究更方便，更容易理解。除非你碰巧遭受过真正人类的轮奸或者任何其他攻击。为什么要如此严肃地讨论这些很机灵又显而易见是超级夸张的比喻呢？原因很多，其中最重要的是，这将强奸作为自然的一部分而正常化了。你可以随心所欲地对一个细菌开这样的玩笑，称它为乱交分子或其他什么，我用我的教职打赌，这个细菌不会生气。然而，以这种方式谈论强奸及其在人类有机体中的普遍性，听众能学到的就是不折不扣的重罪。

当科学家们不加批判地不仅将其他动物物种，甚至还有单细胞生物拟人化时，我们很难知道是该感到惊骇，还是该松口气，因为这种比较太离谱，没有人会当真。我们可以找到很多证据表明，在其他方面非常不同的社会中，关于什么是适用于各物种的自然雄性属性的讨论一直都是个重点。亚里士多德在动物学方面的著述令人印象深刻；在亚里士多德之前，孔子就思考过人类和其他动物之间的关系。但是，强调男人的动物性在今天具有特殊的后果和影响力。在社会性别的历史上，我们正处于一个关键时刻，此时我们需要更好地拓宽我们的定义，了解作为一个男人意味着什么。

很多时候，拟人化对研究其他动物的帮助比对人类更大。如果我们的目的是了解我们的灵长类表亲所具有和体现的一系列品质，以及黑猩猩、倭黑猩猩和人类之间确实有深刻而丰富的相似之处，那要把拟人化正确使用。但是如果我们的目的是用人类的关系来描述非人类的关系，然后反过来暗示，由于这些是共同的特征，它们将永远在我们身上（或是在我们身上直到被进化掉），这就不仅仅是不负责任的拟人化了，而是对猿类的滥用。

问题的症结在于，我们永远不应该忽视一个关键的事实，即各种动物的行为大不相同，而人类的男性极富可塑性，其行为范围远远大于任何其他物种的雄性。人类不一定要像其他动物那样行事，认为我们会如此是草率的。忽视人类的变数和人类行为的范围，就是给男人一个形态学上的自由通行证，让他们在"做得像个男人"的幌子下对他人施暴，并为男人提供进化遗传的豁免作为辩护。

4 男人的力比多*

> 我思考着性,所以我存在。
>
> ——拉夫·麦森哲(Ralph Messenger),
> 小说《思考……》,戴维·洛奇(David Lodge) 著

---

* 力比多是英文 libido 的中文音译,是弗洛伊德理论中的一个十分重要的概述,表示性力、性原欲、性冲动,即性本能的一种内在的原发的动能、力量。

当我们思考性选择、性权利和性抉择，为什么我们如此容易受到男性和女性性行为差异的成见影响？这些观念中很多都植根于近年来备受抨击的性别二元论。尽管在 20 世纪 60 年代和 70 年代"重新发现"了女性的性愉悦——这确实是 20 世纪末最伟大的社会成就之一——但在人类活动中，几乎没有哪个领域比我们对于性欲的思考存在更大的分歧了。只要我们抗拒对男人的力比多进行类似的重新评估，那么我们看待男性性欲与女性性欲的双重眼光将难以改变。我们将面对关于男人和性长久的迷思，将男人味和男性气质的科学依据奉为经典，并且继续肤浅地美化男人的性欲，而所有这些都会导致社会偏见，阻碍我们重新认真去思考什么才是男性气质。

常春藤盟校中的性选择

要考察男人与性这个被过度研究却又被低估的话题，我所任教的布朗大学可能是个不错的选择。不过，如果你期待我提及现已停办的布朗大学一年一度的"性 力量 上帝"，这个由性少数群体人士资助的派对上的色情轶事，那你的希望可能要落空了。这个派对常因其充斥着裸露和性而成为头条新闻。

布朗大学有一门生物课，其中的一堂课上老师会讲解一组幻灯片。多年来，总有学生会把那些幻灯片发给我。那堂课关于性选择，所以课堂幻灯片包含公羊顶角、雄孔雀开屏吸引雌孔雀，还有遵循同样求偶模式的昆虫、爬行动物以及鸟类的幻灯片：雄性为了获得雌性的青睐而互相搏斗，最强壮的那一个便获得了优先与雌性交配的权利。与此同时，总是过分挑剔且腼腆的雌性，只会选择那些最适合当孩子父亲的雄性。一言以蔽之，说到性，所有的雄性都一个样。

这堂课与很多学生们从小看到大的自然节目没什么不同。但是结尾处还有画龙点睛的一部分，以更多的幻灯片的形式呈现，其中一张上面有足球运动员（当然是身穿制服，在球场上的男性）以及拉拉队员（当然是身穿制服，在场边的女性），左侧配有如下文字：

- 雄性应该有竞争力
  为获得更多的配偶而战
- 雌性应该要"挑剔"
  有效地分配她们珍贵的资源

同学们，你们看，当说到性选择以及每一个物种中的雄性和雌性动物，包括人类在内，开始一段性关系的过程都是高度相似的。雄性通过展示自己来吸引雌性，而雌性则选择雄性。这些幻灯片正是针对为了搞清楚自己的性欲而加班加点的听众，言下之意是，男性就是一大群"自嗨"的猛男，不加选择地播种，而女性对性伴侣则十分挑剔。

暂且不说进化生物学家的可疑论点，即比较海龙、甲壳虫、犀牛以及人类的求偶行为是全然合理的，那我们该如何看待性选择——与查尔斯·达尔文的自然选择理论同样关键性的概念呢？性选择这个概念试图解释一切，从性二态（雄性和雌性平均体型上的差异）到父母对后代的投入，再到女性的难以取悦，又被称为"限制因素"，等等。人们很容易习惯于用两种性别来思考人类的情况，然而性别远非一成不变的东西，就像神经科学家利斯·艾略特（Lise Eliot）坚持认为的那样，"性别差异是个移动的目标"。[1]

生物二元论现在成了惯例：雌性受限于卵子的数量，而雄性的精子则多到他们无法应付。雄性的体型较大，无论是对笨头笨脑的袋熊还是海湖庄园的富豪来说，这都与雄性争夺雌性有关：差别仅仅是雄性天生拥有的"武器"究竟是爪子还是蛇芯子而已。在布朗大学的生物课上，雌性和雄性驯鹿、苍蝇、蝾螈、刺鱼、军舰鸟的图片被用来展示说明什么是好斗，什么是娇媚——你不需要上这门课就能猜到哪些会和雌性联系起来，哪些则与雌性联系起来。然后在所有的图片中，最让人感到震惊和心灰意冷的，还要数在所有这些非人类的图片中间穿插的足球运动员和拉拉队员的那张，展示的同时，教授还不忘加上关于动物世界、海洋世界和昆虫世界共性的生物学解释。这感觉几乎堪比测试一个人的准宗教信仰，学生们简直就是在灵魂的考问中被恳求接受这样一个事实：性区分着、团结着，并控

制着所有的生物，无论大或者小。²

你几乎可以听见所有物种的雄性在大喊："对，可以和她交配。也可以和她，她，或者她。嗯，她可能也可以。明显，她也可以！"

与此同时，难以取悦的雌性则这样回答："不，不要跟他交配。也不要，他，他，或者他。嗯，他可能可以。但是他不行，他也不行。好吧，总算他还行！"

不足为奇的是，这些关于雄性和雌性性行为的观点与美国现有的关于这些事情的刻板印象完全吻合。那我们要怎么看待西班牙安达路西亚地区的传统？在这个地区，女人才是性引诱者，她们比男人性欲更旺盛，更难以满足。或者是摩洛哥？那里的女人被认为比男人在性上更加贪婪。还有印度尼西亚的达尼人历史上曾实行男女产后禁欲4—6年的做法。³

关于男性气质的科学会强化偏见，让人听天由命，认为有些关于性的事情是根深蒂固无法改变的。这一结论无论对年轻男性还是年轻女性来说都一样糟糕，因为它证实了男性具有性攻击性的观点，赋予女性难以取悦的想法以及神圣感，而在这两者的基础上，又强化了关于性欲的父权观念，特别是许可这一点。

观看男人脑中的色情片

一知半解可能是一件危险的事情。但是拥有且传播大量关于男人和性的错误知识可是更加危险的。而意图则是可恶的：通往地狱的道路是由专家对男人性欲的认知得出的错误结论铺成的。这是一个关于色情的故事，或者更准确地说，男人看色情片的故事。很不凑巧的是，它是在一次求职面试中发生的。

请记住那是 1996 年，原因后面再详述。结束了那天早些时候的面试，我确保提早到了非常重要的面试晚餐环节。甄选委员会的主席已经在餐厅里等着我了，坐在吧台。于是我在他身边坐下。该系在心理人类学领域的优势是众所周知的，而我现在正和该系的大佬坐在一起。他积极地倡导认知和行为科学，包括性别、性和性冲动。在很多事情上，即便不是全部，男人和女人在认知和行为科学上也代表着两个极端。这对他来说是理所当然的。他最喜欢和文化相对论者进行争论，后者总是挑战他的观点，认为那些是简单粗暴的概括。

我们边喝边聊，等待聚餐中其他人到来时，他把谈话转到了性别这个话题。他提出一个推理思路，认为有些特质天生带着性别的色彩，所以不受文化的影响；而一些性别上的差异因文化的不同而表现各异，所以可能会受到文化变化的影响。他举了一个自认为堪称黄金标准的例子，用生物性差异就能把男女区别开来，即所谓的视觉提示。男人靠视觉思考，本能上就比女性更易受到视觉上的刺激。很容易联想到的，比如色情作品。难道我会不同意色情片的绝大多数观众是男性吗？在 1996 年，我不得不承认事情似乎确实是这样的。除了男人自身的生理特点，我还能用什么其他理由来解释这一现象呢？当时这对我来说是个挑战，我没有，可能也不能很好地应对。

我的确反驳说我并不认为这是事实。证据呢？坦率地说，我确实拿不出什么强有力的证明。但我坚持认为，在性刺激和视觉提示方面，女人和男人的反应并没有那么不同。可是能支持我对视觉刺激这一观点的研究在哪里？相比之下，他的观点却有不少研究成果作为支持，我却说不出一个。直觉告诉我，我是对的，当然我不可能拿直觉说事。[4]

1990年代中期，互联网开始崛起，同时带动了色情片产业。只需要一张信用卡就可以安坐家中订阅看到饱。而在当时，无论是甄选委员会主席还是我，都没有意识到，在短短几年里，男女性观众会让色情片发展成一个价值数十亿美元的产业。我承认，当时反驳甄选委员会主席的说法并不是一个明智的举动，而且我并不是视觉或者其他提示认知研究领域的专家。但事实证明，我是对的。

我们需要特别警惕那些证实关于性别的社会成见的研究。如上文提到的，关于男性气质的科学研究充满了偏见，它甚至可以渗透到最专业、听起来很客观的声明中，并影响到我们对男性和男性气质的理解。越是专业的科学知识，越是难以质疑。在视觉刺激这样的话题上，我们很容易发表见解。而大脑神经元回路看似就不易为我们大多数人所理解。但是基于过去的经验，我们有充分的理由不总去相信专家告诉你的一切。

比较男孩和女孩的大脑，我们可以发现两个显著的差异：男孩的大脑平均比女孩的略大（8%—10%）；女孩的大脑一般比男孩的早一到两年完成发育。仅此而已。男孩和女孩的大脑始于几乎一样的起点，然而这一点却未得到媒体和公众的关注。强调性别的差异可能更吸引人，并不仅仅戏谑地称这些差异是因为"男人来自火星，女人来自金星"，而认为它源自实质性的、不可改变的且难以逆转的生物特性，比如大脑形态。但是大脑之所以被打上性别的烙印，是由意识形态导致的，这并非好的科学。[5] 这是我想说的第三个偏颇的关于绝对的男女性别差异的例子。

生物人类学家理查德·布里比斯卡斯（Richard Bribiescas）相信男孩和女孩的行为差异源自文化和社会的影响，但是基于生物性的性别差异也确实存在。他写道："哺乳动物数百万年的进化对雄性和雌性造成不同的选择压力，如果认为这不会导致多于一种的大脑形态以应对性别特定的挑战，那就太天真了。"[6]

暂且不论在这里性与性别被混为一谈，就算我们承认数百万年哺乳动物的进化不可能只形成一种大脑形态，我们也未必会得出有且仅有两种大脑形态的结论，并且这两种形态，不意外地，还刚好与性器官相匹配。这一想法对关于男女之间差异的常见经验或有解释力，但是这些差异必须在所有的时代和所有地方都存在，而实际情况并非如此。历史和文化的变迁可以完全打乱这种整齐划一的生物学意义上的区别。

"我们喜欢这种东西，"丽莎·艾略特（Lisa Eliot）写道，"差异带来乐趣。它使得浪漫更刺激，为深夜喜剧演员提供了无尽的创作素材。但是对性别差异的夸大蕴藏着巨大的危险。首先是它在父母、老师和孩子们自己中间造成的期望。"她继而提醒我们，当我们认为这种区别是天生的时候，这一区别其实并不源于脑生物学，但我们会带着这种强化了的，关于男孩和女孩似是而非的刻板印象来培养我们的孩子。[7]

按男女来区分大脑存在不少问题。首先，即便是从生物上来定义男性和女性，也被证明超出了这个解释框架的能力。染色体并不总是能提供一幅清晰的图像。激素水平在相当大的范围内都可以被称为正常的，所以靠雌激素和雄激素也无法预测男性和女性的特定行为。性器官也不可靠，拥有半男半女外生殖器的人比我们已知的更多。更重要的是，我们很容易夸大现有的差异。尽管大多数人大体都是相似的一性一器的状态，但表象也可能是骗人的，正如安妮·福斯托-斯特林（Anne Fausto-Sterling）在一系列对雌雄同体者的生物学研究中所显示的那样。福斯托-斯特林列举了好几种比不明确的外生殖器更加复杂的雌雄同体的形态，包括特纳氏综合征（女性缺失第二条X染色体），克氏综合征（男性有两条或者两条以上的X染色体），雄激素不敏感综合征（间质细胞表面睾酮受体的基因性遗传突变），等等。最重要的是，福斯托-斯特林建议不要把性、性行为以及与之相关的一切都和某人的外生殖器形态联系在一起。[8]

如果生殖腺的形态如此多样化,大脑又何尝不是如此呢?

一些将大脑和外生殖器联系起来的人,将原因追溯到几十万年前的人类进化,以及在男女之间形成的标准且广泛的劳动分工。男人追逐猎物,女人则抚养孩子,采集坚果和浆果。久而久之,那些更具攻击性、能够自给自足的男性比攻击性弱、自给自足能力弱的男性更易成为好猎手,于是男性的这些特质在进化压力下得到了选择。肩负着抚养孩子任务的女性,经以时日,则在进化压力的作用下保留了更适合成为养育者的特质。

如果这些特质是互相排斥且有严格的性别限定的,那这种说法或许还可以成立。但是失去男性伴侣的女性会怎样呢?她们会自动寻找其他男伴吗?还是有可能自己开始狩猎活动?答案如此显而易见,说出来都觉得有点不安:一些失去男人的女人有的找到了伴,一些没有;一些顺利地活了下来,一些没有。而成功生存下来本身并不取决于是否找到了男伴。更重要的是,考古研究资料中,有充分的证据表明,在约一万五千年前,狩猎一直都是一项男女共同参与的社群活动,之后才因为动物变得稀少而改变。

当代关于男性和女性的争论假想女性在数学、领导力和战斗方面的局限性,同时贬低男性,认为他们在育儿和情感表达方面能力不足,以及假设男性爱冒险的天性。这些想法还假定这些特质是天生的,并基于进化。归根结底,这都建立在认为男女大脑之所以不同是因为他们私处不同的信念之上。但即使我们承认大脑分为两种主要的类型，为什么会存在这一区别，又为什么它会体现在男女的劳动分工上，而不是，比如说身高、体重或者近视度数上。这些因素都可能会影响一个人如何在世界上生活，但它们可能更多揭示出的是预设，而不是科学事实和进化论。之所以会形成这样的想法，与对男性和女性的特征先入为主的观念有关。

脑神经科学家达芙妮·乔尔（Daphna Joel）同意这种观点。她认为，虽然大脑结构在大小和组成上的性别差异均有记载，但认为是大脑导致了人类性二态则是不正确的。与其认为大脑只有男性和女性两种形态，我们不如把大脑想象成是跨性别的，是一种"混杂的马赛克"，"可以呈现不同的形态，而这些形态并非是排列在'男性大脑'和'女性大脑'之间的连续体上的"。[9]

由性别造成的大脑类型的差异始于子宫内：孕育中的男孩，在母亲受孕之后的第六周直至怀孕第六个月的尾声，睾酮会激增。但是，我们不该由此做出错误的假设，认为它暗示生理发育和后天行为之间存在单向的因果联系，或者更具体来说，认为二元生物学提供了一个模板，限制着所有人类活动。这种观点忽略了行为改变大脑的可能性，忽略了环境对生物习性产生重大影响的可能性，以及大脑的可塑性高于顽固性。关于大脑可塑性的观点对于理解近来很可能是神经科学最为重要的创见尤其有帮助：无论脑部存在什么样的化学作用或者回路的差异，它们都是在男女之间，换句话说，成年人类之中发现的。在儿童之中，这些差异则远没有那么明显。这意味着几十年依照男性和女性的二元身份进行文化和社会互动足以把大脑塑造得更加符合对性别的期待。

如果我们简单地退后一步，仅审视欧洲过往的历史记录，我们目前的短视就变得更加明显了。不仅仅是欧洲，而且是古代的欧洲。在今天看来永恒而普遍的，关于性、大脑、男人和女人的史前宇宙论，在历史上其实发生过重大的变化。如果我们回到几千年前，罗马神话中诸神的年代，我们肯定会了解到当时所有人都知道的情况：无论我们接受与否，女人的性欲和性快感都比男性强烈。事情就是这样。到了近代早期，大约在1600年，我们也会了解到一个事实：尽管外表具有差异，但是男人和女人有着相似的生殖器，只是男人的外露，女人的则藏在身体之中。历史再往前推进，到了大约两百年前，我们这才见证了医生发明的两性科学，并随之将我们所有人从共同享受的快乐性生活中驱赶出来。用伯克利的历史学家托马斯·拉库尔（Thomas Laqueur）的话来说："女人的性高潮……被放逐到了生理学的边缘地带。"[10]

神经科学家提供了充足的证据，证明了大脑的可塑性；证明了男人之间和女人之间的大脑差异比男女之间的大脑差异更大；证明了惊人的性脑差异的形成并不是从受孕开始的，而是在童年之后才出现的。尽管父母们深信他们的儿女来自不同的星球，但"总的来说，男孩和女孩的大脑极其相似"，丽莎·艾略特写道。但是，因为"你的大脑变得如何取决于你对它做了什么"，学习和实践可以改变它。这就是为什么她总结道："如果两性的大脑在成年后没有形成不同的运作方式，那才惊人呢。"[11]

在2015年一项经典的研究中，珍妮特·海德（Janet Hyde）发现，在124项心理逻辑特征中，包括那些长期被认为是不容置疑的性别差异的典型特质——数学成绩、语言能力、攻击性行为以及道德推理——在78%的参与者之间差异极小或者接近于无。海德的结论是："现在是时候检讨过分夸大性别差异主张的代价了。"我们关于性别和性别化大脑的想法才可能真正具有局限性。表观遗传学和基因转移学等新兴的生物学研究领域为基因和环境之间的互动关系指出的方向比我们之前认识到的更为重要，我们将在本书第九章中进一步讨论，不过仅靠这些新兴领域本身也无法消除对于男性、女性和性欲的偏见。[12]

男性是具有动物性的性别

人类学家洛德斯·阿里斯佩（Lourdes Arizpe）认为，"避孕方法的推广破除了以前存在的生理宿命论"。这一说法不仅适用于她的祖国墨西哥，在世界上的所有其他地方也是如此。直到20世纪70年代初,墨西哥一直奉行鼓励生育的政策:不断鼓励大家生孩子,越多越好。因为当局认为,人越多意味着劳动力越多,而劳动力的壮大意味着在邻国乃至全世界都拥有更大的经济和政治权力。墨西哥的人口学家一直试图说服联邦和中央的政策制定者,警告他们太多的正当年的年轻人将造成就业问题,但是就像1960年代许多贫困国家一样,墨西哥官员一直支持的口号是:人口增长=发展进步![13]

随后发生了一个巨大的改变,从1972到1974年,政府的政策专家快速改变了态度:他们转为全力支持推广计划生育的努力,尽可能地让更多的人都用上了避孕工具。

时任世界银行行长的罗伯特·麦克纳马拉(Robert McNamara)是这一系列举动的坚定支持者,他坚持认为"简单来说:妨碍欠发达地区有利于绝大多数人的经济和社会进步的最大的单一障碍就是人口的疯长。"墨西哥的人口学家终于说服墨西哥政府改变了发展路径,结束了盲目的人口增长政策。但新政策若在全国范围内实施需要几十年的时间。最终,墨西哥的出生率从平均每位妇女生六七个小孩降到人均生育率略高于两个。我们很容易就能看出生育控制方法的推广路径。它先得到大城市中产阶级的响应,然后通过这些大都市的贫民窟向外扩展,进入中等城市,并遍及农村地区。到了20世纪90年代,即使是瓦哈卡州最为偏远的小村庄,也有政府的公共卫生人员或护士在国际家庭计划机构于墨西哥的关联机构(Mexfam)的支持下上门服务。[14]

然后发生了一个不太引人注目的变化。或者说，是对旧模式的调整。它是如此不起眼和稀松平常，也没有什么目的性，所以并没有引起什么争议。对大多数人来说，这一变化毫不引人注目，感觉根本算不上一个变化：男人被排除在家庭计划之外。之所以出现这一情况，与其说是由于明显在计划中排斥男性，不如说是因为根本没有把男人考虑在新的家庭计划运动之中。不足为奇的是，计划的重点一直都在女性的生殖健康和性行为上。无论是看哪一种社会指标，在公共健康部门，男性都会比女性获得更好的服务；政府和每一个本地和国际基金会都认识到了这一点并且采取措施以对这一令人无法接受的情况做出补救。

当有了相对安全可靠的现代节育方法，绝大多数想避孕的墨西哥妇女都选择了口服避孕药、子宫环，之后还有注射式避孕药和输卵管结扎。由女性负起家庭计划的责任，这一逻辑显示出制定者的冷静头脑，值得嘉许。同时，在推广计划生育的过程中扮演重要角色的各方，无论是政府的健康卫生机构、国际家庭计划机构在墨西哥的关联机构，还是国际基金会，比如福特基金会、洛克菲勒基金会等都没有质疑男性是否应该或者怎么才能被纳入这些新的计划当中。男人不会怀孕，他们也相对较少有性和生殖健康方面的问题。而女性则在关乎她们健康的每一个方面都急需帮助，包括生殖健康。将男性排除在家庭计划之外会产生很多问题，但是最大的问题是，如果男性不参与关于使用避孕工具的讨论和决策，那么我们就无法实现性别平等。同时，如果我们忽视男性，就会造成一种自我实现的预言，因为这些计划基于这样的想法，即男人对限制自己后代的数量、安排孩子的出生时间、与他们生儿育女的女性的情况，或者如何成为一个好父亲都不感兴趣。

且不说很多人轻易就会把女人来负担一系列育儿和为人父母的责任看作文化上的议题，女性特殊而迫切的性和生殖方面的需求终于获得政府和非政府组织的认可、理解和支持。在墨西哥，如同在世界上其他国家一样，与现代避孕方式的推广同时发生的是，女权主义对女性健康问题，包括但不限于妇科问题的诉求得到了应有的关注。结合新家庭计划的推广，这些需求也获得了相应的资助。

在当时的政府、基金会和家庭计划机构的文件中，很少提及男性与新的人口计划有什么关系。男性可能无意中被忽视了，也可能是女性被摆在了最优先的位置所造成的一个无心的结果，抑或存在关于男性、他们的生物性以及他们基本的对性和后代的习惯与倾向的深层预设，妨碍他们成为有关避孕工具、生育环境、最佳孩子数量以及性健康运动的核心关注对象。

在家庭计划中不太明显的偏见引出了这样的疑问：男人是可靠的性伴侣吗？或者说还是将事情都留给怀孕的女人来搞定，对大家反而都更好？墨西哥的男人难道不是以大男子主义闻名的吗？人们普遍认为，对于大男子主义者来说，他们的男子气概和自我认知是与他们的阳刚之气密不可分的。一般来说，他们通过生育来证明自己的阳刚之气，通过生育更多的后代来证明自己的男子气概，最重要的是，拥有尽可能多的男性后代。难道贫困的墨西哥男人不是最讲究这些的吗？男人似乎天生不愿限制自己孩子的数量，以及相应地，他们也本能地无法在性关系中付出爱和尊重。如何防止男人的这些问题成为向女性传播信息和避孕措施的这一整个运动中的障碍呢？即使男人对家庭计划的目标和手段并不热衷，1970年代和1980年代墨西哥各地的家庭计划仍然得以开展。但是如果男人对控制生育的想法太过狭隘，那么他们可能成为实现这一运动主要目标的真正阻碍。正因如此，那些在全国推广这些新政策的机构才会将目标放在为女性提供避孕工具和知识上，使得女性成为运动关注的唯一的焦点。

负责为女性组织生殖健康运动的工作人员至少暗示墨西哥男性作为一个群体，特别是那些来自低下阶层的，都是单向度的生物。他们经常会把自己精子的效力与男子气概混为一谈。还有很多关于城市和农村中贫穷的墨西哥男人的这些特质是如何塑造墨西哥人身份认同的书，在这一时期不断被人阅读和学习。

就如同在世界上的其他国家一样，在墨西哥，轻而易举就能找到一些来自个人经验的例子，以证明男人就是不负责这一被视为理所当然的事实。父亲、兄弟、丈夫和儿子在一些情况下特别容易露出男人本性，他们的典型形象常常暴露在疏于使用性安全措施，四处留情，成为一个粗心大意的父亲，尤其是在孩子还小的时候等方面。20世纪的墨西哥也跟世界上其他许多国家一样，经典作品通过聚焦贫穷男人的种种罪状来定义人们遇到的问题，正是这些罪状阻碍了墨西哥成为一个国际化的现代社会。[15]

这一论调中的套套逻辑显而易见。通过在政策文件中忽略男性，男性在家庭计划问题上似乎无关紧要。毕竟，强烈呼吁生育控制的是女人。但是男人在哪里呢？从哪一刻起每个人都可以回溯并且斥责男性在家庭角色中的缺席。于是，男人无意间被从计划里完全删去了。

这种被人口专家边缘化的情况假设男人无法控制自己，在性方面也是靠不住的。如果政府想降低出生率，就必须把精力集中在育龄女性身上。在21世纪的头二十年，这些做法仍在继续。政府的健康卫生机构还进一步推出了一个称为"标准服务"的项目，即只要一个15到49岁的女性出现在政府的健康诊所或者医院请求帮助，无论是偏头痛的慢性病、支气管炎、皮肤问题，还是其他任何问题或者症状，医务人员都被要求跟她讨论控制生育的问题：您使用避孕工具吗？使用过程中有没有遇到过任何问题？如果您还没有使用避孕工具的话，这是为什么？而男性则不会这样被询问，更极少会成为询问的焦点人物,除非他是陪一位女性患者去就医。

事情并非总是如此。在避孕药出现以及现代女性避孕措施普及之前,男人为避孕做过什么吗?在墨西哥,男人会使用避孕套,也会尽力应用安全期避孕法。他们在兴致所至时点到即止,以达到自然地控制生育。他们在这件事上展现出男人的超高技巧,这一点也颇受妻子的好评。但是直到多年后,学者们才认真地探究过去男人的性行为。结果发现,之前普遍存在的观点是不正确的:墨西哥的男人已经表现出自控、爱和一种希望控制孩子数量的意愿,证明就是在关键时刻"点到即止"。毫无疑问,对一些男人来说,这是一种表明他们可以控制局面的方式,似乎通过是否"点到即止",男人可以决定是规避还是冒险,或者试着让女人怀孕。对一些男人来说,在兴致所至时点到即止也是一种分担何时以及用何种频率来要孩子这一规划重任的方法。[16]

所有这些都是过去的事了。到了1970年代之后,往好的方面说,男人充其量只是被家庭计划善意地忽视了。政府和私人机构的负责人对男人和他们性行为未经审视的惯例做法,对促进避孕责任的性别化观念产生了实际影响。

我们所不知道的事情害了我们

当我们想到男人与性,我们可能会倾向于认为这个话题已经经过了充分的讨论并且获得了广泛的理解。然而,如果我们不那么快下结论并愿意冒点险,我们可能会感到惊讶。举个关于男人和避孕方法的特殊例子——谁愿意接受男性结扎?理由又是什么?我在墨西哥南部瓦哈卡州省会瓦哈卡市研究了输精管结扎手术的情况,尽管这个例子看上去或许过于特殊,甚至可以说独特,但我们可以吸取教训,从一个更广泛的角度一窥男人、性以及他们与女人之间变化的关系。

在墨西哥,男性绝育手术从未大量普及。2000年代初,瓦哈卡州约有350万人,大概只有3000个男性居民接受了输精管结扎手术。以全世界的平均标准来看,这一数字绝对偏低,而我的问题是为什么接受这一手术的瓦哈卡男性如此之少,而愿意接受手术的这些人是否呈现出某种社会人口学的特征。当地公共卫生人员给出的解释是男人对节育并不感兴趣或者他们在这方面靠不住,男人们也害怕,一旦接受了这一手术,便会失去生育能力。这些结论有助于解释为什么墨西哥控制人口增长的努力继续聚焦于如何让女性使用避孕法,包括输卵管结扎手术。

输精管结扎手术的普及在世界各地有着巨大的差异,1995年新西兰有高达19.3%的成年男性接受过这一手术,而在非洲和拉丁美洲则少于2%。2004年,中国男性接受这一手术的比例是6.7%;而伊朗在2000年仅有2.8%;印度在2006年的比例是1%;美国在2002年的比例是12.8%。墨西哥在2003年的整体比例是1.9%，但是瓦哈卡州的比例低于1%。有人可能会认为"民族文化"可以解释输精管结扎手术普及率的差异，但这种想法却是错误的：1993年，英国的输精管结扎率约为18%，但到了2016年则急剧下降，原因是资助这一手术的公共基金的资金来源中断了。[17]

即使是一个国家内的不同区域也存在相当大的差异。就以2002年的新泽西州和爱达荷州为例：一个州的输精管结扎手术普及率为4.7%，而另一个则是19.9%。猜猜哪个是爱达荷州的比例？19.9%，这也是当年全美国各州之冠。然后依次是华盛顿州、佛蒙特州、俄勒冈州、明尼苏达州、蒙大拿州、新罕布什尔州和密歇根州（比例是15.7%）。这些州的低温环境，无疑让男人们变得更有计划性，或者至少让他们在寻欢作乐时不用担心会"中招"。这一点，是我们在讨论男人和性的话题时没有想到的。[18]

为了理解为什么有些男人选择结扎而另一些则不，我们首先需要理解男人的经历、恐惧、欲望以及他们与女人的关系。我在瓦哈卡市诊所旁观了22场输精管结扎手术，当医生对他们的下体"动手脚"的时候，我就跟这些男人聊天。可以说我为这些手术中的男人提供了情感上的麻醉。这通常是一个简单快速的手术，但很多男人还是会觉得紧张。我常会这样开场："好吧，我几年前就接受了这个手术"，再由谈话从这里发展下去。这些男人接着就会隐晦地问我手术之后，性能力是否会受到影响,而我会以更隐晦的方式回答,但也告诉他们不用担心。有一次,医生让我们为一场手术拍点照片。我问了正接受手术的男人的意见,没想到他竟然同意了!唯一的条件是我把照片副本送到他工作的加油站。他想跟家人朋友分享这个时刻。

我想知道这些愿意接受结扎手术的男人是否有共同之处。我的假设是这些人都来自瓦哈卡州较富裕并且接受过比较好教育的阶层。但我很快就改变了这一想法。这些男人的背景各不相同,他们是因为家人和朋友的口耳相传才决定接受手术,这被证明是比阶级或者其他社会文化特征更为关键的因素。[19]

这些接受了手术的男人之间最明显的共同点可以用一个词来形容——"折磨"。当我问他们为何选择结扎手术,一个又一个男人告诉我自己的妻子已经使用各种避孕手段几十年,不节育的话就会受孕,然后就会生两三个小孩。女人已经吃够了苦头,现在是该男人来分担这一重任了。比起他们的受教育程度或者工作类型来说,男人与妻子或者重要的另一半的关系是决定他们是否会选择做这一手术的更为重要的原因。这些男人的想法也不符合我们固有的成见,即认为男人的性欲与女人形成鲜明的对比。他们的想法与此不同,也违背学者们所有关于男人需要"播种"的理论。因为亲密爱人的关系,他们亲身参与到重新定义男子气概、男人的性欲以及女性的性和生殖健康的讨论之中。

哥伦比亚的人类学家玛拉·薇薇罗斯(Mara Viveros)提出了

一个她称为"女性避孕文化"的概念，在这种文化中，女性是防止怀孕的责任人。我在瓦哈卡市的朋友们与这种概念形成了鲜明对比，无条件地反驳了这一想法，即我们无法信任男人承担相应的责任，和女人一起决定是否以及何时将一个孩子带到这个世界上来。[20]

当然，这是个棘手的问题，接受手术本身并不代表着什么。对一些人来说这是一种爱和慷慨的行为；而对另一些人来说，这则是最为迂腐、超级男性化特质的延伸。接受输精管切除术需要表现得像个男人，但像个男人究竟意味着什么，其实难以辨识。当我们批判社会不公平的时候，我们无可避免地会描述出谁该接受指责的情景。当我们强调男人在计划生育方面不负责任的想法，我们可能反而会强化试图改变的局面。当我们觉得男性的性行为生来如此，我们等于在说，无论意图和目的为何，男人在行为方式上毫无选择。

我在瓦哈卡市的输精管切除术的诊所遇到的一位男子的故事初闻也有悖常理。在手术之前，护士请这位叫作亚历杭德罗（Alejandro）的先生先完成一项问卷调查：

"年龄？"

"40。"

"婚姻状况？"

"已婚。"

"有孩子吗？"

"有两个。"

"做手术的原因?"

"我不想再要孩子了。"

"以前使用过其他避孕措施吗?"

亚历杭德罗想了想,最后回答:"没有。"

几天后,我在亚历杭德罗的家里,跟他和他的妻子梅赛德斯(Mercedes)一起继续我们在他手术时的访谈。我问了更多关于他为何要接受手术的缘由。梅赛德斯代替丈夫回答了这个问题:

"自从我们的儿子出生,我们已经讨论8年了。"

然后亚历杭德罗解释:"这是我的主意。我决定去做这个手术,为了让她高兴,而不是因为我想到处播种。而且她已经上了环,所以……就这样吧。"

我有点困惑地问:"如果她已经上了环,那你为什么还要做手术呢?"

"为了让我高兴。"梅赛德斯温柔地说。

"为什么这对你来说那么重要?"我追问道。

"最好能避免任何意外。"

然后亚历杭德罗重复了他开玩笑式的回答:"这样我就不会出去鬼混,到处播种了。这才是她想说的。"[21]

"墨西哥男人就像这样,他们就是这样的。"梅赛德斯结束了我们的谈话。

在关于男人和男子气概的研究中，男人与女人的性关系往往被忽略。以输精管结扎术为例，术后"雄风是否依旧"并不是简单的勃起和射精的问题。男人对输精管结扎术和男子气概的焦虑，在他们脑中，常常是跟他们是否还能满足女人的性需求联系在一起。曾经一个男人真诚地评论道，他最喜欢听到的词是"像这样!"。他感到自己最有男性魅力的时刻就是当一个女人在激情中，对他轻声说："像这样!"

我们究竟认为男人是受到"文化的影响"，还是荷尔蒙失控的载体？这两种看法会使男人"性无节制"的意义和后果变得完全不同。无论我们持何种看法，这些成见让那些选择接受绝育手术以及那些想要挑战简笔画式性行为的男性备受困扰。因为他们不仅必须要挑战无形的社会约束，还有家人、朋友以及医务人员对男人和性的实际想法。

输精管切除术大事记的终章进一步揭示了政府人员把他们对男人和性的判断强加给毫无戒心的男性的努力：1975至1977年，印度总理英迪拉·甘地（Indira Gandhi）在全印度发起了大规模的绝育手术。最终，两年之后，又有620万男性和210万女性接受了绝育手术。更多男人接受绝育是因为男性绝育手术相对简单和快速。仅仅在1976年9月一个月内，卫生部门的工作人员进行了170多万例绝育手术，他们扫荡城镇，把所有15岁以上的男人都集中起来，拉到诊所，强行给他们做绝育手术。这些被强行施术的男人最为担心的是，输精管结扎会使他们

"雄风不再",将无法再满足妻子的性需求了。[22]

我们永远不能理解男人和性这个议题,除非我们完全明了,对于许多异性恋男性来说,他们跟女人的关系深深地影响着他们的动机和行为。对这些男人来说,"男人味"的定义通常是"不娘"。这些男人认为,身为男人的价值部分取决于他们自以为女人如何看待他们的男性特质。心理学家和人类学家长期以来一直记录并分析母亲对男孩的影响。同样地,成年男性在女性生活中扮演的角色也得到了充分的记录和审视。在学术研究和通俗文学作品中,意外缺少的是女性在定义和塑造男性和男性气质方面所扮演的角色。

在印度和墨西哥,就像在其他地方一样,异性恋男性经常将他们的性自我价值感建立在取悦女性的能力上。世界各地的避孕历史表明,男人被排除在降低出生率和改善女性健康的重要努力之外。在性、性别关系和不平等问题上,开创和领导这些家庭计划项目的无疑是一些最为开明和具有进步精神的人士。然而,无意中,他们却也传播和强调一些关于男人和性最为狭隘和伪科学的态度以及做法。

一位助产士的尾声

在瓦哈卡花了一年时间盯梢医生之后,我得出了一个不容置疑的结论:在他们心目中,男人是性的掠夺者,而女人是性的守门人。肆意挥霍的男人与吹毛求疵的女性形成了鲜明对比。对于他们来说,性的世界一分为二,不仅2000年代的瓦哈卡是这样,世界上其他地方也都如此。这是男女的本性所致。当我与他们讨论这一观点时,他们的回答是,男人比女人更喜欢鱼水之欢,他们也比女人更能接受与陌生人发生关系这件事。"你是男人,老兄,"他们对我说,"所以您懂的。"

与此同时,有一年夏天,我开始寻找另一群医务工作者,他们是生活在瓦哈卡山区的原住民治疗师和助产士。这些人把在医院和诊所工作的人笑称为"白领医生",取笑他们必须要靠穿上某种衣服来得到病人的认可,并且要从服饰上与这些"赤脚医生"区别开来。虽然原住民治疗师和助产士并没有接受过正式的医学训练,或者饱读形态学、解剖学和生理学教科书,但这并不妨碍他们对阳痿、不育和不忠等男性苦恼侃侃而谈。

即便他们行医的村镇相距甚远,当我问起他们关于男人和女人的性本质,他们的回答却惊人地相似。"老兄,这因人而异,不是吗?"他们会这么说。静止的、二元对立的性观念并不符合他们的想法,他们从未在行医过程中见过这么单纯的区分。我很想知道他们如何处理男人在性方面的问题。不过,很快就明朗的情况是,并不是每一个在瓦哈卡从事有关男人和女人身体和性欲工作的人士都顺理成章地将世界简单地列入男或女两种类别。我访问的一位助产士说:"重要的是摆脱恐惧。"

她提到自己治疗过的一个男病人："现在我们发现问题出在他家里。他看见过他父亲做不一样的事情。我的祖母曾经告诉我（在我长大以后，而不是小时候），'有的孩子们看到父母发生关系，这会给他们带来阴影！'但为什么这会给他们造成阴影呢？他们应该想知道，'为何我们的父亲可以这样摆弄一个女人?!'"[23]

这些治疗者不会觉得男人的性行为可以一言以蔽之，就像他们不会试图去破译女人生产的时长有什么深层次的意义一样。他们也不会去比较不同生产之间需时的差异，然后对母亲的情况做总结。我们可能可以强行找出相关性，但是那些可怜的母亲需要付出什么样的代价呢？

可以说，夸大男女性爱方面的差异是不可避免的，其危害不仅在于它的不准确，更重要的是，它导致了我们倾向于使用的治疗方法都基于对男女身体的想法，而这些想法却又未必反映真正的情况。偏见不是实行保健项目和规程的有效理由。同样，假设某种想法、欲望和行为之所以一定会产生，仅仅因为某人是男性或者女性也是不恰当的。

关于男性性欲的知识并不一定与主流的现代科学观念和实践相一致，不论这些年，我们开始相信些什么，男人并不普遍被认为性欲旺盛，女人也不是注定就难以取悦。许多我们认为是正确的关于男性和女性的想法，都是历史上特定的观念，被过去一百多年里发展起来的科学术语和伪装掩盖着。对女性力比多的重新关注,往往将其描述为"比我们意识到的还要像男人"。女性的性欲并非天生被动,这真是让人茅塞顿开。在20世纪的大部分时间里,女性的性快感在科学文献中一直遭到否定,这是一个真正的问题。而我们仍然重复着关于男人的性快感的陈腐观念,这同样也是一个问题。

不过,也有好消息。正如丽贝卡·乔丹-杨在她2010年出版的《大脑风暴》一书中提到的那样,"在近期的大脑组织研究中,强烈的性欲、多个性伴侣、更丰富多样和频繁的性活动,都被视为正常的女性性行为,尽管在之前这些都被解释为男性的性行为模式"。神经科学家的发现与社会对女性和性行为的态度与做法的变化相吻合,这似乎不仅仅是一种巧合。[24]

我们如何看待男人和性?——我们是正常的还是不正常的?——这可能与我们自己的经历关系不大,更多的是与我们听谁说我们的经历有关。这同样适用于另一个有关男性生理倾向而又备受批评的问题,即暴力。再没有比理解强奸这一行为更能凸显男人、性和暴力之间关系的了:这一利用性来造成伤害的阴险的暴力行为。

5

男人天生的攻击性

> 正是……在冒生命危险时，男人升华到动物之上；这就是为什么人类的优等不是赋予了生育的性别，而是赋予了杀戮的性别。
>
> ——西蒙娜·德·波伏瓦

男人引起战争。

阿里斯托芬（Aristophanes）在写《利西翠妲》（*Lysistrata*）时知道如何阻止男人的战争：女人应该拒绝与男人做爱。斯派克·李（Spike Lee）在拍摄《芝拉克》*（*Chi-Raq*）时知道怎么做：女人应该拒绝与男人做爱。苏珊·桑塔格（Susan Sontag）以弗吉尼亚·伍尔夫（Virginia Woolf）的口气嘲讽说，战争是男人的游戏，而杀人机器有一个性别：它是男性。她似乎不仅相信男人制造战争，而且相信（大多数）男人喜欢战争。这一老生常谈在军事思想中霸统了多长时间呢？[1]

从家暴到国际恐怖主义，当代关于暴力话题的共同点是男人。几十年来，文化人类学家已经研究和分析了男性气质和各种基于社会性别的暴力。同时，生物人类学家研究了进化过程、基因组学和内分泌学与男性属性和暴力的关系。我们都在试图搞清暴力的充满男子气的根源。

关于男人、攻击、暴力和战争的某些观念广为流传，结果是，当某位有资格的作者冒出来证实人们认为他们已经知道的事，即男人习惯性地倾向于为他们想要的东西而争斗，我们就发现自己处于一种错误信息的反馈循环中。男人比女人更暴力，对吗？有史以来，在世界上每一种已知的文化中，男人谋杀和

---

* 本片于2015年12月4日在美国上映，改编自阿里斯托芬的作品《利西翠妲》，聚焦在黑人社区中，讲述了黑人帮派成员的妻子对自己的丈夫性罢工，以换取和平的故事。

强奸的人的人数都要比女人的多得多。大量的研究从雄性黑猩猩推断到人类，认为具有性攻击性的雄性有更多的后代，这样大概就完成了他们进化上的责任。这种类比是一种有害的夸张，使强奸在动物界似乎比实际情况更自然，并暗示所有男人都有持久的生物潜力来实施强奸。

为了理解人类物种中男性的攻击性，我们需要退一步问，首先，说男人比女人更暴力是否真的有道理；其次，男性的攻击性和暴力模式是否真是普遍的。我重申一下前文提到的一点，说"男人谋杀"和说"大多数杀人犯是男人"不是一回事。大多数男人并没有谋杀或强奸或做暴力的事。对美国伴侣关系中攻击性行为的研究事实上表明，尖叫和其他形式的暴力行为，包括辱骂、摔门、打耳光、推搡、扔东西和打人等，在女人和男人中的发生率相似。在更极端、危险、有害和致命的家暴类型中，男人比女人实施得更频繁。较温和的暴力形式最常出现在年轻情侣身上，特别是在他们约会时。[2]

同时这不仅仅是一个力气的问题。说男人打女人比女人打男人多是因为他们天生更强壮，就和说母亲打孩子比孩子打母亲多是因为母亲更强壮一样，全无意义。控制、权力、保护和权威是理解暴力和攻击的关键；它们是根植于文化中的，而不单纯是生物上的。

至关重要的是，在妇女拥有更多权力的社会中，男性对女性的暴力和攻击行为的发生率通常低于妇女权力较少的社会。

男人之间的关系和女人之间的关系也造成影响。具体来说,正如生物心理学家芭芭拉·史密兹(Barbara Smuts)在1992年一篇著名的关于跨文化差异和男性攻击性的论文中写的,"男性对女性的暴力形式和频率与男人之间关系的性质有关",而"女性之间关系的性质影响女性易受男性攻击的程度"。[3]

在整个历史上,女性天生不如男性具有攻击性的说法一直被用来阻止女性在军队中执行战斗任务。并不罕见的是,某些男性群体——穷人中的男人、华尔街男人、非洲男人、墨西哥男人、都市男人、乡下男人——会被贴上特别容易动用暴力的标签,被认为不能控制要采取敌对行动的原始男性冲动。伴随着这些论点的行话使它们貌似客观,用到的术语包括"利己的基因""恶魔般的男人""农业的推广""心理病理学"和"通过其他方式的政治"。然而,一旦我们听到有更多或更少暴力的男人,或关于男性暴力发生率从一个群体到另一个群体,或从一个历史时期到另一个历史时期的变化,我们就应该开始怀疑这种推理中的一个致命缺陷。对男性暴力的生物学解释的极端版本让我们一无所获。我们仍然需要探索为什么男性暴力多于女性暴力,并且我们需要了解强奸的普遍性和强奸文化的贻害。但我们现在应该能够避免使用"男人比女人更暴力"这样随意的语言。男人作为一个生理范畴,并不是暴力的;有些男人在某些时候会做出暴力的举动。男人作为一个统一的类别不会强奸;有些男人在某些时候会这样做。如果我们想阻止这些男人，我们需要确保我们了解其行为的原因。[4]

所有这些仍然没有回答这个问题：为什么在全世界范围内和整个历史上，男性实施暴力的时候比女性更多。首先要说明的依然是，这取决于你怎么定义暴力，因为对于某些形式的暴力来说，女性和男性实施得一样多。一个关键的区别是致命性，在今天和历史上，参与威胁生命的暴力形式的男性远远多于女性。如果男性实施谋杀、强奸和被杀的人数远远多于女性的原因不是生物学上的，那么是哪些社会因素推动了这些致命的暴力形式？答案就像父权制一样既简单又复杂，它存在于男性特权更广泛的性质中，在国家、企业和其他社会机构层面上，也在从社区到家庭的更亲密的环境中。

暴力被用来对他人实施控制，无论是一个家庭或个人对另一个家庭或个人，还是一个国家、一个阶级或一个种族群体对另一个。在男人主导相关实体的情况下——无论是国家还是家庭——他们的暴力的目的很明确，是为了对他人发号施令。个人的、社会的和政治的暴力不能简单化地总结归因于父权统治体系，但我们很难不将男性气质与军国主义和家暴联系起来。因此，在当代社会中，看来肯定有一些独特的东西将男人、男性属性和男性气质与暴力和攻击联系起来。重要的是，我们要消除普遍但错误的信念，关于男人的攻击性，其中什么是难以根除的，什么是情境使然的。

选择性地征兵

我有时会问我本科班的学生,他们中是美国公民的,有多少人在年满 18 岁时向政府机构报告。通常大约一半的美国学生会举手。为什么是一半？因为在美国,只有年轻男性必须在 18 岁生日时向美国选择服务系统（US Selective Service System）登记,以确保在未来征兵时所有符合条件的年轻男子都被征入。

为什么只是年轻男子？答案并不那么简单。根据你的计算方式不同,世界上大约有 70 个国家实行某种形式的征兵。除了少数例外,只有年轻男子被征入各自国家的军队,而且在这些国家,只有达到一定年龄的男性才有义务服兵役。当然,即使在没有征兵制度的国家,军队也会将男人、男性气质、牺牲和服务紧密联系起来。[5]

"服务"的概念本身就意味深长：在公民军队中服役通常被视为现代男性经验的最高形式,几乎是一种神圣的职责。那些为国家利益做出这种形式牺牲的人是典型的男人。即使没有生命危险,军事训练也承诺向年轻人传授技能和本事,当他们准备履行最高级的男性养家糊口职责时,这些将是至关重要的。在美国,参军与投票一样,被吹捧为作为民主公民的体现。军队的部署承诺给年轻人,特别是贫穷的男青年,以工作的形式提供实际回报,以及理想化的激励,如荣誉。新兵看到的是,入伍不仅是为国家服务和为社会的更广泛利益做贡献的方式，而且是个人成长和摆脱贫困的途径。这不仅对男兵如此，对占美国入伍人数15%的女兵来说也一样。

在21世纪的头十几年里，只征召年轻男子的理由，以及美国武装部队85%是男性的理由，是历史的、相对的和生理的，可以追溯到武士们应召执盾挥剑上战场的时代。自古以来，男人在世界各地都打过仗。也许我们可以用某种形式的集体无意识来解释只征男性的征兵，而我们对于是谁手执长矛，以及后来又是谁身背弓弩的记忆，导致我们今天只征召男性入伍。即使情况并非如此，文化方面的考虑——关于男性和女性的天赋、情感和癖性的核心信条，并由关于生物差异的观念所证实——也肯定在征兵的做法和政策中发挥了重要作用。

截至2014年，美国有2200万人是退伍军人，其中1650万人被列为"战时退伍军人"（来自第二次世界大战、朝鲜战争、越战、伊拉克战争和阿富汗战争）。这意味着大约7%的人口，或者说每14人中就有1人（1.3%的女性和13.4%的男性），在他们生命中的某个阶段曾是军人。这也意味着，在2014年，美国几乎每7个成年男子中就有1个是退伍军人。这些成员帮助塑造了围绕男性和军队的思维，并揭示了整个美国社会中战士心态的影响。作为美国最大的雇主，美国军队也是指导美国与世界其他国家关系的主角，在美国境外驻扎的军队比历史上任何其他国家的军队都多。[116]

5 男人天生的攻击性　147

美国军队一直反映着国内阶级和地区划分的一般模式。在21世纪初的这些年里，没有经济、政治或文化影响力的年轻男子，以及较少数量但同样境况的年轻女子，持续被招募来执行美国的入侵、占领和战后安抚等任务。他们被过量地从某些地区如美国东南部招募。自从公民军队和法国革命性的全民动员（*levée en masse*）兴起以来，社会最边缘的阶层就被引诱到军队的最低层。这不一定是一个诱骗年轻男子入伍的问题；年轻男子总是能找到很多理由参军、受训并接受部署，甚至是在战区。

美国征兵的历史是一部关于这种行径的历史：引诱年轻人穿上军装去玩命，去杀人和被杀。参军有时是强制性的，但有时不是。在20世纪的大部分时间里一直在实行的征兵制度于1973年7月正式结束，继而是所谓的"全志愿部队"开始运营。在1975到1980年之间，参军是自愿的。

1980年，在苏联入侵阿富汗之后，吉米·卡特总统恢复了18岁男性的登记。从那时起，美国政府要求所有男性在年满18岁时都要登记应征。尽管1970年女性只占现役人员的1.1%，但五角大楼在20世纪70年代末开始大力招募女性。到1980年，女性占现役人员的8.5%，而到2000年约占15%。[6]

历史上，兵役为美国社会中最无权又无钱的成员提供了一个登上民主公民身份顶峰的途径。然而民主的安慰剂，虽然在过去使它的公民，特别是男青年，会随时响应民族国家的号召拿起武器，却正在丧失它对数百万年轻男性曾有过的任何老套的诱惑力。美国政府宣布的反恐战争似乎既无休无止，又毫无意义，但为了进行这场战争，政府不仅必须保持公众对其努力的普遍支持，而且更具体来说，要继续激励数百万年轻男性参军服役和打仗。

蒂娜的刀子和德蒙的最后一次任务

蒂娜·加内兹（Tina Garnanez）是一位伊拉克战争老兵。我是在2005年底认识她的，当时她刚从前线回来没多久。她曾是那里的一名军医，还给她的救护机器人搭档起名纽特。他们伪装成夫妻，甚至戴上了结婚戒指，以便在男人们试图勾引蒂娜时将他们拒之门外。纽特确保没有人敢招惹她。

"他可是个大块头，大小伙子。我喜欢这样。他照顾我，彻底把我宠坏了，我很喜欢。"蒂娜告诉我，"他给我买吃的，而且总是让我很暖和。他让我感到非常安全。"如果有人开始骚扰她，蒂娜就会环顾四周，找到纽特，然后大喊："我丈夫在哪儿？他在那儿！"然后纽特就会走过来。

但有些问题纽特无法为蒂娜解决，比如想念她的女朋友。"我在伊拉克时，在家乡有一段感情，它帮助了我，它可真的帮助了我啊。它使我不会失去理智，你知道吗？"其他士兵有时会问："为什么你的墙上有一张女孩的照片？"她就贴上其他照片来迷惑大家。男人们要被拒绝50次才会接受。她想告诉他们,"你找错人了"。

在伊拉克,以及普遍地在军队中,蒂娜发现,"女性往往被视为要么淫乱要么是女同性恋者。我只是认为,我必须假装是异性恋,这不公平"。同时,她本来报名只参军4年,但后来部队"止损",她又被留下再次转战伊拉克各地。摩苏尔(Mosul),巴拉德(Balad),基尔库克(Kirkuk)。车队。简易爆炸装置。受伤。一小时的打盹。速食饭菜。沙子。酷热。但这绝不是最糟糕的情况。蒂娜说:"仅仅作为一个女人,在那里就是非常悲哀的。"在一个基地,"士气、福利和娱乐中心"的小屋离蒂娜休息的地方足有半英里远。如果她想查电子邮件或给家里打电话,她就得去那儿。如果她从一个车队回来是凌晨2点,那可能正是给她在新墨西哥州的妈妈打电话的最佳时间呢。

"我会给她打电话,然后我就得在黑暗中一路走回去。我总是准备好我的折刀。我会把它打开,把它藏起来一点。只是准备好,以便我能随时把它拔出来。我会一直听着四周的动静。那是一条碎石路,所以我走在路边的草地上。如果有人在我身后,我就能听到他们在碎石上的脚步声。"

蒂娜在向我讲述她的更多故事时,渐渐安静下来。她回到了西南部,与家人重聚,也重拾她的纳瓦霍土著人的生活方式。在那干旱的乡村,她有时可以远离喧嚣的人群。遭遇并避开可能对她施暴的男人之后,蒂娜不由得开始思考一生中遭受男人虐待的经历。这帮助她养成了一种防御的姿态,以应对可能出现的每一个新的威胁。

"让我特别愤怒的是,我不仅要担心在跟这些车队的路上死掉,还要担心回到基地后的事,我的战友会对我做什么。这实实在在让我烦恼透了。"蒂娜说。她还告诉我,在参军前,她曾被虐待。"所以我一直抱着这种态度,就是,'嘿,男人很危险'。我实在不太信任男人。然后参了军,遇到所有烦人的年长男人的挑逗。这真是让我很不爽,也让我很害怕。"

但是,男人和军队中的暴力之间的联系并非只影响女人。对德蒙·马林斯(Demond Mullins)来说,这种联系与蒂娜所经历的不同,但同样令人不安。在伊拉克的最后几天和几个小时里,德蒙开始意识到最糟糕的情况已经过去了。他将毫发无损地回家。他不认为这是理所当然的,但他不会像那些带着触目的烧伤和残缺的肢体回家的人一样了,也不会面临数十次的手术和几个月甚至几年痛苦的康复治疗。[7]

离开伊拉克几年后,他告诉我:"当我结束在伊拉克的最后一次任务回来,我们开车进入营地时,我连队里的所有人都来欢迎我们。我们都在喊,'哇,这是我们最后一次任务!我们成功了!我们要活着回家了!'我的执行长官走到我面前说,'你现在是个男人了!'这就是他对我说的话。这让我思考,而现在我仍然在想这个问题。是暴力,暴力的行为使我成为一个男人吗?还是我潜在的暴力倾向使我有男子气概呢?"对德蒙来说,作为一个暴力的男人,一个见证了暴力并实施了暴力的男人，意味着他必须思考一个问题，即他给伊拉克人施加的暴力是否一直潜伏在他的体内，隐匿着、休眠着，等待着被战争释放出来，还是这种暴力是军事环境强加给他的异物呢？

在参与了伊拉克的暴力行动后，他现在是个男人。这句话让德蒙很不舒服。他说："我认为军队真的是在利用这一点。从童年开始，你就形成了社会化的意识形态，它告诉你什么是阳刚之气，什么是成为男人。流行文化也充分利用这一点。当你太年轻还不能参军时，你已经被灌输了这些形象。然后，仅仅参军这件事，就像是你在试图证明你是个男人。说自己是个男人是因为'我经历过战斗'。那么，这是怎么使我成为一个男人的呢？"[8]

长官给德蒙的祝贺与其说是文化上的一种表扬——"你通过你的经历学到了如何成为一个男人"——不如说是承认是战争让德蒙激活了他内心的勇士。它一直都在那里，稳坐不动，只是需要合适的条件，通过战争的熔炉释放出来。长官绝不会对一个女兵说："你现在是个女人了！"

德蒙继续说："我第一次去伊拉克的时候是22岁。我当时已经是个男人了。我的暴力行为使我现在成为平民中的男性领袖了吗？事情都给弄糟了，因为即使这些我都懂，我还是把我学到的东西内化了。"他通过他所谓的"虚无"找到了逃避痛苦和自杀倾向的途径，"这让我感觉很舒服。我想，'你穷得叮当响。每个人的情况都很糟糕，因为我们都在努力挣扎着生活。

有些人过得可真好,而有些人则不然。'这实际上让我感到好受了。生活没有意义,没有头绪,这吓坏了一些人,而对我来说,这安慰了我"。

虚无和怀疑俘虏了德蒙的男子汉战士精神。作为一个非裔美国男人,他习惯于听别人告诉他他们对男性气质和攻击性的看法,以及怎样才是优秀的团队成员。德蒙发现了社会上关于男人和战争的老生常谈与伊拉克实际战争的深渊是多么脱节,他回家时暗下决心,要一个一个地推翻所有那些说战争释放他内在男子气概的言论,那都是明显的军国主义的陈词滥调。

男人为什么打仗

任何来自美国的人,如果在国外待了很长时间,都会遇到这样的问题:"为什么你们美国人这么暴力?这么多大规模的屠杀。这么多战争。"但是,不仅仅是美国人与暴力和发动战争有关;军国主义存在于每一个国家,而且它总是有一副男人面孔。除了在科幻小说和古希腊神话中,从来没有女性军队单打独斗地入侵、占领和征服敌方的民众。

男人、男性属性、暴力和战争之间的联系无处不在,这很容易导致人们相信男人和攻击性有其自然的一面,使得辨析关于战争原因和男人暴力倾向的自然主义论证变得更加重要。这些特征在人们眼中的社会性别化程度如何,对我们过度军事化的社会有着即时的重大意义。在20世纪末和21世纪初，新的一大批关于战争起源的学术报告复苏了简单的一套解释。

关于男人和攻击性的自然主义观点的一个版本是荷尔蒙假说，它持续保持着吸引力。剑桥大学神经科学家乔·赫伯特（Joe Herbert）在2015年写道："战争的发生可能只是睾酮对男性动机、竞争力、野心和冒险的强大影响的必然结果。"他进一步得出结论，"在导致应该对战争这一现象负责的好战男性出现这件事上，睾酮是一个必不可少的因素"。不管是将军们一开始就应该比其他人有更高的睾酮水平，还是他们的睾酮水平据说是在下达进攻命令后上升的，荷尔蒙假说使战争的起源成为一种化学反应，用不着拿黄金、奴隶、石油和领土来解释了。[9]

另一个将男人和战争联系起来的重要的自然主义论点涉及父亲身份，在行业中又称为"父亲身份的不确定性"。这一论点是DNA时代催生的"谁知道我给谁当了爸爸"，它既澄清又扰乱了血统的意义，而且事实上还有，战争的起源。

我的朋友理查德·布里比斯卡斯在耶鲁大学教授生物人类学。在和他讨论进化和男性荷尔蒙时，我总是学到很多东西，但这并不意味着我们总是意见一致。他在《男人：进化与生命史》（Men: Evolutionary and Life History）一书中问道："那么，为什么女人往往比男人在后代身上投入更多的时间和精力？"他说，答案"在于亲子认同这一简单因素"。虽然其他人认为，进化偏巧将怀孕和哺乳委托给了女性是解释父母之间数万年来劳动分工的最佳方式，布里比斯卡斯却强调了进化理论的另一个后果：男人据说普遍怀疑自己是否能证实收获的确实是本人所播的种子。

"男性面临的问题是：我的孩子真是我的吗？"布里比斯卡斯写道。这引向了他书中的一个重要主题：父子关系的不确定性在人类男性进化中的核心作用。布里比斯卡斯说，"女性是唯一能够确定谁与她们有遗传关系的人。男人永远不会有这样的确信。从进化的角度来看，男性是相当孤立的。"此外，并且最关键的是，由于他们的孤立状况，因为男人不知道他们的后代是谁，所以他们对上战场不太犹豫。男人在养育子女方面的投资较少，而且由于缺少这种与他人的忠诚关系，从历史上看，他们被认为更会去发动战争。本质上讲，他们并不关心可能会杀谁。

逻辑是这样的："如果没有因为不想伤害自己的后代或亲属而产生的约束，那么男人在行动上很可能比女人更不节制，这在个人和普遍层面上皆如此。"布里比斯卡斯担心（正如任何有思想的人应该担心的那样）那些手指放在核战争按钮上的老男人。为了澄清这一论点的全部含义，他总结道："男人发动战争是因为他们有能力这么做，也因为这种行为对于他们的进化适应性来说，潜在成本可能为零。"[10]

2015年时，我在康涅狄格州的纽黑文采访了布里比斯卡斯，当我提出我的担忧时，他十分赞同。我指出，没有任何其他物种在雄性发动战争时会面临如此迫在眉睫的热核毁灭的威胁，因此，战争的原因对于任何其他物种来说都不像对于人类这般重要。是的，他同意，而且他承认，当一个将军把人派往战场时，把他对于父子关系不确定性的想法作为他这样做的直接原因是没有意义的。在某种程度上，布里比斯卡斯提出这些臆测的想法是为了激发对男人和战争话题的进一步讨论。正如他常说的："一个想法就像一只蟑螂。把它放在桌子上，如果你不能杀死它，那么，也许它命该生存。"我承认他的论点激起了我的疑问：为什么不知道自己的后代是谁，会让男人对他们在战场上杀死的人态度更加轻率，而不是更不愿意去打仗和杀死可能是自己的后代？对于科学家和普通人来说，问题都在于，我们认为以下假说合理的代价是什么，即"男人发动战争是因为他们有能力这么做，也因为这种行为对于他们的进化适应性来说潜在成本可能为零"。

如果我们不假设刺杀费迪南大公的人或珍珠港上空的神风特攻队员是因为父亲身份的问题才去打仗的，那么对于帝国的扩张、奴隶制的经济学和民族解放运动的风起云涌该作何解释就不清楚了，除了一件事，那就是在这些当中都潜在有一个对于父亲身份茫然无知的行为逻辑。布里比斯卡斯说不定是对的，就是说，至少从进化的角度来看，对于父亲身份的无知是战争的一个持续和关键的催化剂。这一结论与某些流行的进化论版本是一致的，上来就把战争作为原始的怀疑和决策的结果。尽管在世界各地的大多数社会中，无论是今天还是历史上，女人依靠与她们没有任何遗传关系的男人来获得安全，但将男人和进化与战争联系起来的理论很容易引起广大公众的共鸣。

显然，如果中止战争，结束庞大的军事预算，终结所有的干涉行动所需要的只是亲子鉴定，那我们可以很快说服那些到处游荡、不计生育后果的男人别再乱来了。我朋友提出的观点绝非这么简单，但他的论证可能会加强这样的想法，即战争的起源与进化和男性生物学的关系比实际情况更密切。为了理解为什么我们轻易地把父子关系的不确定性作为对战争的解释，我们不妨考虑愿望的力量，以及理解某件事的愿望如何能压倒希望事情并非如此的愿望。如果我们能以一种基本的方式解释战争是由父子关系的模糊性造成的，而且，如果我们非常肯定男性会继续生育后代，那么至少我们可以了解某些"我们限制战争的能力"的限制，并更好地避免争论战争的进化根源这样徒劳的事。

这种思路带来的困境也与错误和幻想之间的区别有关。在讨论宗教的韧性时，政治哲学家温迪·布朗（Wendy Brown）问道，为什么宗教不会仅仅因为不合逻辑而崩溃？她借弗洛伊德解释说，原因是宗教"不仅仅是一个错误，而且是一种幻想"。布朗接着澄清说："如果它只是错误，那么是某些客观原因造成的，而幻想是由一个愿望驱动的。"今天，尽管目标和战略都不对，可以说是它们的存在谬误，但各种战争仍在继续。而且，与宗教一样，幻想是维持每场战争的核心。假设战争是由进化控制和出于亲子关系不确定的强迫行为造成的，这可以称为一个错误，但这并不能解释这一错误为什么如此流行。除此之外，还有其他把战争起源追溯到我们男性祖先的生物学的错误，它们的流行都无法解释。[11]

对战争的解释可能归因于幻想，但战争本身却远不是幻想。将人们从对战争的幻想转移到参与战争的实践中，需要象征性推理的戏法，以及将人们从一种理解的状态转移到另一种的能力。我们需要更好地理解男性属性与各种规范和类别——平民、入伍兵、前线士兵与后备力量之比、服从、随机应变、威吓和被威吓、武器通与和平主义——之间的关系，才能超越战争的迷雾，让军事冲突为历史的长河所淹没。

男人并不引起战争。特定的男人会，其原因总是为了将他们的意志强加于反对力量。

联合国维和部队中的性剥削和性虐待

联合国维和部队存在严重的性剥削和性虐待问题。尽管在世界各地的派遣任务中都有零容忍政策，禁止联合国人员与当地居民发生性关系，但联合国几乎没有人认为这一政策是可行的，而原因与关于男人、战争和性暴力的普遍假设直接相关。

蓝盔部队被发现用一美元、鸡蛋、一杯牛奶、一块饼干等和包括儿童在内的人做性交易。在联合国的营地和汽车中,在城镇和森林中,在酒店、公寓和其他任何地方,妇女和女孩以及男孩都是性剥削和性虐待的目标。而维和士兵和警察并不是唯一留下"蓝盔儿童"和"维和婴儿"的人。联合国文职人员可能是最大的罪犯。但是,无论犯罪者的职位如何,在大多数情况下,联合国宁愿将雇员从特派团遣返,也不会在当地逮捕、起诉和惩罚他。

2013年联合国对性剥削和性虐待的调查得出结论:"几乎所有人员都知道联合国围绕性剥削和性虐待的政策",而且"绝大多数人员确实接受了培训"。事实证明,更多、更好的培训并不比设"禁区",或让联合国军队和警察穿上带有名牌的制服,或让当地妇女打热线电话报告侵犯行为更有效。军营中的健身设备是进口的,用于暂时和部分地释放部队中压抑的性能量。[12]

很多相关评估被发布,从约旦王子扎伊德·拉阿德·侯赛因(Zeid Ra'ad Al Hussein)2005年发表的具有里程碑意义的《全面战略》报告开始,他当时是秘书长的性剥削和性虐待问题顾问。该报告谴责了此类虐待行为,并呼吁采取全新的程序,在世界各地的联合国维和部队中根除这一问题。然而,有罪不罚的文化仍然普遍存在。事实证明,性剥削和性虐待的一个主要原因是联合国官员内心深处对男性生物学的相信,用一种"男人都这样"的心态来看待男性释放性欲的基本需求,即使这意味着暴力剥削妇女、女孩和男孩,而这些人恰恰属于维和人员负责保护的人群。从海地和黎巴嫩的访谈中收集到的解决问题的建议分为两类:第一类涉及执勤和液压模式,第二类涉及休假和安全阀理论。[13]

如同所有军事上的动荡局势一样,在海地和黎巴嫩,士兵和警察被分配到联合国特派团的时间长短是受管制和监督的。指挥官特别谈到了20多岁的年轻男士兵初次离开家到外国的挑战。一些人还将服役时间与性剥削直接联系起来。用智利警官丹尼尔·莫拉莱斯(Daniel Morales)的话说,"如果你把男人放在一个3个月没有性生活的环境中,这是一个挑战,但不是克服不了。如果时间延长到6个月,那就要困难得多。超过6个月,他们就变得没法管了。"[14]

智利和秘鲁分遣队的一个解决方案是让男性几乎每天都能给家里打电话,包括通过Skype。这与其说是希望男人们被压抑的性欲能够通过与家里的妻子或女友交谈而得到缓解,不如说是希望与家人交谈能够在男人想与当地女性发生性关系时加剧他们的罪恶感。这种逻辑认为,维和的男人有他们的性需求,不能指望他们能一直忍受独身。男人们被阻止找地方释放性欲的时间越长,压力就攒得越大。当这些男人在某个时候寻求发泄时,那只是条件反射的作用,不然他们就要因为没有性生活,且需要性的自我被否定而崩溃了。

在海地，休假的维和人员被派往多米尼加共和国，因为那里有性工作者。在多米尼加发生的事仅限于多米尼加，联合国维和官员并不关心，更不认为这是他们的法律责任。在黎巴嫩，维和人员会被送到另一个国家如塞浦路斯去休假。这样做只是为了让他们离开联合国部队所在的黎巴嫩南部地区。在这种情况下，在塞浦路斯休假的维和人员干了什么，就仅限于塞浦路斯了。多米尼加共和国和塞浦路斯各自扮演着联合国维和人员安全阀的角色。如果联合国的男性部队不能再忍受性欲膨胀的压力，那么他们有地方可以放放"汽"，而在那里不会直接影响到联合国的任务。

对男性生物学的关注直接影响了军队的任务和休假政策。战士般的男性气质一直是导致联合国维和部队中性剥削和性虐待的核心问题，并且没法简单地靠训练或管控来使男人们摆脱。身体耐力和征服的准则是这种战士般的男性气质的核心，并带有男性专利和特权的道德思想，即战士应该得到战利品，这通常包括平民妇女的身体。但这不仅仅是一个武装人员滥用权力的问题。有充分的证据表明，在许多有记录在案的特遣团中，犯有性剥削和性虐待的文职人员多于士兵或警察。这些证据意味着有比给年轻人配上枪支并把他们撒开到异国他乡时发生在他们身上的还要险恶得多的事。导致性剥削和性虐待的不是战士般的男性气质，而是任何一种男性气质，而对于文职人员来说，还有他们享有的更大自由和不受惩罚：至少在海地，文职人员在流动性和监督方面比维和士兵和警察的自由度大得多。

这些联合国文职雇员一般不带武器，因此，虐待行为不仅仅是武装恐吓的问题。文职人员的平均年龄比士兵大，所以这也不仅仅是一个年轻男人和他们的荷尔蒙问题。维和人员中的男性专利和男性特权，加上关于男性性需求的常识性信念的支持，更能解释这个问题，比起那些说是士兵自己变坏，或者简单说就是走投无路太需要钱的母亲不惜出卖女儿身体的理论要合理得多。

强奸作为正常的男性性行为

心理学家史蒂芬·平克写道："假设强奸植根于人性的一个特征之中，比如说男人在更广泛的情况下比女人更想做爱，那么，女人想掌控她们何时和与谁做爱，这也是人性的一个特征，同样深深扎根于我们的进化之中。"平克提醒说，仅仅因为它是人性的一个特征，并不说明它是对的。但从进化的角度来看，这确实使它变得自然。平克既贬低环保主义者和其他将自然理想化的人，因为他们相信"我们从这个伊甸园继承的任何东西都健康和恰当"，同时也批评另一类人的肤浅，这些人认为"声称攻击或强奸是'自然的'，在受到进化青睐的意义上，就等于说它是好的"。世界上不是有很多自然、美丽、不可或缺的捕食者吗，如狼、熊和鲨鱼？[15]

进化心理学家及其盟友行为遗传学家用强奸这一典型现象来宣传一个观念，即社会性别和性行为的关键方面太过固有，不容忽视。他们宣称，除非你了解以强奸为形式的雄性暴力野蛮的、生物的根源，这在所有人类社会和遍布动物王国的物种中都可以找到，否则你就无法有效地预防强奸。每个人都会同意，除非你了解强奸的原因，否则你无法中止它，而且如果你弄错了原因，你不仅不能解决这个问题，还会使它变得更糟。很少有学术研究对于公共政策来说如此重要了。[16]

平克写道："在现代思想生活中，没有任何地方比在这点上更有人激烈地坚持对人性的否定，也没有任何地方比这里有着对其替代解释更深刻的误解。"他补充说，"我相信，澄清这些问题将大大有助于调和三个被置于不必要的冲突中的理想：妇女权利、对人性的生物学理解以及常识。"特别是，他也许还会补充说，如果你关心妇女的权利，你需要注意那些生物学的影响、驱动力、控制和限制，它们制约着谁强奸谁、为什么以及何时。然而，把强奸称为人类本性的一个特征，并不比说反对强奸是人类本性的一个特征更有意义——这本身没有告诉我们什么，但它不加评判地暗示"男性的本性"中持久地固有某种危险的东西，可能会伤害他人。人类学家艾米丽·马丁（Emily Martin）对启发平克的主要研究的简洁回应十分中肯："我提出与此相反的异议，他们的说法实际上相当于煽动强奸。"[17]

平克也许能够在每个社会和历史时期都发现强奸行为，但强奸率的巨大差异并不是生物学的一个系数。为什么根据联邦调查局的犯罪统计数据，2014年阿拉斯加报告的强奸率为79.7/10万人，而同年新泽西州的强奸率为11.7/10万人？大概阿拉斯加男性的生物学特性与新泽西州男性的并无明显差异。平克确实在对不同社会进行比较时指出，女性享有更大的自由和独立于男性可能会引发更多危险的威胁，包括强奸。他说："专门针对性别歧视的态度似乎并不是一个特别有望减少强奸的方式。"然而，他的宽泛主张并没有证据支持，而要用他的框架来解释阿拉斯加妇女的独立性是新泽西州妇女的6.8倍就必须有证据。[18]

在比较世界各国和各地区以及整个历史上的强奸案时，我们也发现了和美国一样的差异。人类学家佩吉·桑迪（Peggy Sanday）在谈到跨文化的强奸时写道："说在所有社会中至少有一些男人会强奸，并利用这一事实对强奸的自然历史和性胁迫的生物学基础进行归纳，混淆了无强奸社会……和强奸多发社会之间的巨大文化差异。"她认为，后者的一个突出例子是美国。强奸率的差异带来一个问题，那就是，如果强奸对我们人类的男性来说是如此自然，为什么它在一些地方比其他地方要少见得多，还有，为什么强奸的发生率反而与其他社会性标志密切相关，如性别平等？[19]

"强奸代表了对男性性行为的正常社会管控的崩溃。"神经科学家乔·赫伯特说。在这种情况下，社会管控是能够阻止强奸的全部手段，并且毫无疑问，大多数将强奸归因于自然的人，对从人类社会中完全消除强奸持悲观态度。正如历史学家乔安娜·伯克（Joanna Bourke）令人信服地表明，如果我们试图将强奸追溯到普遍的生物学根源，这不仅会促使旨在控制、阻拦和隔离男人的公共政策的制定，而且还会导致决定对他们进行真正的阉割。事实上，化学阉割和手术阉割是得到提倡和实施的，包括在美国，作为防止强奸的策略。这样做的逻辑是，如果阴茎失控了，那么男性生殖器必须受到惩罚。伯克指出，"像绝育、阉割和脑叶切除这样侵犯性的做法假定强奸主要是由男性无法控制的性冲动产生的"。[20]

平克还有一些过激的观点，如"强奸犯往往是些失败者和无名小卒"，他说，"而父权制的主要受益者大概是有钱有势的人"。撇开这些不谈，几十年来，关于强奸和正常男人的辩论在女权主义者和社会活动家中一直盛行。一些人认为，所有男人基本上都是强奸的受益者，而另一些人甚至称，所有男人都是潜在的强奸犯。所有男人都是受益者和所有男人都是潜在的强奸犯的论点都太容易与生物学的命运的概念混淆起来。阿拉斯加和新泽西州的强奸率比较很说明问题：我们不应该从生物学上找原因，或是依赖于声称强奸犯都是贫穷、没有受过教育、找不到其他性爱方式的男人这样的说法，而是需要明白，强奸是由不平等和人们（几乎总是男性）的欲望和能力造成的，他们把自己暴力的力量和意志以性的方式强加于人。[21]

男人的身体并不比女人的更受制于忤逆的冲动。男人的身体并不比女人的更需要集体的约束。男人的身体在生物学上并不比女人的更多或更少地挑剔、羞怯，或反复无常。强奸并不能用谁能勃起来最好地解释。男人并不比女人更被某种贪婪的天性所奴役，尽管如果你听了一些理论家的话，不管是专家还是普通人，你可能会认为他们是这样的。男人强奸年轻妇女，男人强奸老年妇女，男人强奸儿童，男人强奸男人，男人在和平时期强奸，男人在战争时强奸，男人在城市强奸，男人在乡村强奸。尽管存在着昭然和普遍的模式——强奸犯都是男人——但我们还是有可能不轻信这一切都与固有的男性属性和男性身体有关。

如果强奸是生物驱动的，而男人自己不能控制，那么谁能阻止他们？也许我们会同意，"社会必须采取行动反对男人对女人的性侵犯"。但是，说社会必须采取行动等于什么都没说，是将责任非人格化。这个"社会"是谁？如果你认为男人不能自控，唯一合乎逻辑的结论就是，只有女人能阻止男人。而且，就此而言，如果女人不阻止男人，那她们就对所发生的事情负有部分责任，并且可以因为没有阻止强奸而受指责。当然，如果她们被认为在面对男性性侵犯时无能为力，那么女性只能希望被其他不侵犯她们的男人所拯救。正如劳拉·吉普尼斯所说："那些强调传统女性气质的政策和行为规范总是更喜欢宣扬关于女性濒临危险的故事，而不是关于女性能动性的故事，它们是世界上最不能减少性侵犯的东西。"无论哪种方式，男人作为一个群体都被牵连到强奸现象中，而这却放走了真正强奸的男人。[22]

如果要认为强奸是自然的，它必须是所有男人或者说是人类男性，如进化心理学家喜欢称呼他们的那样，都共有的行为，在所有时间和地点。差异会带来问题，但并不总是。事实证明，根据认为强奸是自然的那些人的说法，"社会经济地位较低的男性更有可能实施强奸"。我们以前听过这个说法。这个特定版本的解释很简单：更穷的男人更难得到任何人来与他们发生性关系，为了补偿这种缺失，因为他们必须遵从他们自然的男性的性冲动，找到可以向其中射精的对象，所以他们会强奸。如果周围有女人，则她们最常被强奸。如果没有，比如在监狱里，那么其他男人就会被强奸。这一切都归结为一个"交配堕落假说"。[23]

将男人强奸这样的事说成自然的和遗传的（隐藏在几乎无法控制的 XY 染色体组合中），意味着你无法真正从源头上阻止强奸。你只能试图限制男性强奸犯对他人的伤害。同样，再看一下差异：人类男性强奸或不强奸（就我们所知而言），他们考虑或不考虑强奸，真想或不想强奸（就我们所知而言）。如果男人的思维和行为的范围是无限的，那么仅仅因为我们知道他是一个人类男性，我们对他是否会强奸根本无法预测，那么自然就肯定要让位给其他因素了。在这里，我们又有了一个理由来说明为什么把其他物种如绿头鸭的雄性，以一种远不如人类灵活多变的方式，对雌性进行本质上几乎相同的一次次攻击称为强奸是很离谱的，这在相当数量的物种中都发生着，而且看来几乎是恒久不变的。[24]

什么是自然而有益的

在美国，强奸文化产生的唯一好处是新闻报道揭露了它：特权男人的性侵犯——从董事会的会议室到精英大学宿舍——清楚地表明，有钱有势的男人也可以利用男性的特权，和来自其他各个社会阶层的男人一样。令人欣慰的是，这个问题已经被称为强奸文化，因为这一名称有助于防止一种假设，即强奸是人类和其他物种中雄性的自然行为。但是，即使我们读到强奸文化，我们也需要警惕一些可能被强化的潜在假设，这些涉及强奸的自然性，以及如果情况允许，更多的男人会这样做。

你还记得 2015 年这条新闻这样或那样的版本吗？

"一项关于校园性侵犯的新研究称，近三分之一的大学男生承认，如果他们不会被抓住，他们就可能会强奸一名女性。然而，在这些人中，如果在询问过程中真的使用了强奸一词，承认这一点的人要少得多。"

"在最近的一项研究中，接近三分之一的大学男生承认他们会强迫一名女性进行性交,但许多人不会认为这是强奸。"

"根据一项对北达科他大学男生的研究,如果能够逃脱,那么有三分之一的男性会强奸女性。"

"一项令人震惊的新研究发现,美国近三分之一的大学男生承认,如果绝不会有人知道并且不会有任何后果,他们会有'强迫女性性交的意图'。"

"根据北达科他大学研究人员的一项新研究,近三分之一的大学男生承认,如果他们知道没有人会发现,他们也不会面临任何后果,他们可能会强奸一名女性。"[25]

实际情况是这样的:

三位研究人员——萨拉·爱德华兹(Sarah Edwards)、凯瑟琳·布拉德肖(Kathryn Bradshaw)和维林·辛斯(Verlin Hinsz),其中两位来自北达科他大学,一位来自北达科他州立大学——于2014年在《暴力与性别》期刊上发表了一篇论文,题目是《否认强奸但赞同强行性交:探讨回应者之中的差异》。这个主题非常好,而且方法似乎也适合参与的73名男学生。他们回答了一个问卷,参加了一次汇报,并完成了研究的所有其他部分。所有的年轻人都在18岁以上;90%以上的人是白人;所有的人都确认为异性恋;所有的人都声称有过性经验。

让我们回头再看看那些新闻报道:"三分之一的男人会强奸女人,如果他们能逃脱的话……";"近三分之一的大学男生承认……";"接近三分之一的大学男性……"

换句话说，这73名天赐的年轻人完成的调研最终代表了整个男性群体。不仅仅是在北达科他州。不仅仅是在大学校园里。不仅仅是在当今世界，而是纵贯历史。研究人员自己的说法要谦虚得多。但是，足够多的大众媒体发表了故作震惊的文章，这值得问一问为什么。阅读这些新闻报道，你可能会对新的科学证据印象深刻，即强奸是很多男人想做的事，特别是如果它不被称为强奸的话：如果他们能确保未来没有负面影响，那么更多的男人会强奸。但如果有惩罚、污名和羞耻的威胁，强奸案的数量就会比"自然发生的"要少。

当然，新闻机构希望有读者，而且往往会不惜篡改事实和制造耸人听闻的消息。然而，不仅如此，这些新闻还能挖掘和利用潜在的假设。说如果能逃脱，每三个男人就有一个会强奸，这是利用了人们已有的观念，因为许多人认为，无论阶级、地区或种族如何，很多男人都想强奸女人。当然，他们称之为强奸文化，但新闻报道使强奸文化变得特别像男性文化，而男性文化又非常容易与潜在的观念相吻合，即如果可以，更多的男人会这样做。从北达科他州的一项微小的研究中捕捉问题，并将其变成数百万人阅读的惊悚头条，这不仅仅是编辑标准不严的问题：它散播了对男人的糊涂观念。在这种情况下，谁会受益其实并不容易确定。

强奸可不是随便什么坏事，而关于强奸起因的辩论已经成为我们社会中对社会性别和暴力总体情况的各种看法和经验的原点。强奸的科学，或者说，研究强奸的科学家告诉我们，强奸是以某种命定的方式自然发生的。他们说，这是解释强奸在历史上随处可见、始终存在的唯一方法。然而，男人为什么要强奸是我们这个时代的一个核心问题，我们必须把它搞清楚。

尽管围绕强奸的数字是出了名的难得，但现有的数字被普遍认为是低估了一个数量级。在美国，根据疾病控制中心 2011 年的一项研究，每 5 名妇女和每 71 名男子中就有 1 人会在他们人生中的某个时刻被强奸。此外，46.4% 的女同性恋者、74.9% 的双性恋妇女和 43.3% 的异性恋妇女在其一生中报告过除强奸以外的性暴力。在美国，每 4 个女孩和每 6 个男孩中就有一个会在 18 岁之前受到性虐待。[26]

强奸文化并非美国独有。强奸在地球上的每个地区都有，关于强奸的记载是最早的非人道行为记录之一。但是，强奸文化在一些社会中比在其他社会中更强大。研究强奸问题的最重要的学者之一，佩吉·桑迪（Peggy Sanday），明确地将强奸的发生率与一个社会中"妇女的整体地位"联系起来。在妇女拥有明显更多权力和权威的地方，强奸文化较弱。在人际暴力和男性主导地位（例如在治理、商业和文化方面）更明显的地方，强奸文化更强。耸人听闻的新闻报道只是部分地消化和介绍了学术研究的结果，而由于先入为主的信条，这些太容易抓住读者的注意力了，结果是弊大于利，限制而不是促进了关于男性属性和男性气质的复杂对话。[27]

有胆量的男人

那是1970年的美国,越南战争正在肆虐,围绕黑人解放和妇女权利的大规模社会运动也正风起云涌。理查德·尼克松是总统,而大多数公民不仅支持战争,还强烈反对一群人数可观但还是彻底寡不敌众的形形色色抗议者高涨的要求。共和党人和民主党人、保守派和进步派政治之间的分界线并不像后来那样清晰。虽然共和党人在反对妇女权利和女权主义方面始终比较一致,但民主党则是一盘散沙,像一把颜色斑驳的政治大伞,遮蔽着各种不相容的观点、战略和方案。1968年,民主党总统候选人、时任副总统的休伯特·H. 汉弗莱(Hubert H. Humphrey)击败了由尤金·麦卡锡(Eugene McCarthy)代表的党内进步派,成为提名候选人,然而他在11月被尼克松击败。[28]

1970年7月,汉弗莱的私人医生埃德加·F. 伯曼(Edgar F. Berman)博士利用他作为医生和科学家的名望讲坛,警告他的民主党同僚不要做出选择女性作为本党或国家领导人的蠢事。伯曼博士是马里兰州的退休外科医生,是民主党国家优先事项委员会的成员,也是一名报纸专栏作家。他的理由完全是生物学的,列出了选举女性可能出现的危险情况:一个"不得不做出'猪湾事件'那样决定的更年期女总统"*；一个银行行长"在那个特殊时期，在失控的荷尔蒙影响下发放贷款"；一个"刚怀孕的女飞行员"艰难着陆。[29]

但是伯曼当时却没有分享他对于另一些情况的想法，这包括：男性首席执行官和政治家中酗酒、肥胖和心脏病的高发率，更不用说伍德罗·威尔逊的中风、德怀特·艾森豪威尔的心脏病突发和回肠炎、约翰·F. 肯尼迪的爱迪生氏病**和背部问题，或者林登·约翰逊的胆囊手术。这些都发生在他们在职期间。而且他更不可能预测到吉米·卡特痛苦的痔疮对伊朗人质危机的影响。

如果认为男人以月经不调为由宣布女人没有领导能力是老皇历了，是一个过时不用的遗物，那么请回想一下特朗普在解释为什么一位电视台女主播问他棘手的问题时说过的臭名昭著的话："她在大庭广众之下开始问我各种可笑的问题，你可以看到她的眼睛里有血流出来，血从她的……不管哪儿吧，流出

---

* 猪湾事件（Bay of Pigs Invasion），或称吉隆滩之战，是 1961 年 4 月 17 日，在中央情报局的协助下逃亡美国的古巴人在古巴西南海岸猪湾向古巴革命政府发动的一次失败的入侵。对美国来说这次未成功的进攻不但是一次军事上的失败，而且也是一次政治上的失误。国内外对这次进攻的批评非常强烈，刚刚上任 90 天的约翰·肯尼迪政府为此大失信誉，相反的卡斯特罗政权和古巴革命得到巩固。

** 爱迪生氏病（Addison's disease），又称原发性肾上腺功能不全、皮质醇过低、低皮质醇症，是一种长期性内分泌疾病，因人体肾上腺无法制造足够的类固醇激素而致病。通常病情进展并不快，可能的病征有腹痛、虚弱感及体重下降，身体某些部位的皮肤颜色变得暗沉等。

来。"不然为什么？这是在伯曼告诫他的民主党同事不要让女性进入党内高层的45年后。许多人对特朗普明目张胆的性别歧视感到愤怒，但为什么？他的逻辑与广泛持有的关于妇女和她们的经期的观点别无二致。

在这种观点中，据说恰恰是女性身上不可避免的东西，即她们的动物本性，成了她们没有资格担任公职的原因。而另一方面，男人的动物本性却恰好是使他们成为政治领导和国家认可的暴力形式的合适原材料。但实际上，在这两种情况下，我们面对的都是道德评价，而不是生物学事实。[30]

再看一个暴力的例子：如果我在街上走到你面前，开枪把你打死，会怎样？大多数旁观者都会同意这就是杀人，不管是否有理。但是，如果我是美国总统，我派你去打仗，而你为国杀人呢？这是否使你成为杀人犯？或是谋杀的帮凶？

当联合国官员使用"故意杀人"一词时，他们在区分不同类型的杀戮，并特别将他们所谓的与战争和冲突有关的杀戮作为"社会-政治暴力"排除在外。这些可以包括仇恨犯罪，这是社会偏见的产物。而基于性取向和性别身份的"基于性别的杀戮"是应被视为故意杀人还是社会政治暴力，仍然是一个争论的焦点。[31]

这个问题不仅仅是杀人和谋杀之间一个区分的漏洞。在萨尔瓦多、南苏丹或菲律宾，在一个由军队、非法军事组织和平民发动的全社会武装冲突肆虐的时代，作为一个男人成长起来是什么样子？而说到这一点，在21世纪上半叶的美国，当美国入侵、占领并在中东地区发动无休止的战争，当美国的武装部队驻扎在遍布全球的上千个军事基地，当酷刑被正式批准用于对付指定的敌人时，作为一个男人成长起来意味着什么呢？入侵外国、战斗、征服和整体的鹰派态度对男孩成长为男人产生了什么巨大影响？[32]

我们已经太习惯于把某些类型的暴力与男人的生理能力联系起来，太习惯于认为男人比女人更容易进行各种攻击。当暴力是小规模的、人际的和国内的时，它会受到广泛的谴责。然而，当国家领导人在他们所说的捍卫自由、民主和国家主权的战争中使用暴力时，暴力突然获得了授权和赞扬。在美国，我们对国家认可的暴力的合理化太熟悉了。但值得注意的是，我们如何看待不同类型的男性发起的暴力还有另一个方面——特别是被禁止的暴力和光荣的暴力之间的象征性区别。当男性实施"坏的"暴力时，我们更有可能听到与他们身体上所受的强制（男性属性、种族、心理能力、经济地位）的联系。另一方面，"好的"暴力的理由总是与"更高级的官能"，即大脑的功能联系在一起，据说这些功能在男性领袖中表现得尤为突出。不过，也有些人并没有更高级的官能：

"我确实试着搞了她。她结婚了。"

"我在她身上爽了一把。"

"我甚至都没有等。当你是明星时，她们就会让你这样做。

你可以做任何事。"

"抓住她们的下体。你可以做任何事。"[33]

以上每句话都是当时美国未来的总统说的,这已经被反复评论和抨击了。这些针对妇女的暴力威胁最令人震惊的地方,不是唐纳德·特朗普曾经说过这些话。也不是,尽管听了这些关于性侵犯的肆意吹嘘,美国数以千万计的妇女还是投票给了他。也不是,这一切似乎都不重要:即使在吹嘘对妇女进行人身攻击之后,特朗普仍然当选了。我们谈论的不仅仅是那些毫无顾忌地支持暴力侵害妇女的人。有很多特朗普的支持者反对这类态度和行为,但他们仍然可以投票给特朗普,因为他们愿意忽视他的罪恶行为,并能够将这些言行合理化为作为男性领导人的不幸后果。换句话说,在默许中存在共犯,而这种串谋植根于关于男人和女人以及暴力的基础信念。

2016年美国总统竞选中流行的一种徽章上写着"投票给特朗普:终于来了一个有胆量的人"。这种没根据的说法的实际后果很是惨痛。特朗普当选并不是因为人们决定先搁置他多次发表的支持性侵犯女性的言论,而恰恰正是因为他的这些言论。他当选为领导人是因为美国有数千万人相信,男人都是这样的,而那些不同意的人应该随大流。这种观点认为,特朗普的罪过只是不受约束的男性气质的原形。

虽然这绝不是男性当权者的专利,但精英中公然的厌女症可以揭示出把男人、权力和本质主义思维联系起来的更普遍的问题。

  2016年的美国大选是在宣扬男性特权，也是宣扬那些性侵犯女性的有权势男性应该享有的有罪不罚。数以千万计的人听到了特朗普的言论，并对其故意的夸张表示赞赏。在特朗普侮辱女性言论的所有恶毒方面之中，我们最应该担心的是无动于衷地接受这样的想法，即有权有势的男人正在做着所有男人都希望做的事，他们几乎不费吹灰之力地、用几乎乏味透顶的方式，被认为在真正地追求着男人原始的需求和快乐。

6 我在,故我思

> 在当今,丈夫的无能往往被归咎于妻子的强势或抱怨。而在16世纪,这通常被归咎于女人在婚姻之外的权力。
>
> ——娜塔莉·泽蒙·戴维斯*

---

* 娜塔莉·泽蒙·戴维斯(Natalie Zemon Davis, 1928—),著名历史学家,美国新文化史的代表人物,专长为欧洲近代早期历史研究。曾任美国历史学会主席,现为普林斯顿大学荣休教授。被誉为"当今在历史写作方面最具有创造力的人之一"。

任何一个饲养过牲畜的人都知道，为了控制它们的繁殖时间，你有时必须把雄性和雌性隔离开。在公共和私人场合，将男性和女性隔离开也是非常普遍的。出于各种原因，法律的、宗教的、体育的，甚至是为了合唱安排声部，我们把男人和女人、男孩和女孩分开。甚至按生理性别和/或社会性别划分的语言和符号也常规性地出现，好像男孩/女孩的划分是最普通的安排。按生理性别进行的二元身体划分也是一种更为理所当然的社会规范，例如，设置男女分开的卫生间。最近，特别是由变性人引起的挑战导致了激烈的讨论，有时甚至是新的基本规则和立法，正如社会性别混淆也以各种方式推进了这些争论。

保护妇女一直是保守派的集结号，他们希望维持并不时扩大社会性别隔离。在一个又一个领域——从军队到体育赛事，再到公共交通中的单独空间——专门委托的研究、心理学家的意见、宗教经典的援引都被用来评估生理性别混淆的危险。这些讨论的核心问题是，在不同的情况下，把男性隔离对女性更为有利还是较为不利，以及同样处于这一环境之中的男性因社会性别隔离而受到的羞辱是公平的还是不合理的。如果我们认为男人和女人的身上都有一些不可救药的地方，他们在某些方面像其他动物一样难以改变，因此一些情景下的性别隔离是必要的，那么对下列问题发问也就变得合理，即持续性的性别隔离是否是在承认失败？是否在试图从根本上改变男人对女人的行为？如果是这样，这种撤退到了何种程度？

男性情谊和社会性别隔离

你认为有什么令人信服的理由能说明男人需要在很大程度上与女人分开吗？如果你是男人，你是否会有一种强烈的原始冲动，要花时间与你的哥儿们在一起联络感情？如果你的回答是肯定的，那么你可能是在回应一种原始的野性的呼唤，可以追溯到石器时代之前，那时男人是猎人，而猎人们结成男性兄弟团去游猎。或者，也许不是这样。也许你摒弃"男性情谊"背后荒唐的本质主义，但这并不意味着你就没有用过这个词。在内心深处，你可能仍然在猜想，男人是否有时需要单独聚在一起。难道不是所有的男人都需要时不时地来点男性友情吗？

从男人自己的个性空间到男人单独的外出聚会，人们通常认为男人要花时间和男人在一起，没有女人掺和，这是天性使然，不可避免。但是这种观点的科学依据实际上是相当新的。它最初由人类学家莱昂内尔·泰格（Lionel Tiger）提出，他认为男人有一种基本的冲动，要花优质时间与其他男人一起狂欢、豪饮和大吃大喝。如果不是因为男人现在必须弄清楚如何应对女性在教育和职业方面的成就，这些都不会有特别的意义。对有的男人来说，应对女性更多地介入公共场合意味着要专注于改善与女性的关系。而对其他男人来说，他们之间独有的男性情谊才最能为男人提供男性的情感宣泄和自我保护。

泰格说，"简而言之，男人'需要'一些只属于他们自己的去处和/或场合，不要有女人参加"，通过这种男性之间的伙伴关系，他们体验到彼此的团结。泰格认为，男性情谊是一种经过数千年发展的特征，这一过程的生物根源与建立群体防御和狩猎所需的全男性联盟有关，而这种强迫性的冲动，无论是在公元前8万年的非洲大草原上，还是在你今天生活的任何地方，都是一样的。他的观点本来可能有一定道理，但一个小问题来了。来自生物考古记录的证据表明，当狩猎和采集是人类的主要生存方式时，男女之间有显著"超级合作的进化"，并且，他们有着"性别平等主义"的"普遍的伦理"。事实上，有很好的证据表明，在大约1万年前（具体时间因地区而异）农业出现之前的漫长岁月里，每当动物变得更加稀少时，狩猎更多是由男女共同努力完成的。[1]

无论是否植根于进化论，男性情谊理论中的一个基本假设是，生理性别隔离有其合理性和优点。在美国，"隔离"一词有理由让我们退避三舍。我们会想到普莱西诉弗格森案（*Plessy v. Ferguson*），即1896年最高法院的"隔离但平等"的裁决，以及它后来的所有后果。* 但是，考虑一下隔离被广泛接受的情况吧，例如在医疗隔离中，在结核病等情况下将病人与其他人群分开。在这里，隔离是因为认识到感染可能扩散并需要加以控制。但隔离并不意味着没有治疗方法，或者说即使还没有治疗方法，医生也不会不去想办法。

正如社会性别研究学者早就认识到并且告诉我们的那样，基于社会性别的劳动分工并没有自带不公平和不合理的性质，例如，一个社会性别群体对某些需求负有更多的责任，而另一个群体则被分配去负责其他需求。如果这些劳动分工——你带孩子，我做饭——反映的不是等级制度和权力不平衡，而是更有效的组织任务方式，比如分别承担照顾孩子和养家糊口，那么我们在谈的就是社会性别互补。

但是，那些确实助长了社会不平等的隔离呢？助长不平等要么是因为受迫害的部分人口的隔离使他们的处境变得更糟

---

* 1892年6月7日，具有八分之一黑人血统的荷马·普莱西故意登上东路易斯安那铁路的一辆专为白人服务的列车，根据路易斯安那州1890年通过的相关法律，白人和有色种族必须乘坐平等但隔离的车厢。根据该条法律，普莱西被认定为"有色种族"，遭到逮捕和关押。于是他将路易斯安那州政府告上法庭，指责其侵犯了自己根据美国宪法第13、14两条修正案而享有的权利。但是法官约翰·霍华德·弗格森裁决州政府有权在州境内执行该法，普莱西最终败诉，以违反隔离法为名被判处罚金300美元。普莱西接着向路易斯安那州最高法院控告弗格森法官的裁决，但该法院维持了弗格森的判决。1896年，普莱西上诉至美国最高法院。5月18日，最高法院以7∶1的多数裁决判定：路易斯安那州的法律并不违反宪法第13和第14修正案，因为"隔离但平等"并不意味着对黑人的歧视，而只是确认白人和黑人之间由于肤色不同而形成差别。该案的裁决事实上确认了种族隔离政策的合法性。

（如普莱西案），要么是以纠正错误为名的隔离反而会加剧隔离本来要面对的问题。

就凭我们竟然会考虑男性情谊可以作为一种固有的不可或缺的男性需求，我们就为相信在现代世界上，男女还应该以其他方式在社会上和物质上分隔开制造了理由。我们对男性的专属交流和男性专属的活动空间究竟了解多少，是值得商榷的。我们当然注意到了男性专属空间的社会性别隔离问题，但是，仅仅注意到这一点，并不能真正分析它们为什么会持续存在。新几内亚男人的秘密住所和纽约市男子的俱乐部之间有关系吗？芝加哥的小酒馆和雅典的咖啡馆之间呢？还有莫斯科的体育场馆和马德里的同性恋酒吧？廷巴克图的录像厅和塔科马的理发店？我们当然知道这些地方，但我敢打赌，我们除了要么贬低要么辩护之外，并没有花太多时间去反思持续存在的男性专属造成的隔离现象。

人类出于多种原因以各种方式进行社会性别隔离。在父权制社会中，我们不难看出为什么对男性专属空间的制度化支持，如私人俱乐部，可以顽固存在。直到1984年，哈佛学院才与它声名狼藉的男性专属"最后俱乐部"（final clubs）断绝了正式关系。一个多世纪以来，很多后来在政治、艺术和商业领域功成名就的男人早在年轻时代就在这些半秘密的社团中建立了持久的人脉。请看下面列举的一部分曾光顾剑桥市那些豪宅的名人，你就可以略知这都是些多么重要的人了——而如果你不知道他们是谁，你显然入不了这些圈子。福克斯俱乐部有：T. S. 艾略特、比尔·盖茨和亨利·卡伯特·洛奇*；飞行俱乐部有：大名鼎鼎的富兰克林·罗斯福和泰迪·罗斯福、小奥利弗·温德尔·霍姆斯**、杰伊·洛克菲勒和大卫·洛克菲勒以及贾里德·库什纳***。（2016 年，哈佛大学终于宣布制裁仍然存在的男性专属俱乐部。）[2]

在美国和其他国家，男性专属机构是进行重要讨论和私下决策的地方。这种观点，即男人只是时常需要点自由时间和其他男人一起放松一下，是为排斥那些想要获得权力的女性而提供理由的遮羞布。这些全男性的环境塑造并强化了各种有潜在危害的男性气质。由于这些俱乐部的活动始终隐蔽在公众监督之外，它们就可以免受女性和其他厌恶它们的男性的质疑（甚

---

* 亨利·卡伯特·洛奇（Henry Cabot Lodge）：美国东北部的马萨诸塞州祖孙两代参议员都叫这个名字，他们都是共和党人。老洛奇是个历史学家，是西奥多·罗斯福总统长年的朋友与心腹，担任过首任参议院多数党领袖（非官方）。洛奇以其外交立场而知名，1919 年 6 月威尔逊在《凡尔赛和约》上签字后，最终因洛奇的影响力，参议院否决了《凡尔赛和约》，美国也没有加入国际联盟。小洛奇和艾森豪威尔、尼克松是朋友，在担任驻联合国大使期间坚定反对共产主义扩张，在南越当大使期间赞成军事政变推翻了当时政府。

** 小奥利弗·温德尔·霍姆斯（Oliver Wendell Holmes, Jr., 1841—1935），美国诗人老奥利弗·温德尔·霍姆斯之子，美国著名法学家、最高法院大法官，被公认为是美国最高法院最伟大的大法官之一。

*** 贾里德·库什纳（Jared Kushner），1981 年 1 月 10 日出生在美国新泽西州一个犹太家庭，2003 年毕业于哈佛大学社会学系，2006 年收购《纽约观察家》周报，2007 年获得纽约大学法学博士和 MBA 学位。他于 2008 年出任库什纳公司首席执行官。是伊万卡·特朗普的丈夫。

至不为他们所知）。女性被拒之门外是为了阻止她们对根深蒂固的男性统治地位提出挑战的尝试。

无论动机是什么——将女性排除在关键的男性领域之外，或是为了有一些和哥儿们相处的自己的时间——这种"同性社交"都会产生社会和政治后果，而这是无法通过观察核酸和蛋白质，也就是染色体，来真正理解的。如果这一观念是我们的发明，即男人有某些他们事实上并没有的生理需求，那么我们就是在把对社会性别隔离的态度建立在错误的前提之上。也许女人不需要那么多的保护，而我们也无需为男人自身的不良行为打掩护。关于男人和性、男人和暴力的生物学呓语，导致了糟糕的社会政策，或者至少是对于解决像性侵犯这样严重挑战的半途而废的尝试。如果我们自觉或不自觉地相信男人受制于他们的身体，他们用他们的"小弟弟"思考，他们的思想和行动在某种程度上是他们不能控制的，即男人被预包装的方式实际上控制了他们和他们的思考方式，那么我们就对基于社会性别的暴力和其他一系列社会困境认输了。

在公共政策领域，由男性的科学、社会性别混淆和相信男人的动物性催生的法令大行其道。2016年，北卡罗来纳州立法机构通过了"众议院法案2"，即所谓的夏洛特卫生间法案。该法案的正式名称是《公共设施隐私和安全法案》，它推翻了一项将有些权利扩大到同性恋和变性人群体的法令，并废除了该州各地对性少数群体提供保护的地方法令。

"众议院法案2"与卫生间没什么关系。相反，它是对北卡罗来纳州和全国范围内的性少数群体的攻击，由一个专盯着生殖器和生理性别的立法机构通过。当然，对于了解美国历史的人来说，隔离开的卫生间并不是什么新鲜事，而基于种族原因来对卫生间进行隔离显然是种族主义的。可为什么从来没有人对男女分开的卫生间大惊小怪？我们都认为这种分隔是公平和合理的，唯一真正的争论是谁有资格进入哪类卫生间。屎尿在男人和女人身上有什么显著的不同吗，还要让它们的排泄必须在不同的空间进行？

世界上以社会性别来隔离厕所的历史似乎始于19世纪的欧洲，当时有大量女性成为工人。随着越来越多的女性进入工作场所，给她们专用的住宿设施也建造起来。在今天的许多国家，"被尿拴住"仍然是一个问题，意思是如果在公共场所没有女用的卫生间设施，女性更有可能被束缚在家里。显然，在有分开的卫生间的地方，世界上绝大多数人已经习惯了这种隔离，而且，即使人们能接受变性人使用他们感到最舒服的卫生间，也很少有人吵着要让每个人都能使用同样的卫生间。[3] 这里的舒适和习俗的根源并不复杂，直接基于生殖器以及使生殖器成为决定性特征的社会约束，而这一特征又带有它自身广为接受的限制。[4]

关于职业隔离也有类似的公开争论，而且此处的论证也植根于关于男女生物学差异的相互冲突的视角。前面提到的美国和其他国家关于是否向武装部队中的女性开放战斗职位的激烈审议只是一个例子。这些争论的重点是邻近的问题、隔离以及对穿军装的男性和女性来说挨得多近才算太近。2013年1月,国防部长莱昂·帕内塔（Leon Panetta）废除了不允许女性待在"担负直接战斗任务"的部门的长期政策。然而,担忧仍然存在。一种担心是男女在战壕里相爱（显然这种情况一直在发生）,此外还有关于男女不适当地缔结兄弟情谊,或者当男兵目睹女兵受伤或死亡时,他们会付出的心理代价。

即使是军队中所谓性别平等的典型代表——以色列,也远没有乍看之下那样协调统一。以色列女性的服役时间比男性短,并且,尽管从理论上讲,军队允许她们担任90%的职务,但实际上她们只担任了2/3的职务。在以色列,女性获得免服兵役的机会比男性容易得多,比男性更频繁地利用这些机会。此外,正如一位这方面的权威人士所说:"自1948年的经历以来,以色列人一直不让妇女参加战斗",因为当时"他们经历了以色列男士兵中屡屡发生控制不住的暴力事件,这些人都有女性战友在战斗中丧生或是受伤"。在这种情况下,"我在,故我思"表现为男人在离女性太近的时候,无法自控地要亮出他们与生俱来的保护妇女的诚意。[5]

隔离不仅在战场上是一个反复出现的主题,而且,当然了,在许多宗教教义中也是如此。其中讨论较多的社会性别划分是犹太教分支中的,特别是极端正统派和正统派犹太教。这些教派的拉比总是男性,女性在宗教仪式中总是被一种称为 *mehitzah* 的分隔物与男性隔开,还有各种其他规则只适用于女性或只适用于男性信徒。信徒们认为,这种隔离可以保持社会性别的"庄重",确保专心祈祷,并且只有通过把男女物理地分开,特别是在宗教仪式上,才能实现这些目标。

这些规则在国际航班中引发问题后受到了媒体的关注,特别是在从美国飞往以色列的航班上,一些极端正统派的男子拒绝坐在与他们没有关系的女性旁边。空乘人员和航空公司不得不小心翼翼地处理这些事件,同时,这可能会导致航班延误并引发争议。并非所有的极端正统派男子都坚持要这样的座位安排,因为单身旅客很难提前安排特定的座位,除了选"过道"或"靠窗",但已经有够多的人坚持要求特殊的男性座位安排,这都成了定期的新闻。航空公司拒绝设立这种隔离,但其潜在的宗教动机不可动摇。

有时这种事发生时,女乘客会同意与另一名乘客换座位,通常是在空乘人员的帮助下。因此,我在这里并不太关心一些极端正统派的犹太人想要什么以及他们为什么想要,而是更关心女乘客为何决定默许。对于男性要求换座位只为不坐在她们旁边,这些做出让步的大度的女乘客是怎么想的?她们不仅仅是在表示礼貌,更是暗中纵容了这样一个前提,即一个男人,就因为他是男人,所以不能坐在一个女人旁边,就因为她是女人。如果一个乘客说,"因为我的信仰,我不能坐在一个犹太人旁边",没人会不同意这个人是反犹主义者,并应该把他从最近的出口请下飞机。可为什么当一个女人被要求换座位时,情况会不同?是否有一种潜在的观念,认为即使是一个完全陌生的男人,也会在一个女人身边产生某种不可抗拒的冲动并对此有所反应。这完全算不上离奇?这种观念也许令人反感,但并非难以置信。[6]

对男人潜在本性的推断不必特别复杂,也不必以科学发现为基础。它们仍然可以以我们广为接受的方式影响我们的私人和公共生活。我们对男人行为的生物学解释的过度依赖会产生重大后果。按社会性别进行的隔离是引发问题还是解决问题,颇值得商榷。

公交系统中女性专属的空间

在德国、韩国、中国和世界上一些其他国家,室内停车场或其他地方有指定的"女性空间",以帮助保护妇女免遭侵害。在里约热内卢、圣保罗、新德里、东京、雅加达、开罗、深圳和墨西哥城等城市的公交系统中,女性专用的地铁车厢很常见。在德国,从莱比锡到开姆尼茨的区间列车在2016年开始分隔出女性专用车厢。一些乘客欢迎这种选择,而其他人则认为,这是一种退步。在几个设有女性专用地铁车厢的城市,女权主义者走上街头和地铁站台,抗议这种隔离,并要求逮捕和惩罚那些在地铁上或其他地方伤害女性的男人。

我们对男性属性和女性属性的认知在多大程度上定型了我们对保护女性免受男性侵害的思考？如果我们接受这种观念，即"男人，因为他们是男人，在认为自己做了没事的情况下，会忍不住在地铁上侵害女性"，我们可能会同意用对男性属性和女性属性的成见指导公共政策。毫无疑问，我们需要公共政策来应对男性在地铁上对女性的性侵犯行为。但是，对于上面列出的许多城市而言，使用女性专用的公共汽车和地铁车厢，特别是在高峰期，其作为解决公交中的性侵犯问题的理念一直充满了矛盾。将男性与女性隔离开，或者至少为女性提供机会将自己与男性分开，这是一个开明的决定，还是一种退步？

看了那些有女性专用地铁车厢的城市，你可能会想："巴西、埃及、印度、印度尼西亚、中国和墨西哥。南半球似乎有更多的性侵犯问题。"但我们也可以这么想，"也许南半球对性侵犯有更好的解决方案"。例如，墨西哥城公共交通中的性别隔离，一直受到交通规划者和女性乘客的欢迎，尽管它被一些女权主义者批评为没有充分解决男性攻击女性的根源。辩论的核心问题是，欺负女性是否刻入了男性的生物基因之中，而社会所能做的最多也就是将他们与女性隔离开，或者男人可以被阻止、惩罚或改变。此外，还有短期和长期的讨论：一些人认为，这是一项类似于美国平权法案的必要措施，在一段时间内是补救性的和必要的，是保护妇女的临时方式，直到有足够多的男人的行为得到改变。其他人则认为，这种务实的政策太容易削弱从根本上对抗和阻止男性性特权和性侵犯所需的真正努力。

在墨西哥城乘坐公交的女性中，10个人里就有6人经历过某种形式的肢体或言语攻击。只有哥伦比亚首都波哥大对于要在城里坐公共汽车、地铁和廉价小公共的女性来说才更危险。据统计，墨西哥城每天有数百名甚至数千名女性会被搭讪，但也许比这更不寻常的是围绕着应该如何解决这一问题的辩论。讨论集中于对男人和性侵犯的隐含态度以及男人为什么要做这些事，或者说，为什么有些男人会做这些事。此外，还有关于当局如何能阻止他们的讨论。解决方案上的分歧反映出在怎样制定交通战略以应对男性侵犯女性的问题上一些根深蒂固的观念。

2008年，墨西哥城市政府创建了以希腊女神雅典娜命名的"雅典娜"工程，以阻止、逮捕和惩罚对乘坐公交的女性实施的性暴力。它的一个结果是扩展了现存的名为"只有女性"(Solo Mujeres) 的系统，它包括在地铁车厢和公共汽车上只为女性和一定年龄以下的儿童提供的空间。有时年长的男性也被允许使用这一空间。截至2017年，该工程仍在扩大，以便纳入高峰期更多线路的更多列车，以及该市较新的公共汽车线路。

尽管这一工程几乎解决不了男人在公共交通中骚扰女性的问题，但它的效果足以让许多女性利用这个机会进行自我隔离。然而随着该项目的扩大，并没有产生对首先是什么导致了公交系统中的暴力问题的深入分析。起因是否就是男人和性暴力的问题，还是人类和暴力的问题，还是其他某种不明因素的混合？这种分析没有详细展开，因为根本不必：无需有人告诉我们，我们都知道这里涉及什么问题和为什么，对吗？我们都认为自己无需开展什么研究就了解地铁和公交车上发生暴力的原因。当女性抱怨在女性专用车厢内被其他女性推搡时，可能会显得很反常。无论如何，我们都不会把这与男性在男女混合地铁车厢内的性侵犯行为等同起来。我们认为这些不是相同的暴力类型。

地铁和公共汽车上的女性专属空间有帮助，但它们并不能解决男性在公交中骚扰女性的潜在问题。不过，尽管这些措施有缺陷，但许多，而且可能是大多数首都居民，无论男女，都支持这种在公交中可行的性别隔离。在没有警察拦截的地铁站，男人可以进入女性专用的车厢，而且，这种分隔当然也给与男人结伴而行的女性制造了新的问题。这些事实都是次要的考虑因素，因为它们虽然带来了麻烦，但还不足以否定许多女性视为保护她们的必要措施。虽然乘坐女性专用车厢对女性来说是自愿的，而且其中一些人，至少在墨西哥城，选择不坐这些车厢，但该项目具有实际意义。它极大地改善了女性乘客的安全，并作为一种象征和一个持续性的提醒告诉人们，一个可能被熟视无睹的问题正在得到解决。

这些城市的居民不一定从下列方面考虑这一问题，即男人

（和女人）是否受制于他们的身体，或者男人的思想和行动是否最终都能还原为在他们的大脑和生殖器中运作的生物、化学和物质过程，或者有一天我们是否能够通过他们大脑的物理学来预测其想法和行动，并且也许还能防止这些大脑导致坏事发生。然而，真正有争议的是，我们作为社会的一员，在多大程度上深刻地受到无处不在的男人身体及其影响的控制，这些影响以或大或小的方式波及社会决策和政策，从政府到商业到家庭事务中无不如此。如果男人的身体自动具有这些特定的威胁，那么无论你是否称它为Y染色体的疆域或是睾酮的领地，它都会给社会带来麻烦，直到它得到承认、接受和控制。

"只有女性"项目牵涉的不仅仅是为女性提供单独的空间并防止男人进入。针对男女混座列车的这一替代方案还传达出一个非常明确的信息，每当一位女性在高峰时段上地铁时都使人意识到，走过标志牌，甚至走在有墙隔开的走廊上，女性得到明白的提醒，她可以受到某些保护，不受男人动手动脚、粗鲁评论和威胁的影响。然而，与此同时，这种隔离也向男性发出了一个信息：你被禁止进入这些车厢。每当一个男人在高峰时间进入地铁，他就会得到直观具体的提醒，即他不能上有特别标记的车厢，以及为什么他不能进入那些女性专用的避难所。如果他有半点智慧，他就不得不再次思考将男人和女人分开的原因，考虑什么行为可能导致把男人和女人隔离，甚至可能判断出这究竟是为了保护女性自身而将她们与他隔离开，还是他被隔离在女性之外，因为作为一个男人他可能是危险的。

在世界各地的一个又一个案例中，男人将自己与女性隔离开的意愿最常见的是为了增强男人自己的快乐和特权，在这一事实当中潜藏着一个矛盾，因为当女性被隔离时，无论是她们自己的选择还是社会的法令，其目的更多的是为了保护女性免受男人的伤害。

墨西哥城的"雅典娜"工程一直在寻求为女性提供安全、舒适和廉价的交通服务，它的公告宣传为孕妇、老人和"有别样需求"的人提供免费服务。当我采访该市前环境秘书玛莎·德尔加多·佩拉尔塔（Martha Delgado Peralta）时，她承认"雅典娜"仍未解决那些核心问题，即地铁系统中对女性猥亵的动手动脚行为以及保护儿童的需求。她为我画了两张图：一张显示人人都被塞在同一节车厢里；另一张则画着分开的车厢，一节给男人，一节给女人和孩子。她又加了一个时间表，主观上定下这种隔离安排会在五年后结束。德尔加多告诉我，为了达到这个目标，男性需要做出极大的改变，使女性专用的地铁车厢和类似的性别分隔在公共交通中将不再必要。她说，换句话说，公交中的性别隔离不应该是一个长期状况，而是权宜之计，她希望并期望不总是需要这样。

然而，德尔加多和其他权威机构面临的最大挑战不是设定一个最后期限，甚至不是制定一个议程来提高公众对公交中的性侵犯问题的认识——经常乘坐地铁的人不可能不知道这一问题。更大的障碍是关于男人、诱惑和得手机会的固有思维，以及除了尽量阻止男人做天性使然的事情之外，是否还能做什么。

德尔加多会建议采取什么可行的措施来改变男人呢？在这件事上，她似乎不那么令人信服。难道我们只能希望改变男人冲动的表达方式吗？她提出了警惕的观念：乘客可以向地铁乘务队报告问题，而他们可以当场抓获猥亵者。不过，她对男人可以被改变持乐观态度，因为——说到这里，她停下来，指指办公室里她身后的一辆自行车——她不是已经改变了首都居民对于骑自行车的心态吗？难道人们没有警告过她，城里的交通有太多危险，在墨西哥没有自行车文化，自行车永远不会流行？她告诉我，现在墨西哥城的市中心到处都有自行车道，而且不断有新的骑车人出现。她的努力改变了人们对骑自行车的态度和做法。改变男人，让他们不再侵犯女性，将是一个类似的挑战，虽然艰难，但可以实现。

2014年底，我与另一位市政府代表塞尔·阿尔瓦诺·阿盖尔贝尔（Sail Alveano Aguerrebere）谈过，他曾协调墨西哥城交通系统的整合计划。他认为，也许人们对于男人在地铁上与女人搭讪的问题想太多了。如果我们更多地把男人当作孩子对待，而他们中的许多人仍然就是，我们可以更好地应对这个问题。只要把他们和其他人分开，就像对待打架的孩子那样。他也不是在开玩笑。当一个负责任的政府官员说，在任何情况下，解决男性对女性的性侵犯问题的方法是把男人当作孩子来对待，这个信息就像是那句老话，男孩不都这样吗，本性难移。一个不经意的调侃变成了国家政策，这令人震惊，但更糟糕的则是我们的反应——当我们听到一位政府官员说我们需要像对待孩子一样对待施暴的男人，并在他们互相打斗时将他们分开——我们的反应可能是无奈地点头同意。

在墨西哥城，就像在全球其他城市一样，当面对地铁和其他交通方式中男性对女性的性侵犯危机这样一个主要社会问题时，政府想出了一个偏颇的处理方法，然后开始实施这个权宜之计。除了实施猥亵的男人，还有谁能反对这种安排？事实证明，是一些女权主义者。她们的理由直指我们对男人、性行为和暴力的潜在假设问题。即使是那些不称自己为女权主义者的人，对女性专属空间也有一些关切的担忧。

抗议以及虐待的语义学

墨西哥城地铁女性专用车厢的政治性体现在这些车厢所要解决的问题是用什么语言来描绘的。我的朋友，散热器维修工罗伯托，住在离他的工场一个半小时车程的科洛尼亚圣多明各附近，我以前也住在那里。他每天长达3个小时的通勤时间大部分是在地铁上度过的。当我问他关于地铁上的男人、女人和性侵犯问题时，罗伯托建议在用词上区分"侵犯"和"触摸"。[7] 我告诉他，我认为他可能没抓住问题的重点。

如果"侵犯"是指骚扰、调戏和侵袭,无论是身体上的还是语言上的,或者两者兼而有之,那么"触摸"对罗伯托来说就仅仅是指触碰,即不经意间的身体接触,一种在拥挤的地铁车厢里不可避免会发生的行为。他认为,触碰的发生是由于任何人都无法控制的情况,但侵犯是由"文化"和"教育"造成的,这里指的不是正规教育,而是父母对子女的教养。罗伯托确信,更好的儿童教育可以大大减少地铁上的侵犯行为。他同意,被男人还是女人推搡,以及被推搡的是男人还是女人,是有区别的。对于女性来说,即使被别人不经意地挤压着,感觉也并不好,但这和一个男人用他的小东西来挤你是不一样的。真是富有生活智慧的话语。[8]

虽然我有一些坐地铁的中产阶级朋友,但总的来说,地铁是为那些可能没有其他交通方式的劳动阶层乘客服务的。但是,即使对于劳动阶层的人来说,地铁也不是为所有人服务的。我认识我的老朋友迪莉娅时,我们是科洛尼亚圣多明各韦华津(Huehuetzin)街最早的邻居,那里是一片远在墨西哥城南的混乱地区。她和她的家人属于在那里擅自占房占地的人,当地人称他们为"空降兵",这些人是从1971年9月开始入住该地区的。和她的丈夫马科斯一样,迪莉娅在附近的墨西哥国立自治大学(UNAM)打扫了几十年的教室、走廊和办公室。马科斯和迪莉娅都已经习惯了身体上的挑战,包括来自那些和他们一样是社区组成部分的黑帮分子的。

他们用来描述各种暴力的词语，他们认为该对此负责的人，以及他们所描述的各种情形，揭示了大众对于这些问题的看法。这涉及暴力中有多少可以与男人和男性气质有关，另有多少可以与贫穷和奔忙相联系，或是与墨西哥城存在的基础设施因素，如过度拥挤的地铁车厢有关。他们谈及包括暴力在内的社会问题的语言也揭示了关于问题诱因和解决方案的潜在假设。

但说起地铁，迪莉娅说，她宁愿不坐。她会挤入路面上的廉价小公共汽车或公交车。她告诉我，"地铁让我害怕"。我承认，尽管地铁车门上方的禁令赫然在目——"在上车前先让别人下车"，但是连我也曾害怕在某些车站上下车时的拥挤。那么问题又来了，暴力和基于社会性别的暴力之间有什么区别？我们是否应该区分这些范畴，如果应该，又该如何区分？像迪莉娅这样的女性可能会认为，暴力在这个世界上无处不在，她们会想尽一切办法来避免暴力，不管施暴者是谁。但她们也可能难以将女性专用车厢视为一项重大进步。女性乘坐地铁仍然经常遭受碰伤和更严重的伤害。对于一个见过男人殴打女性的人来说，迪莉娅在该将矛头指向男人的时候从来不犹豫。但她对地铁的惊恐评价指向一种普遍的暴力，而不是一种特别与性别相关的暴力。[9]

我的目的不是给旅行者提供建议，做一次有关墨西哥城地铁系统的麻烦和暴力遭遇的导游，而是要质询在那个城市和其他类似城市的公民心中，暴力是如何被描述、理解和评判的。

对迪莉娅和其他女性来说，男人有时就是动物，但女人也是。对她和住在她附近的人来说，暴力是广泛且持续不减的。但她会说，这和其他事情一样，都是源于社会底层的资源匮乏和困苦。这种观点可能是值得考虑的，特别是对比于更加基于性别来解释女性专用地铁车厢和公共汽车的观点。如果这另一种观点的描述和解释似乎像是指责穷人的，迪莉娅可能会同意。

不仅仅是迪莉娅，她的许多邻居也将暴力更加归咎于其他社会因素，而不是每个男人的倾向性，并且其中一些人更多地看到社会面的成功和权力的问题。当我问多娜·菲利，在那一带我最年长的朋友（我们是在1991年夏天认识的），她对女性专用的地铁车厢有什么看法时，她说得好像地铁系统有自己的思想和身体一样。"地铁是有攻击性的，马特奥，"她提醒我说。在菲利看来，地铁的攻击性并非男性造成的问题，而是太多人被迫挤在太少的空间里的结果。对菲利来说，这像任何其他事一样是一个阶级压迫的问题：穷人乘坐地铁，是因为他们不能像富裕阶层那样容易买得起汽车。而地铁的容量远远不足以满足穷人的需求。如果有暴力和侵犯，那一定来自政府、金融部门和其他有权有势实体中的人，因为他们的决定影响了穷人的生活方式。

如果你问她，菲利会告诉你，她反对在地铁上将男女分开。事实上，她是坚决反对的。菲利是基督教社区、邻里协会和全市性政治运动中的社区活动家，她认为地铁上存在的性别隔离本身就是对男性侵犯的默然接受，表现出当局基本上放弃了与一种普遍的社会疾病做斗争。菲利想知道，如果男人选择坚定地与女人站在一起，反对侵犯女性的那些男人，那么把男人和女人分开有什么用？对她来说，男性气质不是一种先天性疾病。[10]

女性专用地铁车厢最尖锐的批评者是墨西哥女权主义者，她们认为，认可在地铁车厢里这种基于性别的分隔是向不良行为投降，是政府正式宣布相信男人可以被限制，但不能被改变。这对解决男性对女性性虐待的根本原因毫无帮助。毕竟，城市永远不会为那些想摆脱扒手的乘客准备一节特殊车厢——他们起诉其他类型的犯罪，那么为什么不起诉这个？这些社会批评家坚持认为，虐待妇女的男人必须被制止和惩罚，而不是简单地与女性分开。

多娜·菲利反对女性专用地铁车厢，因为她认为男人可以改变。对她来说，解决这个问题在于改变男人对女人的态度，而这需要从社会顶层开始。2000年，菲利曾参加一场图书发布会，书的内容是关于在墨西哥城做男人意味着什么，当时她站起来向主要是来自学术界的听众提出挑战，让他们不要认为大男子主义只出现在贫困的家庭和社区。她坚持说，看看统治墨西哥约70年的政党吧，在这里你会发现真正的大男子主义！[11]

菲利也许不会同意，但是对许多人来说，女性专用地铁车厢和其他措施，如抓捕和起诉犯罪者，可以齐头并进。女性会因为同时有这两项措施而感到更安全吗？非正式的调查表明，大多数人都会。核心关注点仍然必须少放在公交中性侵犯的直接、最明显的原因，以及地方性的争论上，而更多要考虑墨西哥和全世界文化中的一个基本问题。我们对男人的期望是什么，以及我们如何满足这些期望？哪些空间应该允许他们进入，哪些地方应该排除他们？除非我们了解男性攻击女性的原因，否则，这虽然会令我们大为反感，但当这种情况发生在公交上时，我们不会感到惊讶，而且人们还是继续认为，我们不能指望有一丁点改变。

作为反对墨西哥城地铁性侵犯运动的一部分，联合国妇女署（即联合国促进两性平等和妇女赋权的实体）和墨西哥城市政府在2017年发起了活动#NoEsDeHombres。J.沃尔特·汤普森广告公司击败了40个竞争对手，赢得了提高公众对性侵犯问题认识的竞标。他们设计的一个令公众哗然的干预方案是，把一个地铁车厢座位改造得像男人身体的正面，而如果你坐在上面，你就会被迫坐在这个男人的阴茎上。在模型前面的地板上有一块牌子，上面写着："在这里坐车很麻烦，但与女性在日常出行中遭受的性暴力相比，这根本不算什么。"[12]

除了阴茎椅之外，还有另一种抨击途径：通过视频，包括"实验屏幕"，即在公共屏幕上展示男人臀部的近景镜头，供所有人观看。这个想法是为了迫使男人看看，被别人色迷迷地盯着看是什么感觉。整个运动的底线是，男人是问题所在，而女性已经知道这一点，所以必须解决的是男人不肯承认他们都是对妇女进行性侵犯的共犯。[13]

宽容和人群混合

我认识的一个年轻人米格尔说，对于那些赞成或反对女性专用车厢的人来说，此事提出的更大问题是，你是想治疗男人侵犯女性的症状，还是真的想治愈这种病。我认识米格尔的时间几乎和我认识多娜·菲利的时间一样长，从1992年开始，当时他才4岁。当我们谈到女性专用地铁车厢时，他告诉我，对他来说，主要问题是当涉及侵犯女性的男人时，我们是否可以宣扬宽容。我们不能宽恕这些男人。必须对他们进行再教育，让他们知道为什么侵犯是错误的。米格尔在一个由强势女性组成的家庭以及一个有强势女性领导人的社区中长大。他不能接受这种宽容的做法，认为这样做是在说人们必须让步于关于男人和性侵犯的普遍想法，承认性侵犯在某种程度上是正常的。米格尔似乎是全身心地反对这种做法。

政治哲学家温迪·布朗曾就米格尔使用的词"宽容"，写过有力的文章。通常在政治话语中，这个词与自由主义思想有关。但布朗指出，尽管许多自由主义者对宽容抱有最高的敬意，认为它表现出对他人思想和习惯的开放，但这种哲学是有局限性的。如果宽容是你的最高目标，而你能想到的最包容的方法是吸收和接受广泛的信仰和行为,那么你就会在无意中助长你本来要反对的歧视形式。[14]

没有人,尤其是温迪·布朗或米格尔,是在说我们应该宽容性侵犯。但是,如果我们认为通过为女性提供单独的地铁车厢,我们已经有效地控制了对女性的性侵犯,那么我们也可能暗中宽容了其他情况下的性侵犯,例如,在混合地铁车厢内、拥挤的自动扶梯上、楼梯和地铁站的走廊上,倘若发生性侵犯似乎是可以接受的。换句话说,米格尔在批判我们应该宽容侵犯女性的男人这一观念时,可能比他自己知道的还要接近真相。即使我们支持在地铁上为女性提供安全车厢是一项好的举措,我们也需要警惕这样一个不言而喻的信息:任何选择乘坐混合车厢的女性都必须接受性侵犯的风险。

公共政策总是旨在改善有效社会服务的提供,包括满足因性别不平等、虐待、歧视等而产生的需求。当一个地方或另一个地方、一个州或另一个州、一个国家或另一个国家制定与性别不平等相关的政策时,关于男性和女性的隐含假设总是悄然渗入,几乎不会引发公开辩论。性别隔离似乎是处理女性日常安全问题的一个好办法,然而制定这些政策而不更加批判地看待我们应对男性和女性需求的依据,代价是什么呢?不问更深层问题的代价,或者说,继续根据我们错误的假设制定政策的代价,例如在对妇女的性侵犯问题上,就是陷入温迪·布朗指出的悖论中。

许多人理所当然地认为男女应该在特定的地点和时间分开。再考虑一下卫生间的例子。当我们把看似无害的男/女划分视为理所当然时,所发生的是有些人——在当代世界,这意味着特别是变性人——受到伤害。宽容挨了似是而非的法律裁决当头一棒。或者再考虑一下涉及性别隔离的宗教活动。说加入一种宗教是自愿的是一回事,因此人们接受这种隔离作为参与该组织的条件;但是当宗教的要求蔓延到公共空间时,就是另一回事了,事情会变得更复杂。即使是飞机上陌生人的善意,也可能潜在地不可避免地苟同于某些观念,涉及男人和他们在女人身边时的原始冲动。

从这个角度,我们也可以再看看之前关于征兵的讨论。除了将男性的暴力倾向本质化之外,只对年轻男性进行登记和/或征兵的持续做法可以被视为基于错误信念的公共政策的另一个例子。这些关于男人的信条——他们是暴力的,比女人更适合战争——仍然没有受到审视和质疑,而是简单而不加批判地被接受为合理和平常的。如果我们在其他政策中看到类似的模式,依赖于对男性的类似不加质疑的假设——对商业中的男性、科技公司中的男性,或政府中的男性——那么很明显,这些政策不仅植根于当地的意识形态和文化习俗,而且建立在更普遍的关于男人本性的信条之上。

为什么几乎没人反对关于只有年轻男子才需要为未来可能的征兵做登记的规定?也许是因为我们完全可以接受年轻男性

和年轻女性在暴力问题上有着天生的根本区别。为什么一些宗教团体的隔离被广泛接受，或者至少被忽视，而另一些宗教团体的隔离却遭到诋毁？这些差异表明，性别隔离最终反映的是社会和政治标准，而不是男性和女性身体内在的东西。无论是在公开场合还是在私下，对一个群体或另一个群体的排斥都传递着一种分隔和差异的语言。虽然这些本身可能不是坏事，但肯定值得考虑的是，这种分隔是否有道理，还是可能使不准确的表述永久化。

如果生理上的男女差异是关于性侵犯、性诱惑和性别隔离的伪科学思维的源泉，那么进化的宝藏则是所有动物共同的行为范围：养育后代。我们都知道，养育后代既是社会问题，也是个人问题，养育方式和价值观因家庭和文化而异。我们如何看待各种各样表现形式的"为人父"将极大地揭示出我们对男人、进化和男性气质的看法。

7 为人父

没有吃过人的孩子，或者还有？救救孩子。

——鲁迅《狂人日记》

在20世纪70年代中期，诗人阿德里安·里奇（Adrienne Rich）做出了一个关于为人父和为人母的著名区分。她写道："给一个孩子'当父亲'首先意味着引发，提供使卵子受精的精子"；但是，"给一个孩子'当母亲'意味着持续的在场，至少持续9个月，更多的是持续数年"。在里奇写作的时间和地点，她对为人父和为人母的理解可能是恰当的，而且并非巧合的是，它与人们对其他动物的养育习惯的普遍理解完全吻合，例如，像"母性本能"这样的特征在不同物种中是常见的。我们的问题是，她所说的是否总是正确，而且天然如此。为人母和为人父是有固定模式的还是灵活多变的？[1]

对亲子关系的其他定义一直存在，但我们往往倾向于通过自己文化制造的透镜看世界，所以我们很容易忘记，在不同的文化背景下，男人做父亲的方式是不同的。

"传统的父亲"这个短语可以顺口溜出，作为描述我们自己的父亲或朋友的一种方式。像"传统的""现代的""常见的""不寻常的"，这些词都是用来修饰父亲的，告诉我们一个人的所作所为与其他人相比有什么重要之处。然而，人与人之间对"传统父亲"的理解可能会大不相同。一个特别护着孩子的父亲可以被说成是传统的。但是，一个抛弃孩子的父亲也可以被如此说。或者，如果不是"传统的"，那不确切，那么也许这样的父亲在某些人眼里可能被视为"典型的"。问题在于，当父亲忽视孩子时，很少会像也这么做的母亲那样令人惊讶或被人不齿。一个特别温柔的父亲就像一个传统的父亲，而一个特别严格的父亲也是如此。一个和孩子打打闹闹的父亲是传统的，而一个对孩子比较疏远的父亲也是。一个从不在家的父亲和一个总是在家的父亲，都可以被称为"传统的"。

人类学家奥斯卡·刘易斯（Oscar Lewis）在写到20世纪40年代墨西哥的一个小农村时，将为人父描述为男人在种植和收获玉米、辣椒和西红柿时与他们的孩子，特别是男孩一起的一系列独特经历。"当男孩到了可以下地干活的年龄时，父亲就在儿子的生活中扮演了一个重要角色，"刘易斯写道，"大多数男孩喜欢和父亲一起在田里干活，并满怀期待地盼望被允许和父亲一起劳作。父亲也为第一次带着年幼的儿子下田而感到自豪，并经常在教导他们时表现出极大的耐心。"历史上，在中国和墨西哥一样，在收获季节，一个六七岁的男孩被期望通过"在父亲眼皮底下干活"来学习。在中国，和其他地方一样，多少世纪以来的模式一直是，在下一个孩子出生后，"大一点的孩子开始和他的父亲而不是母亲睡觉。……当这种变化发生时，父亲也开始给孩子穿衣服"。2

有一种荒谬并且不符合历史的观念，认为现代性最终挑战了一种"传统的"行为方式，即在当代之前的时代，父亲与孩子没有任何关系。这种观念的用处仅在于，让人们觉得男人只要比他们自己的父亲（同样出生于城市地区）为孩子付出更多就行了。当男人从农村搬到城市，开始在工厂工作，或开公交车，或在街上卖东西时，他们不仅离开了他们的牛和犁，也丧失了一周七天都可以作为父亲，与孩子亲密接触的能力。在养育子女的分工方面，许多看似"传统的"，以及在这个意义上"自然"的东西，更多地反映了关于过去的现代神话，而不是关于父亲和母亲与不同年龄的孩子怎样互动的古老真理。

当我们谈论"传统的父亲"时，不管它可能是什么意思，它都简单代表了已被其他为人父模式所取代的旧模式。就算我们仅触及为人父母的表象，也会发现在不同文化和历史语境下存在的巨大差异，而且，或者更为重要的是，代际间的转变。各代人在养育子女方面的差异掩盖了我们对父亲身份的共同特征的信念，据说这是我们与其他动物共享的特征。人类的独特之处在于，为人父的模式可以而且确实在短时间内发生了巨大的变化。

想象中的父亲形象

许多年前，我去参加墨西哥城一个高档社区的鸡尾酒会，用斯纳格利"袋鼠"婴儿背抱带载着我两个月大的孩子。一个男人自我介绍说他是个银行家，并对我说："你知道，我们墨西哥男人不抱婴儿！"他告诉我，这就是他要赚钱的原因，这样就可以让别人帮他带孩子，给他们换尿布，照顾他们，直到他们到达"理性的年龄"。但在我当时居住的棚户区里，很多墨西哥男人确实照管婴儿和幼儿,而且他们并没有因此受到轻视。

回到我所在的科洛尼亚圣多明各社区,当我重复银行家的话时,人们表示不屑一顾。"那太傻了。你没看见每周六在露天市场上卖菜的那个人吗?那个把孩子放在桌子下面纸箱里的人?"这位银行家的说法使我更清楚地认识到墨西哥首都内部基于阶级、资源和价值观的一些显著差异,特别是关于谁认为做父亲不仅仅是生个孩子出来。

碰巧的是,在这件事发生的三年前,即1989年,我在墨西哥城的市中心散步时,透过一个门洞,有东西吸引了我的目光。我回过身,把相机聚焦,拍下了一张照片,是一个男人抱着一个婴儿,在一家乐器店里与顾客交谈。当我后来把这张照片给墨西哥和美国的朋友看时,我得到了相当一致的回应,大意都是"这不可能"。"我们知道墨西哥男人都很大男子主义,而大男子主义的男人不会抱孩子的。"我只能回答说,我确实是在墨西哥拍的照片,而且我认为这个人是墨西哥人。[3]

我决定在墨西哥城的田野调查中随身携带这张照片的一个副本,并且非正式地调查人们对它的看法。这最后成了一次用照片做的罗夏测验*。"他的女人生病了吗?他的脸看起来很痛苦。""他一定是印第安人,因为梅斯蒂索混血儿的男人不会像

---

* 罗夏测验(Rorschach test),用于测查认知、想象力和人格的投射测验。由瑞士精神医学家及精神分析师罗夏1921年编制。原始版本包括10张图,5张黑色图、2张黑色加部分红色图、3张彩色图。

这样被抓拍下来的。""这照片是不真实的。我丈夫从来没有抱过我们的孩子。""请别在你的课堂上展示这张照片；这不是墨西哥男人的风格。""那个孩子一定是他老板的，他让他帮着看孩子的。"这些评论都来自中层和中上层阶级的人，大多数都有自由主义、女权主义的政治观。

在圣多明各，回答则正好相反。我从邻居那里得到的最常见的反应是："我看很正常。"那里不是每个男人都会抱着婴儿和幼儿，但很多人会，而且没人觉得奇怪。这显然是一个阶级问题。在某种程度上，你越穷，你的选择就越少，包括在家庭劳动分工方面。因此，在墨西哥，谁有哪些职责可能在拥有更多资源的家庭中更加固定。你甚至可以说，僵化的社会性别角色是特权的标志。但我们都知道这其实不是真的，因为来自劳动阶层的妇女在家里比她们的丈夫做得更多，无论这些妇女是否也在外面工作挣钱。不过，阶级有时会以意想不到的方式发挥它的作用。例如，在美国更多的劳动阶层夫妇中，普遍的风气往往是男人应该在外面工作，女人在家里工作，但实际上他们分担的家务比他们所说的或所认为的要多。对中产阶级来说，情况往往恰恰相反，夫妻双方实际分担的家务远比他们声称的要少。[4]

在四年时间里，我不断收集对这张抱孩子的乐器店男人照片的各种反应，我终于决定解开那个人背后的谜团。我不记得拍照片的确切地点了，但在市中心走了几个小时后，我最终走过一个门洞，通过它，我看到挂了一墙的曼陀林。我意识到自己又偶然发现了这个地方。我走进去，拿出照片，感觉有点像谋杀案中的侦探，问柜台后面的一个年轻女人："你认识这个人吗？"出乎意料，她大声喊道，"何塞，快来，这是你啊！有个人有你的一张照片！"

何塞·恩里克斯从后面走了出来，没有了1989年时的胡子，但可能穿着同一件衬衫。我终于要知道真相了。我告诉他我多年前拍过他的照片，因为对自己说的话感到越来越尴尬，我试着向他解释为什么我对他这张照片的痴迷竟使我花了几年时间在墨西哥研究为人父的问题。还好，何塞是个有耐心的人，他亲切地解释说，这个孩子是住在商店楼上的邻居的，孩子的母亲有时外出购物时会把孩子留给他照顾。"如果你不带着孩子，购物就容易多了。反正我哪也不去，也很喜欢婴儿。"他分享了一张他自己的三个孩子的照片，然后温和地问我："在美国，男人不喜欢婴儿吗？"

继承单身母亲身份

多年来，我在墨西哥城的朋友和邻居让我了解到，他们认为遗传学对于理解父亲和母亲各自的行为非常重要。我的年轻朋友丹尼尔是一个异常敏感的人，我自他出生时就认识他。丹尼尔十几岁的时候，根据宗教画像画的大尺幅画面华丽的肖像画，现在仍然被为他感到骄傲的父母挂在家里的墙上。由于他早早开始专注于思想世界，加上他优雅的举止，以及他对他人发自内心的深厚关爱，他母亲诺玛认为，丹尼尔可能会成为牧师。我总是被他对世界的细腻看法所打动。

然而，他周围的世界并不总是那么温柔。丹尼尔一生都生活在圣多明各的社区之中，他认识在社区中有充分代表性的女性，是街区组织发挥关键性作用的女性，以及在家庭讨论和决策中坚持自己立场的妇女。但他也知道改变有时看起来是多么不平衡和不稳定，比如，一边是一位母亲和妻子在市中心领导反对市政当局的游行，而另一边，她的邻居连出门都要征得丈夫的同意。

我回去看了以前住过的街区，并解释说我在思考社会性别、文化和生物学之间的关系。丹尼尔说他认为家庭和社区显然是重要的影响因素，但有些事情只有生物学可以解释。

"你认识格洛丽亚吗，住在这条街上的单身母亲？"他问道。

"认识啊。"我回答。

"你还记得她妈妈也是个单身母亲，对吗？"

"当然。"

"那么，你知道格洛丽亚的外祖母也是一位单身母亲吗？还有她的曾外祖母？还有她的曾曾外祖母也是？"

"我不知道。"我告诉他。

"那么，好吧。说一两代单身母亲是个文化问题是一回事。但当它是五代人时呢？那就必须是遗传的了。"

丹尼是在墨西哥城的一个私占地者定居点长大的，周围皆是贫困家庭和各种贫困现象。他已经上了高中，在那里大多数学生都要学习普通生物学。跟在其他地方一样，在墨西哥城，遗传学也是高中生物课程的一部分。这意味着在首都完成高中学业的所有学生至少要接触到关于基因及其强大力量的基本观点。仅仅因为丹尼学了遗传学，并不意味着他认为生物学可以解释一切。但他认为，到了一定程度，你就必须承认它很重要。丹尼尔显然为这些妇女和她们女儿的痛苦感到难过。他不是在否定她们的困境：生物学提供了一种厚待女性的方式。归根结底，丹尼尔是说她们无法控制自己成为单身母亲。这在她们的血脉中。这不是一个肤浅和冷漠的分析，而是在高中遗传学教科书的教化之下，发自内心的共情。

然而，当你打开眼界，超越这些教科书中关于男人有生更多孩子的冲动的当代假设，你会发现多少五花八门的情况啊。有巴西贫困地区的"奶爸"，他们会为孩子的妈妈买婴儿配方奶粉，尽管在当爸爸的其他方面就显得不那么积极；有印度尼西亚的"留守父亲"，当他们负责养家糊口的妻子移民到国外寻找工作机会时，他们担起照顾自己孩子的责任；巴勒斯坦父亲用照顾住院的孩子来展现"亲情姿态"；还有"支票父亲"，他们唯一的做父亲的职责是财务上的。在加勒比的部分地区，多子女的男人长期以来一直被称为"有强大的血液";在中国,父母们至今还引用古代哲学家和圣人孟子的话,孟子说"不孝有三,无后为大"。

著名人类学家玛格丽特·米德（Margaret Mead）开发了一项测试,她称之为"负面实例":对于某一关于人类共有方式的特定理论,你只需要找到一个特例,就实际上打消了生物决定论对该行为的解释。如果我们在这里应用这一测试,我们所要做的就是为统一的为人父模式找到"负面实例",从而得出结论,文化是关键,生物编程没有我们经常假设的那么重要,而且改变是可能的。[5]

语境就是一切。其他为人父的模式可能看似陌生,而当我们对之感到震惊时,其实是好事。听到"好吧,也许那里的父亲就是那样的,但这不是我们在加拿大慕斯乔的做法"是件好事。加拿大慕斯乔也好,或是阿塞拜疆的甘贾,或爱尔兰的斯蒂帕塞德也罢。此外,如果我们以任何方式关注一下男女共同养育子女、责任平等和对儿童的投资,那么,若我们的目标是打破仅仅是几个世纪以来的习惯——也许只是几十年的——而不是数百万年的进化,则这一切看起来就不那么令人生畏了。

移民与为人父

塔尔科特·帕森斯（Talcott Parsons）是 20 世纪最具影响力

的社会科学家之一,他在20世纪50年代从不断增加而不是减少的社会劳动分工,特别是在家庭内部的分工之中,追踪了现代性的进展。对帕森斯来说,家庭的最终成就在于实现了不同的职责,母亲最终能够专门从事她们集体的和生物学所决定的养育孩子的任务,而男人则投身于更多外部的、公共的事业。诗人阿德里安娜·里奇(Adrienne Rich)对"为人父"和"为人母"的不同含义的分析并不是来自帕森斯的现代化理论,但它揭示了普遍的态度,这些往往不是反映实际的父亲和母亲的现实,而是有影响力的学术界和政府界流行的社会标准。[6]

墨西哥移民和城市化的后果之一,以及新的、现代的育儿分工的结果,是发展出了一种新的忽视儿童的形式,即妈咪炎(mommy-itis)。这种民间诊断反映了关于儿童对母亲的预期要求和依恋的生物医学观念的影响,以及随着墨西哥城市化的发展,妇女在照顾孩子方面义务的增加。这种儿童心理创伤经常以幽默口吻被提及,一直以来取决于社会经济和主观因素的影响。把孩子留在农村丢给祖父母照顾对在城市里打拼的父母来说越来越不可行,另一方面,儿童看护的服务又非常稀缺,于是妈妈炎就成了女性不外出赚钱的借口(对男性和女性来说一样好用)。这也是对现代家庭所要求的转型的一种抗议。这一概念在很多方面与美国心理学家所说的分离焦虑,或做妈宝男(女)类似,只是它被从人际关系的领域中抽离出来,成为社会失序的反映,特别是极大地影响了作为母亲的妇女。

墨西哥并非特例。近几十年来，世界各地的儿童保育都发生了变化，但这些变化的模式更多反映了社会经济因素，而不是证明它们是育儿实践在进化上的一环。在许多改变中，我们看到的直接影响不仅涉及对妇女及她们如何为人母，也有对男性和他们为人父的方式的影响。然而，到目前为止，还没有关于"爸爸炎"的个案被记录在册，这意味着在世界各地，与仅仅50年前的情况相比，人们往往没有那么期望男人成为好父亲了。他们作为养育子女的积极参与者，看来不像在近期的记忆中那样重要了。

我的大女儿莉莉亚娜在圣多明各的棚户区度过了她人生的第一年。当她开始吃固体食物时，我会去街上的一家肉店，当店主吉列尔莫和他的兄弟得知肉是要给婴儿吃时，他们就会把肉绞上两遍。有一天我要离开时，我回头喊着感谢吉列尔莫，我说："好吧，得回家把这个做了，和一些意大利面还有……"我还没来得及说"一些蔬菜"，他就打断了我的话，责怪道："不，不要意大利面，那只会让她变胖。你知道，马特奥，父亲不只是生育，他还得确保他们吃得好。"

近几十年来，在整个东南亚地区，男人需要参加喂养孩子的速成班已成为一个主要问题；在那里，各国国内和国际的"移民女性化"导致了前面提到的"留守父亲"的现象变得普遍。这些父亲购物、做饭、喂孩子，给他们洗澡、洗衣服、讲故事，发生频率之高在有记载的历史上前所未见。长期以来，父亲和丈夫处于家庭的男性支柱地位，而女性则被假定需要养育子女，这种分类已经被对更高收入的渴求以及女性可获得赴海外当劳工的机会削弱了。在印度尼西亚、菲律宾、越南和其他东南亚国家，移民的女性化挑战了古老的、上帝认可的、以儒家为基础的家庭等级模式，而这些模式是现代归化的为人父和为人母框架的前身。[7]

在印度尼西亚和菲律宾，大约有三分之二的家庭中有母亲要在一年中大部分时间离家挣钱，留守的父亲主要负责照顾子女。在其他家庭中，则有祖母和其他亲戚参与进来，但有些人抱怨说祖父母管教太温和，最好还是把孩子交给他们的父亲。不足为奇的是，在这种情况下，无论是父亲还是其他人，其中总有一些要比别人更容易适应新的职责和身份。对东南亚的一些男人来说，承担家务和抚养孩子的责任能证明他们有能力解决问题，为他们的后代提供物质保障，以及从另外角度证明他们克服困难从而心想事成的男性力量和能力。另一些人则烦恼于这会让他们丧失男子气概并且显得无能，因为他们的妻子赚钱更多，他们确实很难忽视这些担忧。一些男人无奈地说："没有钱，就没有权力。"然而，他们可以合理地声称，他们也在继续为家里做着物质上的贡献，通常是通过农业收入。

研究人员报道说，越来越多的男性开始对自古以来要由他们妻子承担的家务劳动表示出更大的同情。事实上，当男人开始承担这些任务时，它们越来越不具有性别色彩了，这包括做饭、给小孩洗澡,以及照顾家庭日常生活的其他各方面。与他们外出打工的妻子相比,男人较低的经济地位常常意味着他们的决策权也减少了,至少在重大投资和采购方面。一位越南妇女的话在挑战神圣的性别规范时揭示了时代的矛盾,她离开了在红河三角洲村庄的家到河内工作。她说:"我丈夫是家里的主人,但我是决策者。他是家庭的支柱,这样我们的孩子才能看到我们家庭的模式。如果我想做一个决定,我会先做,然后在付诸实践之前通知我丈夫。"[8]

在20世纪的大部分时间里,世界上许多地区都展开了争取性别平等的旷日持久的斗争。这些斗争涉及选举权、生殖权、教育、工作机会和反对基于性别的暴力的运动。现代的、可靠的、可获得的节育形式改变了我们的私密生活。移民不再是只对男性的要求,事实上,移民的女性化已经迫使父亲和孩子的生活发生了巨大的变化。女权主义政治运动既响应又推动了这些社会动荡。在这些结构性改变的同时,尽管生物学在人类行动中被赋予了越来越多的控制权,但是全世界的男人和女人都在重新认识男性属性和男性气质——作为一个男人意味着什么,作为一个父亲又意味着什么。一些人甚至在考虑,为人父和为人母是否有一天会意味着同样的事。

在一项关于美国精神病学培训的研究中,心理人类学家谭亚·鲁尔曼(Tanya Luhrmann)写到,"一种将身体视为无选择和不负责的,而将心灵视为做选择和负责的道德观"。这种道德观需要表明的是，碰巧居住在男性身体里的人在控制他们的行为方面是否有更少的选择，以至于追究其责任没多大用处；还有，我们所能希望的最好结果是否是找到有效的机制来遏制原生态的男人。没有什么问题比为人父的问题对身心的区别更敏感了：认为做父亲只是生育的同义词，其实只是变相地说男人是不负责任的身体，我们最好对他们在养育孩子方面别抱期望，而当他们设法摆脱肉体的冲动时，我们应该感到惊喜。[9]

我的堂弟理查德，帝企鹅

鸟类学家理查德·普鲁姆写道："世界上超过一万种鸟类中的95%是由两位细心、勤劳的父母共同养育雏鸟的。"这有助于抵御无休止地把人与动物比较，而这些比较都为那些在养育后代方面基本缺席的父亲开脱。否则，为什么我们经常在报上看到有文章对雄性动物违反标准生育活动深表震惊呢？这些总是关于同样几个为我们熟知的在育雏方面有特殊行为的物种，有海马、尖嘴鱼、帝企鹅、光滑的守护蛙、狨猴等。例如，海马是由父亲而不是母亲繁育的，帝企鹅完全由雄性来孵蛋，而其他种类的企鹅则由雄性和雌性轮流孵化。[10]

我的堂弟理查德违背了性别惯例和家庭的期望，因为他和妻子奥黛丽在他们的第一个儿子安迪出生前就决定，理查德将成为家庭妇男。"我们从来就没有考虑过奥黛丽得留在家里带孩子，"他告诉我，"她真的很喜欢工作，而且我还认为这可能有女权主义的因素。她想出去证明一些东西。她真的很擅长她的工作。我可能没那么擅长工作。她有所有厉害的资质，比如做最高法院大法官助理。我总是对待在家里照顾孩子更感兴趣。"

他的几个儿子什么时候意识到家里的照顾者和别人家不同这种奇怪情况的呢？理查德说："我超级投入了他们的生活。我不知道这是好事还是坏事。我总是会报名成为'当家妈妈'。我执教小联盟足球队。我是游泳教练。我肯定我有时让他们难堪极了，但他们只知道这些。此外，安迪最好的朋友也有一个居家的爸爸。他是位有抱负的编剧，也是兼职电影教授。他基本上待在家里，妻子则是医生。所以，也许男孩们认为这种安排并不怎么奇怪。"

理查德告诉我，当一些人听说这是他的"职业"时，他们的反应有时是"真的吗?!"，但他主要听到的是"哇！这真的很酷"。他认为，如果他是女人，并说他在家带孩子，他们就不会觉得有什么特别了。一位朋友告诉他，她认为他的两个儿子可能会因为这种安排而变得更加独立。他不这么认为，而是对我说："我觉得我不能同意，因为我身上可能有太多的女性特征。"此外，奥黛丽在抚养他们的儿子方面比律所的男性合伙人平均参与得多得多。"我不知道这是某种母性的本能，还是因为文化上妈妈们觉得她们需要参与更多，还是什么。"理查德说。

　　最艰巨的挑战是如何告诉他的父亲（我的叔叔）——我叔叔和理查德以及他的两个兄弟一样是律师——他决定离开律师界，将生活投入到抚养孩子当中。"我想他当时有点震惊，"理查德说，"他从未表示过反对，但我不敢告诉他，我认为我会让他失望。我们的祖父在商业领域非常成功。我父亲作为律师很成功，他的成功很容易衡量。但我从来不觉得我让孩子们失望，因为我没有赚钱把食物放到桌上。"我打断了他，并告诉他，他做的事正是把食物放在桌上。理查德继续说道："养家糊口的想法从来不是一个问题。但关于拥有事业的想法，关于在你的领域中出类拔萃的想法，是我从未有过的。"

　　刚一开始，理查德也曾犹豫，因为他以前工作过的律师事务所打电话请他回去。他的母亲——我的姐姐，又是一个拥有法律学位的家庭主妇——同意帮助他照顾孩子，并且告诉他："头六个月对孩子的成长至关重要。因此，即使你现在离开，你也已经做了一件重要的事。"但他决定不回去工作了。他说："有一个人，无论母亲或父亲，留在家里，会使生活和婚姻更容易。"有一次，他和奥黛丽坐下来，评估这种不寻常的安排对他们每个人和他们的两个儿子起了什么作用。"我告诉她，我认为我在占她的便宜，"理查德说，"她得如此努力工作才能给我们赚来面包。而她却说，'我觉得我才是幸运的那个人。我总是可以只管工作，而当我回到家时，吃的东西总是已经准备好了'。"

我问理查德,他是否认为他的儿子,一个已经大学毕业几年了,另一个正要毕业,可能会像他一样。"我的任何一个儿子会成为居家父亲吗?我真的很怀疑。"改变很难。也许理查德会说,只有一个拥有如他所说的"太多女性特征"的男人才会留在家里做饭、打扫卫生和照顾孩子。但我敢肯定,他一定会接受这样的观点,即成为一个居家父亲是一个是否负担得起的问题,这涉及个人的气质,以及一对夫妇对家庭的整体愿望。理查德是一个极富同情心的人,这一点你可以在他与他人的互动中看到。换句话说,他有一种被刻板地认为是母性的品质。他也是通过居家来长期与体制做斗争的人。如果同情心被视为一种完美的女性特征,而挑战文化传统则不是,那么我们的思维就有问题。

代际转变

如果生物学更能决定为人父的模式,我们就应该发现不同文化和历史时期的巨大统一性,并且我们就不会发现为人父的模式从一代到另一代的快速转变,更不用说从一年到另一年。然而,巴勒斯坦父亲离开被占领的加沙地带,带着他们的孩子去以色列治疗癌症的特殊情况,突出了在当代基于社会性别的劳动分工是多么脆弱。那些家庭被超出自身掌控的政治洪流裹挟，生活在 1967 年以来被以色列占领的土地上，其边界在 2001 年关闭，2007 年又实施了封锁，那些急于让患癌的孩子得到好的治疗的家庭没有什么选择。

在这些巴勒斯坦家庭中，最常见的决定是让母亲留在家里与其他孩子在一起，而父亲则陪同生病的孩子去以色列的医院。根据最近的一项研究，一旦到了那里，父亲就会面临一个困难和令人不知所措的挑战，即他必须信任医务人员，而这些医务人员不仅不会说阿拉伯语，而且被认为对巴勒斯坦人普遍怀有敌意。无论是在加沙的家里还是在特拉维夫的医院里，"以色列-巴勒斯坦冲突都是影响加沙父亲生活的首要因素"。父亲们在家里已经是可有可无的了。他们可以承担把孩子送到医院的任务，因为他们的劳动力已经长期无处可用。但是，过渡到提供"母性"的儿童护理并不像一些人想象的那样有问题。研究报告的作者说，通过承担这一角色，巴勒斯坦父亲无意中揭示了"性别角色的脆弱性，可能还有一些它的任意性"。[11]

在巴勒斯坦领土上生活的政治紧急情况迫使家庭适应，并经常就性别分工做出创造性的决定，包括在这种情况下，谁来照料病入膏肓的儿童。父母们一致并且迅速地违反那些文化上禁止的、基于性别的规则，证明了人类的适应性有一种任何其他动物所没有的特征。他们的例子表明，生物学在决定实际上的为人父行为方面只有有限的重要性。普遍的模式可以在人类社会中基于生物差异而发展——特别是怀孕和哺乳——但它们只是进化的压力,而不是决定性的或永久的限制。

2018—2019年,我与一队医生和学者合作,研究墨西哥城一个名为韦努斯蒂亚诺-卡兰萨的政区里年轻男子的性健康和生殖健康问题。作为项目的一部分,我们采访了很多青年男女,了解他们的生活、他们的家庭、他们的性历史、他们对未来的梦想,以及他们在墨西哥首都一个杂乱扩张的边缘地带所经历的人生起伏。采访中反复出现的一个主题是父亲身份,特别是,一些年轻人谈到了抛弃他们和他们家庭的父亲。[12]

"我还不到二年级的时候,我母亲发现我父亲一直在欺骗她,她把他赶走了。"一个年轻人说,"有两年时间,我每个星期天见他,后来是一个星期天见,一个星期天不见,而现在的事实是,我见不到他了。甚至没有消息。他在圣诞节或我的生日时也不联系。我试图再和他谈谈,告诉他,'不,不,只要你想,随时都可以。'"

另一位受访者告诉我们:"倒霉的是,我有一个负责任的父亲,但他和别人住在一起。他有另一个伴侣,和她还有一个儿子。他就像是100%和他们在一起,30%和我们在一起,是百分之三四十地和我们在一起。"他们中的一些人并不真正认识他们的父亲。"好吧,我和他没有什么你能称之为父子关系的,"一个人说,"我不记得他了。我太久没有见过他了,我真的不知道该怎么跟你说他。"

有时,母亲似乎是主要障碍,母亲使他们不能与不再一起生活的父亲保持联系。"一开始很难,"一个年轻人回忆说,"因为一开始我不能见我父亲。事实是,我爱他,我过去也爱他。我不能见他,因为我的母亲禁止这个那个的。我从很小的时候开始总是和他在一起,是他教我如何做事的。但后来大部分时间我都和我母亲在一起。我几乎总是和她在一起。"当他告诉我们时,他笑了,"你可以说我有妈咪炎。不像现在。现在我几乎不和她说话"。

在墨西哥城的一个地区了解这些年轻人的生活史令人沮丧,但还比不上和我的团队成员谈话让人郁闷,他们大多数人也来自墨西哥城。我问他们,在他们看来,这些年轻人对于他们与不负责任和缺席的父亲相处的经历有如此强烈的意识,是否意味着他们自己将来会成为不同类型的父亲,我得到的回答,立竿见影、掷地有声:"不,马特奥,他们会重复同样的模式;他们也会抛弃他们的妻子和孩子。这就是男人的所作所为。"

我十分震惊。然后我又想了想。对于韦努斯蒂亚诺-卡兰萨的年轻男性来说,不像他们的父亲那样将取决于政治和社会压力,而其中一些压力只能猜测。此事尚无定论。为人父方式的代际变化取决于不断改变的男人和男性气质。而为人父方式的改变可能也取决于女性和为人母的改变,以及女性对男性和男性气质的直接、间接和潜移默化的影响。

1951年,英国儿科医生和精神分析学家温尼科特(D. W. Winnicott)发明了"足够好的为人母"一词。这一概念主张,当孩子意识到他们足够好的母亲不会也不可能满足每一个需求时，这有助于孩子更好地适应生活的现实。此后，其他人将这一概念扩展到"足够好的养育"，但也许值得进一步考虑"足够好的为人父"在未来可能是什么样子。正如我的堂弟理查德因其做父亲的方式而获得了赞美和支持，部分只因为他是个居家的男人这一事实。同样，在当代，男人得到赞美或谴责在很大程度上取决于说话者认为正常的父亲行为是什么样，而这总是低于人们对母亲的期望。甚至，将"足够好的为人父"与"足够好的为人母"相比较，也会使我们明显看到，社会对有孩子的男人期望要低一些。不过，我的一位墨西哥城圣多明各棚户区的好朋友和邻居提出了一个简单的问题，体现出这一规则的例外。[13]

1992年的一个下午，当我把四个月大的女儿莉莉亚娜送到她奶奶安吉拉那里去的时候，安吉拉问我："这是你感受过的最伟大的爱吗？"我告诉她，这肯定不同于我所经历过的任何一种爱，嘴里嘟哝着我多年前学到的关于古希腊人如何区分爱的种类、神圣之爱（agape）等那一套。安吉拉回应说："是的，但是这不是最深的爱吗？"我告诉她，我对莉莉亚娜的爱每天都在加深，但我仍然不习惯做一个父亲。我一直期待着有人能介入，告诉我必须把她还回去。我只能说，那天安吉拉脸上的表情是最难受的怜悯和失望（或惊恐）的混合，因为我无法发现和释放本应是我本能的父爱的情感。

在安吉拉去世前，我带着莉莉亚娜回去探望，而且终于能够告诉她，我对女儿的爱，安吉拉坚持认为我从一开始就应该拥有的父爱，终于毫无疑问地深化为我所经历过的最伟大和最深刻的爱了。

改变是可能的。

8 中国：回归自然性别

> 本世纪的乌托邦——人们最为深切、超越一切的渴望——是身体和灵魂的现代化。
>
> ——卡洛斯·蒙西瓦伊斯*

---

* 卡洛斯·蒙西瓦伊斯（Carlos Monsiváis），墨西哥作家、评论家、政治活动家、记者。

重申男性特权（以及女性的默许）

从 1949 到 1979 年，实现教育和工作分配方面的性别平等是中国的官方政策。在毛泽东时代，"妇女能顶半边天"的口号号召全世界的青年，无论男女，都要为实现两性平等的社会而努力。从 1970 年代末开始，女性被鼓励既要提高，同时也要限制自己的眼光，而无论是在官方还是非官方的途径中，男性则被鼓励重新承担起他们作为一家之主的使命。极少有人带着怀旧的心情回顾毛泽东时代单调乏味的中性服饰，恰恰相反，在 2010 年代，世界上再没有比中国更流行华丽的白色婚纱的地方了。

社会学家张军和孙沛东写道："在毛泽东时代，不同工作岗位之间、男女之间的地位和收入差异相对较小。"而父母对女儿和儿子的期望也差不多。改革开放后，人类学家杨美惠回首往事时说："令人惊讶的是，性别分化的迅速回归，男性目光占据了支配地位，男性行为主导着部分是由国家腾出的公共空间。"

没有人会说今天中国男女之间、男女的天性和从事的活动之间的明显区别是新的现象。但学者们强有力地论证着，在过去历史上的其他时期，尽管歧视妇女的现象普遍存在，但是男女之间的区别却没有当下那么突出。历史上的男女之间的区别并没有"现代生物学引入西方（性别）二元论的那种总体化、普遍主义和僵化的本质主义"，杨美惠这样写道。[1]

根据 1950 年颁布的《婚姻法》，中国妇女在形式上，大体也在实践中，获得了新的权利。她们可以拥有财产、离婚以及在婚姻中拥有选择的自由，不必再遵行包办婚姻、童婚和以买卖妇女等形式缔结的婚姻关系。无论 1949 年新中国成立后女性获得了怎样的权利，生活在 2010 年代的众多年轻女性都有可能会逆转这一进程。虽然直接经历这些转变的是女性，但过去 70 年来，男性是这些转变的见证者。在毛泽东时代，男性往往是批评、嘲笑和反对的对象，而现在，男人却成为公开偏袒男性和父权式的直男气质等做法的全面受益者。

1982 至 1998 年间，中国大部分住房由集体所有制转为私人所有制。到了 2010 年代，中国已经是世界上住房自有率最高的国家之一了，自有住房比例约为 85%。这个惊人的转变对青年男女以及以他们为中心的求偶、婚姻和姻亲关系产生了直接而重大的影响。拥有房产是大部分中国人积累和持有财富的途径，它也突然成为新冒起的性别差异的关键性标志。2010 年，全国妇联和中国国家统计局在对 10 万多人进行的调查中发现，每 15 个单身女性中只有 1 个人拥有自己的住房，比例约占 7%，而每 5 个单身男性中就有 1 个拥有自己的住房，比例为 20%。[2]

对于同居但尚未结婚的年轻情侣来说，男方拥有房子的可能性远远大于女方。此外，随着城市地区私人住房所有权的普遍化，往往房产证上只需要写一个人的名字，而通常写的都是丈夫的。一旦双方离婚，不难想象这对前妻们来说意味着什么。随着城市住房的私有化，这个问题愈演愈烈，而焦点就变成了年轻的已婚夫妇的第一套房子。

2009年，中国房地产研究会副会长顾云昌在报纸上称"丈母娘推高房价"。咄咄逼人的新娘和丈母娘因要求年轻的新郎要准备好房子才能结婚而受到指责，但反映出来的问题不仅仅是这一令人反感的想法本身。在财产所有权方面，男女之间的差距越来越大，而且在后改革开放时代的制度安排下，男性生来有权拥有和控制房产以及所有新的家庭财产的情况也很明显。[3]

在中国，把自己的孩子嫁出去，关系到子孙，也关系到住房，还关系到祖父母老了谁来照顾。老龄化的迫切性、养老的迫切性，以及后改革时代在中国出现的新情况产生的迫切性，都与日益加剧的性别鸿沟和所谓"剩女"问题，即大龄未婚女性现象有关。尽管在严格执行独生子女政策的时代，选择性人工流产已经让不少女孩胎死腹中（本章后面将对这一政策再做详细描述），但"剩女"现象还是出现了。这还要考虑到，历史上这些人工流产绝大多数发生在更加重男轻女的农村地区，而当代的剩女问题则与城市里年轻女性的人口结构以及移民和城市化带来的社会变动有关。在中国，日益严重的养老危机是显而易见的：依靠集体和亲属网络的旧社会结构和关系越来越靠不住了，或者根本就已经不存在了。可以预见的是，如果女性决定保持单身，那么要照顾年老的父母就会变得更加困难。[4]

2011年，在1950年版《婚姻法》颁布60多年后，当中国最高人民法院公布新的司法解释时，房屋所有权方面对性别平等提供的基本法律支持受到了直接挑战。特别是，严重地削弱了女性的产权。此后，女方在离婚后更难保住自己的房子，因为裁决会明显地倾向于将婚内房产留给名字登记在房产证上的那一方。而登记名字的往往是丈夫。2011年关于房产分割的具体规定是将性别平等的目标从有关婚姻和财产权的法律法规中排除出去的重要一步。*

近几十年来，相关数据显示，中国女性在其他方面的地位也有所下降。在1970年代的城市地区，女性的收入约为男性的85%，这个数字与同期美国女性的收入相比相当不错。随着改革开放的推进，情况开始向另一个方向发展。女性的收入滑落到了男性收入的70%。女性被迫降低自己的眼光，而男性越来越多地被期望将大部分薪水作为家庭支出，还要为家庭提供其他的经济支持。无论是在法律上还是在日常生活中，家庭都不再被视为男女双方共同的责任，同时享受共同的权利的地方。

中国是世界上为数不多的女性自杀率高于男性的国家之一。这个数据可能表明，尽管新闻头条中提到中国有数千万单身汉，

---

* 可参考强世功：《司法能动下的中国家庭：从最高法院关于〈婚姻法〉的司法解释谈起》，载《文化纵横》2011年第2期。

但男人在这里仍然过得比较好。然而，当我们更深入地了解这一情况，我们会发现要理解与当代中国男性以及他们身体的组成部分最为相关的情况，似乎绕不开城乡差异。近年来，在中国，男人及其行为方式的保守、落后的观念被强化了，从上层到基层都是如此。这一趋势可能比世界上任何其他地方都要明显。自1970年代末以来国家支持的性别平等的目标随着改革的进行而被搁置，近30年来，性别二元论的观念又开始抬头。

但是，尽管现在性别二元论在中国似乎比以往任何时候都更加强势——白色婚纱强劲的销售趋势是一种证明——但这并不能解释为什么会这样。虽然其中一些原因可能与我们在其他国家观察到的相似，但被称为具有中国特色的性别二元论却因其独特性而引人注目。近期的学术研究指出了它的卷土重来之中蕴藏的几个现代历史性的因素。

在一个日常谈话中经常提到历史事件的国家，今天理解中国男性和女性的核心是需要摆脱过去的耻辱——特别是避免回到19世纪末20世纪初清朝最后几十年，那些贫弱的文人被证明在外强侵略所带来的羞辱面前变得无能为力。这种屈辱的性别含义在中国倒是得到了共识，而防止重蹈覆辙则是一个众所周知的目标。这并不意味着今天的中国对所有来自外国的事物都避而不谈。20世纪八九十年代，当中国人环顾世界思考什么是现代男女时，他们从日本和中国台湾地区显而易见的性别二元论中得到了特别的启发。[5]

在这些解释之外,当代中国对性别二元论重新发生兴趣,还得益于两个因素:一个是20世纪70年代末开始实行的独生子女政策;另一个是尽管有实现性别平等的目标,但女性并未能成功进入最高领导层。在独生子女时代,女性在家庭中(主要)担任育儿的角色,父亲则(主要)肩负着养家糊口的责任,这作为一种社会模式变得更加明确。

撑起半边天,还是在你的宝马中哭泣

然而,在改革开放后的中国,性别分化也不仅仅是女性相对于男性失去权利和影响力。女性和男性的识字率从1949年的20%上升到1982年的66%,而青年人的识字率则达到了89%。扫盲运动的成功为其后中国高等教育的巨大变革奠定了基础。女性提高了自己的眼界,男性也不得不从思想上和事实上面对女性要改善自己前途的现实,然后在一个又一个领域里与女性并肩作战。就教育成就而言,中国女性一直保持着这些进步。[6]

换句话说,在改革开放后的中国,女性在某些方面失去了阵地,但在另一些方面却持续进步。如果生物学就是一切,那么自1970年代以来我们所见证的,与其说是回到了不公正的过去,不如说是可以预见到的,适合性别二元论的各种条件的复兴;是对几千年来既已存在的父权制,以及与其对应的,人类天生的男性和女性本质的重新确认。

或许正是出于这样的理解,自 1980 年代以来,中国关于性别问题的学术研究催生了大量的著作和论文,它们记录了在政府和企业之中新的男性管理阶层的崛起。这些著作中有相当一部分聚焦他们参与的活动,特别是新的政府精英和男性企业家们为了疏通关系和达成交易而必须进行的"娱乐活动"。从酒吧、餐厅到卡拉 OK,每一个名副其实的研究者结束田野调查的时候,都能带回一些故事和逸事。大概除了最刚正不阿的观察者,任谁都很难不受到影响。[7]

KTV 里男性联谊活动的激增,意味着这些不久前才穿上西装的男人有一叠人民币可以花在威士忌、女人和其他消遣上。人类学家郑田田将 KTV 里的情景称为"男人对女人的胜利",这种环境"为男人在市场经济主导的世界里获胜做准备"。她所描述的后社会主义时期发展的大背景是,它"不仅仅是关于女人的再女性化,而且……也是,或许更为相关的是,男性气质的回归"。

在后改革开放时代的两性观念中,一个被广泛讨论的方面涉及对男性婚外情的认可与否——或者干脆对这些事听天由命。"男人都有女朋友。"一个朋友告诉我。"嗯,不是说我丈夫,"她赶紧补充道,"我是说其他人。"这些女朋友还有一个统一的称呼:"二奶"或"小三"。这样的语言在中国迅速融入日常谈话的主流,说明这是一种颇为普遍的现象,当然,已婚男人与妻子以外的女人约会的事情并不少见。人们对男人,尤其是当权者有一些情妇也见怪不怪——而女性领导者则绝不会有情人——对此普遍的理解是，男人的身体需求在改革开放之前的中国被压抑了，这违背了男人的天性。现在这一需求被赋予了正当性。

宣告男人需要情妇的一个必然结果是，认为太过自我的女人是个问题。男人们有时会贬低"三高女人"，即一个受过高等教育、收入较高、年龄较大的女人——相应地，她们的期望也较高。"三高女人"不满足于那些让她们的母亲高兴的事情——但她们应该满足，依据是男人对女人在教育和事业上的成就似乎越来越反感。

也不是只有男人认为他们才应该享有更高的社会地位。一些女人，同样颇为公开地宣扬这样的观点：现代女性想要的是得到男人的支持和呵护。一件广为人知的轶事是在一档名为《非诚勿扰》的电视婚恋节目中，一位年轻男子问一位年轻女子是否愿意坐在他的自行车上，跟他去约会。而这位女士绝妙的回答自此之后在中国不断被重复："我宁愿坐在宝马里哭，也不愿坐在自行车上笑。"除非一个男人能对她百依百顺，否则她是不会满意的。对于这些女人来说，婚姻不再是有可能带来浪漫和欢愉的妥当归宿，而是一种个人主义的追求，目的是为了满足由理想化的性别角色所决定的标准。如果它无法提升自身的物质生活前景，那么浪漫爱几乎毫无意义。而提供高品质的生活恰恰是男人应该肩负的角色。如果这样的男人想要有情妇，这或许可悲，但若是人们认为男人需要很多途径去释放他们的性冲动，那拥有情妇这件事也是可以理解的。这同样也符合关于性别的刻板印象。

在中国，青年男女之间存在着充满矛盾的张力。其中一些压力来自父母，他们对自己的儿子或女儿寄予某种期望，而另一些压力则来自政府的公告和政策，它们会影响和制约人们对上述问题的看法和采取的行动。与此同时，压力也可能来自意想不到的地方，例如，一些女性拒绝接受这些重现活力的父权规范。如果这支队伍壮大起来，就会直接影响到关于男性和男性气质的观念，并挑战中国人对男性的认知。这些想法都建立在被普遍接受却是错误的性别二元论的基础上。

最重要的是，在当代中国，性别困惑和性别重新谈判都以一种特殊的方式影响着一场拉锯战：究竟是接受还是否定关于性别的刻板印象。男人和女人是否必须以某种方式生存？我们是否可以尝试改变他们？考虑到这几十年来发生在中国社会的其他一切变化，对男女差异的再次强调只能建立在具有现代气息的语言上。通过审视中国男人和女人身体和灵魂现代化的具体例子，我们可以获得新的见解，了解性别上日益保守的趋势在多大程度上反映了关于男性气质自我实现的预言——不仅仅是针对中国，也是针对其他地方的每个人。

在上海相亲角的会面

她的原籍并非上海,但有上海居住证。1982年出生,身高约1.65米,硕士学历,从未结过婚。她品行端正,举止优雅,有自己的住处。从她的父母在上海相亲角张贴的描述她优点的传单上,我们得知她正在认真地寻找一位身高1.75米左右,大她最多5岁,对住在哪里无所谓,也愿意考虑与她一起买房的男性。传单上没有名字,只写了一个手机号码和媒人的姓氏,供有意者联系。

谁会打电话给她呢?最有可能的是,正在为自己的儿子寻找一个合适对象的父母。而且,很有可能,当事男女事先都不知道他们即将建立起这种联系。

上面提到的父母都是五六十岁的人,他们中仅有一部分人受益于1978年后中国的改革开放政策。不是这个就是那个在当时国企私有化的大潮中下岗,也就是所谓的"铁饭碗不保"。这些父母也是第一批受到独生子女政策限制的群体。他们其中的一方,或者双方也很有可能在改革开放后才移居上海,是20世纪八九十年代,2.5亿从农村向城市迁移的庞大的"流动人口"中的一员。

而现在,这些父母发现自己已经远离了他们生长的村子或城镇社区,接近老年,比自己的父母辈在同样年龄的时候更加接近于孤军奋战。于是，他们越来越担心自己会变成什么样子。孤独且资源有限，他们的晚年又能向谁寻求帮助和安慰呢？在2010年代的中国城市，社会的安全网与户籍（即户口制度）挂钩，由于数以千万计的农村移民没有城市户籍（即使他们有正当的工作），许多长者的社会安全网络处于极端不稳定的状态。随着时间的推移，为女儿或儿子寻找一个合适配偶的紧迫性越来越高，因为有了女婿就可能有更大的经济保障，有了儿媳妇就会有孙辈延续家族的血脉。尽管改革开放后的中国经历了经济繁荣的时期，但对于很多中产和低收入家庭来说，生活的乐趣和意义的缺失，促使他们急于找到终结子女单身状态的办法。于是他们回归本质，用性别二元论的方法来权衡男女之事，并试图解决这个难题。

在上海以及北京、南京等大城市，这样的"相亲角"在2005年前后开始大量涌现。年迈的父母和现代版的媒人是这些相亲角的主角，但很少有子女露面。家长们当然比谁都多：他们在人行道上、树下，或是站着或是坐着，等待着另一位家长表达对自己孩子的兴趣。传单被钉在沿着人行道一字排开的撑开的雨伞上，上面展示着孩子们最佳的一面。对女儿来说，往往是美貌；对儿子来说，则是实际或潜在的收入。[8]

在传单上分享哪些信息，如何展示，以及在建立进一步联系之前保留哪些信息，都是有规定的。有的传单看起来很专业，配有二维码；有的传单是手写的，画了图，甚至加了下划线和语法注释。它们构成了一个无穷无尽的、令人眼花缭乱的阵列,向整个公园的各个方向延伸。传单的呈现方式远没有它的内容重要。王媒人告诉我,她对自己为客户手写的传单而感到自豪,因为她认为路过的人会感受到其中的真诚。"我真的了解这些人。"她说。听到我们的对话,另一个媒人笑着揶揄她:"是不是因为你不会用电脑啊?"

特别是在天气好的时候,上千名家长会争抢空间,想在人群中占据一个更有利的位置。相亲角是个咄咄逼人的地方,显然不是一个轻松、友好、适合恋人们互诉衷肠的空间。即使是在下雨,或者是狂风大作,甚至是潮湿得让人窒息的天气,爸爸妈妈们也会来这里流连,看一眼一张又一张的传单。也许有人会觉得"兜售"儿女很不体面,但对另一些人来说,这是父母对孩子最重要的责任。

他们已经陷入了一个不确定的境地。在大城市里,确保家族的延续并不那么容易。然而,他们必须帮助自己的子女找到配偶,为此,他们也必须找到一些方法向外介绍自己的儿子和女儿。正是在这种压力之下,相亲角才流行起来。这种方式简单粗暴,尽管他们本身来自讲求男女平等和无差别的时代(无论是在衣着、就业、工资还是志向上),但今天年迈的中国父母往往会突出最刻板的男性和女性特质,那些来自他们认为可能,仅仅是可能的,男性和女性身体上的属性。

现代媒人

相亲角的父母们可以单独行动，展示自己的雨伞，希望引起其他父母的兴趣。他们也可以找媒人，如果是女儿，就付500元人民币劳务费（2015年的标价）；如果是儿子，就付100元。而媒人就会贴起那个女儿或者儿子的传单，时间长达6个月。过去媒人会在公园里公开摆放牌桌和椅子；这几年，他们不得不更加谨慎，因为有时警察会把他们赶走。无论如何，找媒人还是有优势的。媒人可能有多年的经验，能成功地为客户的孩子找到伴侣（至少他们自我标榜如此），而且他们可能有一份单身青年男女的目录可供选择（虽然这些人也可能不是真正的单身人士）。媒人们坐在散落在公园人行道的小凳子上，耐心地和父母们一起翻阅他们厚厚的文件夹和iPad清单，神态自若，展现出一种不寻常的混合技能：他们既是婚姻经纪人，也是电子丘比特。[9]

你可能会认为传单上的孩子们会反感这些做法，因为这是对本应是主观且私人的问题的直接干涉。你的想法也许没有错。但为了更好地理解这些年轻人的观点，我们需要了解得更多。

最重要的是，没有人，包括女儿、儿子、母亲、父亲或媒人自己，希望这个过程被认为是一种传统的方式。相亲角的每个人都会告诉你，这里发生的明显是一个现代事件。在中国，就像其他地方一样，人们对究竟什么才是现代争论不休。在街上吐痰、擤鼻涕、大声喧哗，在任何人眼中都不是现代人的行为。然而，与欧美的观念相反，宗教信仰往往被认为特别开明和世俗。对一些人来说，在外工作的女性是从容、自信和进步的，但对另一些人来说，典型的暴发户形象就是新贵资本家的妻子，他们的财富和特权允许她们无须为赚钱而工作。

相亲角和大规模移民一样具有现代性，也和每周在办公室工作70小时一样前卫。它丝毫不会让人联想到传统的媒人，而是移民到城市和在办公室工作这些非常现代的现实催生的，而年轻人可能还会最常因此感谢他们的父母和其他替他们拉开相亲序幕的人。这最初的接触带着对未来的浪漫婚姻和子女的承诺，他们也想趁为时未晚开启这一人生阶段。

在上海，几乎每一个成年的孩子都能深刻意识到自己是独生子女。他们都是在独生子女政策实施后出生的，还有一些是在1980年代初城市地区开始大力推行独生子女政策后出生的。这一代年轻人是迄今为止在中国漫长的历史上受教育程度最高、收入最高、野心最大的成年人群体。但从某种程度上说，他们也被认为是最孤独的一群人。杨媒人跟我谈起了"经济发展"和"市场发展"对符合条件的单身汉和单身女孩的冲击。他坚持认为，如果使用过时的语言，或讨论现在的相亲跟旧时的做媒有什么关系，那么这门生意注定是无法成功的。对于陷入都市生活漩涡中的年轻人来说，"传统"这个标签简直是眼中钉、肉中刺。

针对现代人的交友和婚恋困境,中国也出现了一些新的电视节目,它们拥有大量忠实的观众。这些现代奇观包括《非诚勿扰》《百里挑一》以及著名主持人"罗胖子"的《罗辑思维》。和其他国家的情况一样,从2000年开始,交友网站在中国大量涌现。父母不能替子女上电视相亲,而如果是替子女在网上交友,那就更诡异了。相亲角的媒人们坚持认为,没有什么比面对面的交谈更有助于互相了解的了,即便是在公园里进行,也比其他方式显得更加私密。当父母恳求媒人为孩子找对象时,听上去他们非常焦虑,他们会将孩子的天性与其最大的优点联系起来,例如,"她这么漂亮、温柔""他很有责任心的,还有一辆不错的车子"。从他们的语气中,不难听出对新兴的性别差异自然而然的认同。[10]

在相亲角,你可以感受到网上或电视上所没有的人情味。在人民公园内,甚至有一些特殊的区域,可以找到符合特别条件的相亲对象。例如,有一些地方是为在其他国家(如澳大利亚或日本)生活过并已回国的中国人准备的,并对那些可能正在寻找来自中国的灵魂伴侣的外国人开放。"海外相亲角"按国旗分类。以人或关于男性气质和女人味的观念为载体的外国舶来品,为找妻子或老公增添了声望和别样的条件。[11]

在"婚恋达人"中,我最喜欢朱媒人。自从2013年我发现戴着一顶绿色军帽的他,帽子上面还别着一枚红色的切·格瓦拉徽章后，我们就成了朋友。他声称，这么打扮纯粹是出于一种时尚态度。朱文斌发展出来的定位是他限制两边的客户都得是严格意义上的上海人，虽然他还是会给任何一个为孩子寻找另一半的人提供建议。有次我问他："人家一上来找我，除了看他们是上海人还是才来上海不久的，你还会看人家什么？"朱媒人误解了我的问题，以为我是在问他相亲时应该如何打扮："女的要尽量穿的清凉点，多露点皮肤。男的嘛，应该穿一些商务休闲风的衣服，显示一下自己的财力。"

我的朋友朱先生并不是什么狂热分子，但如此明目张胆地以容貌来宣传女性，以钱包来宣传男性，也算得上是相亲游戏中一个非常现代性的扭曲。它基于一个推销员对市场的认识，而这种认识又是基于对男女本质差异的再思考。

在上海相亲角，女孩们的传单上，外表的吸引力之外，一般都会有她们所受教育和事业上的成就。而男孩们的传单上会列出他们的身高、职业轨迹，以及是否已经拥有住房，另外还有一份由媒人或者父母写的简短的声明，以为他们的价值做担保。尽管相亲角的一些年轻女性的传单上也会将自有住房列为她们的优势之一，但年轻男性更有可能会提供这一信息。男青年的父母以此作为对女青年父母的一种激励，而女青年的父母则很看重男青年是否有这种实力。朱媒人帮我整理了一个判断男女青年适婚力的粗略指南，如表3所示。

表 3　年轻男女的适婚条件

男	女
收入（理想的标准因人而异）	外表（皮肤白皙；体型苗条；不戴眼镜——全是加分项）
工作（以及良好的发展前景）	年龄
房子（自有住房）	性格
教育程度（相当或者高于相亲对象）	身高
出生地（最好是上海）	教育程度
身高（比相亲对象高）	职业
车	出生地
年龄（比相亲对象大）	收入

朱先生说，有一个问题，女孩子的父母问得惊人的多："他上班路上会不会堵车？"他们想确定他住的地方离工作的地方有多远，一般需要多久往返。更细致的，另一位姓凌的媒人则觉得，好的男孩子要散发自信和优雅，不只是长得好看就行了。而对于年轻女孩来说，比纯天然的美貌更好的是仪态大方、举止得体。这一点很重要。[12]

媒人不仅能帮父母为孩子的婚姻大事迈出第一步，也帮他们迈向解决住房和孙子孙女的第一步。但父母并不是要把孩子锁定在事先安排好的关系中。他们只是收集信息，而不是强迫他们的成年子女就他们收集的信息采取任何行动。"他们太忙了。"这是相亲角的老生常谈，"他们没有时间去寻找爱情。"家长们所做的一切也就是拿一些名字。最后做决定的还是他们的孩子。想想这能为孩子省多少事儿：他们就不用从头开始找了。

也许这些父母的时间太多。可能大部分人已经退休，这些聚会其实更大的作用是丰富了他们自己的社交生活，而不仅仅与孩子们未来的婚姻大事有关。但毫无疑问，在人民公园，对子女的婚姻大事感到恐慌的家长的比例还是偏高的。它看上去甚至可能像一个适者生存的时刻，每个星期六和星期天，相亲角成为代理人之间严肃认真地进行竞争的场所：父母举着传单广告将孩子的外形、经济条件和性格优点广而告之。这等于在公开宣告，为了让他们唯一的孩子找到伴侣，他们愿意做任何事情。随着时间的流逝，如果总也找不到匹配的对象，家长们会深挖自己的子女还有什么过人之处，而这些"诱饵"不可避免地润饰其子女最女性化或最男性化的特质。绝望滋长了他们眼中所谓的"性别正统"。

尽管几十年来，中国和世界各国在性别平等方面取得了很大的成就，但人们还是强烈地感觉到，男性和女性迟早会倒退回性别二元论的状态。这同样可以解释在中国来自其他方面趋于保守的张力，比如"剩女"危机。

你的女儿是"剩女"吗?

上海相亲角的那些传单有着这样的玄机:虽然众所周知,在中国,由于独生子女时代选择性堕胎等原因,在总人口中男性的数量超过女性,但相亲角之所以可以运作起来,却是因为寻找伴侣的女性多于男性。或者更准确地说,是因为帮女儿找老公的父母比帮儿子找老婆的父母多。

虽然从西方媒体上看,你可能会认为中国面临的一个重大社会问题是大量找不到伴侣的"剩男"怎么办。但在某些地方,比如上海,情况恰恰相反。我从上海相亲角张贴的上千张传单中随机收集了一些,发现了以下几种情况:

- 只有35%的传单是男青年的求偶广告。
- 在提到年轻人的工资"低"的传单中,67%是男青年的求偶广告。
- 在提到年轻人的工资"高"的传单中,13%是男青年的求偶广告。
- 在提到教育水平超过本科的传单上,29%是男青年的求偶广告。[13]

中国的整体人口确实呈现出男多女少的趋势,尤其是在农村地区。而与之相反，在相亲角，为女性准备的传单要比男性的多，而且往往女性的经济条件更好，受教育程度更高。和在其他地方一样，中国女性一般想要"上嫁"，而男性往往要"下娶"。这使得处于底层的男性和处于上层的女性相比，那些处于中间地带的适婚男女更"滞销"。截至 2010 年，中国有近 26% 生活在城市的女性上过大学，事实上，当年读大学的女性人数已超过了男性。

2007 年，在上海相亲角开始吸引"顾客"的几年后，全国妇联发布了一份关于"剩女"的声明，其中将"剩女"定义为年龄超过 27 岁的未婚女性。妇联针对年轻且事业成功、不愿意结婚的女性发出倡议，呼吁公众努力扭转这种局面，而且要尽快。该组织还开始在中国各地的工厂里为未婚女性组织相亲活动。

可能有人觉得"剩女"实属夸大其词，以至于对这一表达不屑一顾。但是，这个词直接触及部分父母日益增加的担心，担忧自己的独生女儿后继无人。这个标签利用了儿女在角色分工和责任上的不同——这一根深蒂固的保守想法。通过规定年龄，并且暗示生育年限的飞快流逝，妇联在鼓励女性承担起生儿育女的责任这一点上是毫不含糊的。

我们必须先了解一下所有这些大惊小怪都从何而来。或者说，即使不去追溯起点，至少也应该知道"剩女"一词是从何时开始出现在出版物上的：其实它最早不过是出现在时尚杂志

《时尚COSMOPOLITAN》的中文版上。在2006年2月出版的那期杂志上,刊登了一篇名为《欢迎来到剩女时代》的文章,随后,多位评论家将这个词的诞生归功于时任《时尚COSMOPOLITAN》中文版主编的徐巍。在中国,就像在美国一样,如果你想知道性别和性的世界里有什么新鲜事,只需要看看这本杂志上登了些什么就行了。[14]

这篇文章满足了读者对"剩女"的心路历程的好奇心,反映了在改革开放后的中国,时代变迁和两性关系变化影响下的亲密社会学和心理学。很快,"剩女"一词开始在报纸、电视相亲节目和情景喜剧中流传开来,时常带着点揶揄之意,但总是很伤人。六十多岁的王媒人,身后有一堵长长的传单墙,她狂热地确信,"剩女"是当代中国社会的一大挑战。她笑着反问道:"为什么这是个问题?这不是明摆着的吗?为什么?(因为)如果到了一定年龄还不结婚,肯定生不了孩子啰!"

于是,又有了生物钟这个概念。不过,这其中的利害关系远非卵子的减少这么简单。媒人利用人们对"剩女"的恐惧,在人民公园里对路人坚称,女子未婚违背了自然规律。从很多方面来说,这是中国的独生子女政策造成的结果。该政策在1970年代末就已经开始推行。这项政策让父母们觉得不安,有时甚至感到绝望。他们希望女儿能够结婚,这样便可以有个女婿照顾自己的晚年生活。他们也想要一个孙辈,还希望年轻情侣能选择神圣的婚姻制度,而不是尝试一些新潮的做法,比如

"非法"同居和所谓的"试婚"。相对东亚的其他国家而言,中国的结婚率在21世纪初还是很高的:2010年,81%的女性和75%的男性都为已婚状态,然而失婚的恐惧却依然存在。[15]

2010年,即官方认定"剩女"问题后的第三年,全国妇联下属的婚姻家庭研究会发布了一项针对全国3万多人婚恋态度的调查报告。[16]当然,和政治民意调查一样,调查往往不仅能反映民意,还能塑造民意。尽管如此,2010年的研究还是有值得推敲之处,尤其是因为它把"剩女"划分成了四种类型(每一类都好似一个晦涩难懂的文字游戏)。要知道,2010年中国女性的平均初婚年龄在25岁左右,而上海女性的平均初婚年龄是26.5岁:

1. 25—27岁——剩斗士

初级剩女,这些人还有勇气继续为寻找伴侣而奋斗,故称"剩斗士"(圣斗士)。

2. 28—30岁——必剩客

中级剩女,此时属于她们的机会已经不多,又因为事业而无暇寻觅,别号"必剩客"(必胜客)。

3. 31—35岁——斗战剩佛

高级剩女,在残酷的职场斗争中存活下来,依然单身,被尊称为"斗战剩佛"(斗战胜佛)。

4. 35岁往上——齐天大剩

特级剩女,除了一个丈夫,赢得了一切,所以称之为"齐天大剩"(齐天大圣)。

而无论是家长和媒人口中,官方宣言、电视还是纸媒里,以及互联网或者广播中,不断提到的一个词则是"挑剔",比如"现在的女人实在是太挑剔了"。

挑剔的女人不易嫁

我采访过的一位男媒人就"挑剔"这个主题分享了他的想法,他说:"女人的期望太高了。"他认为这是因为,在20世纪末21世纪初,父母给自己的孩子创造的条件远比自己小时候要好得多。这就导致这些孩子认为自己在生活的各方面都该享有更多的选择,包括寻找人生伴侣。女孩子的要求"很高",首先就是丈夫的"钱途",杨先生感叹道:"大多数时候她们的想法都是不切实际的。"

另一位姓陈的媒人也有同感,她解释说,问题在于小姑娘对小伙子的要求太高。她坚持认为,"她们的标准太高了"。她提醒小伙子们要正视自己的要求,这和姑娘对他们的要求一样重要。他们不应该因为被姑娘们过高的要求吓到就不敢与她们接触,失去进一步发展的可能性。当然这也不能一概而论。她举例说,一个姑娘的传单就写着"非诚勿扰"。

无独有偶,《非诚勿扰》也是一档知名电视交友节目。王媒人觉得这句话的意思就是,"哪怕你比这位姑娘的要求矮个1厘米",两个人都没必要接触了。

现代中国的年轻女性既被鼓励去拓展自己的人生方向,却也被要求限制自己的目标和欲望:去读个博士,但如果这会影响结婚生子,那还是别读了;要独立自主,但要找一个有房的老公;去追求平等的婚姻,但得接受房产证上只写男方的名字。

到了2010年代,中国人用来描述性别关系的语言,包括在开玩笑的时候使用的那些,仍然反映且强化了特定的、不言而喻的,有时是无意识的基于某些男女的基本生理特性的文化假设。这样一来,关于男女的日常对话似乎更像是表达对不可改变的现实的一种认同,而不是一场针对女性的政治保守运动。

在中国,推销女儿和儿子还得靠强调公式化的性别特征,而"剩女"恐慌则是靠生理上的那些道理的推波助澜。难怪现在在上海,一个性别笑话广为流传:你知道现在中国的性别,有三种而不是两种吗?男人、女人,还有女博士!没过多久,又增加了第四种性别:娶女博士的男人。

尽管如此,短时期内中国女性也不可能用她们的博士学位去换缝纫班的证书。许多女性正在抵制整个中国社会强化父权制规范的企图,但另一些则试图从中获得最大的利益。而中国的男性,跟其他地方的兄弟们一样,要么想从男性特权的局面中获利,要么正寻求打破这些旧俗的方法。但是,在中国、墨西哥和美国，只要男性的生物宿命——以及原始需求和约定俗成的优越性——在日常生活中不断得到强化，那么认为生而所有的性别特权所带来的好处是理所当然的这一危险的想法就会持续存在。然而，一如既往，在男女之中也会出现强大的反潮流，要求重新讨论男性和男性气质。追求性别平等的诉求还可以通过创造新的分支学科的方式来挑战生物学的权威，比如新近出现的表观遗传学就是一个例子。

9 我们能改变自己的动物本性吗?

万物都有裂痕,那是光照进来的契机。

——李奥纳多·科恩[1]

如果男人真的是他们身体的囚徒怎么办？我们可以痛斥男人对女人的性侵犯，谴责游手好闲不负责任的爸爸；我们可以威胁、惩罚，跟男人保持距离。但要想改变这些豹子身上的斑点，这种期望现实吗？或许我们唯一的选择就是建立更好的社会监控体系，并承认男人终究无法摆脱性冲动。或许在这个充满性别困惑的时代，面对现实，重新接受男人的动物本性，才是我们需要做的。因为男人的动物本性在数万年来并没有发生明显的变化，所以，要解决男人制造的问题，不从社会和文化上寻求解决之道，而是病急乱投医，似乎是愚蠢的做法。但无论动物本性是否是问题的一部分，它看起来肯定不是解决之道。

人们会抨击这样的事实，即在处理酗酒、大规模谋杀和阳痿等各种问题时，动物本性既可以是答条也可以是拐杖。然而，最近的科学研究结果显示，身体和身体机能的动物本性在很大程度上是可变的。身体本身的可塑性比我们已知的更大，这一发现必然会对解决男性暴力等社会问题产生巨大的影响，而在此之前，包括科学家在内的许多人都认为，这些问题是男性固有的本能造成的，因此不易受到社会因素影响。当今生物学领域最激动人心的研究恰恰都是对一些问题新的认识：身体和行为如何互动；生物体如何进化以及对男性气质的思考如何改变我们的神经系统。更为根本的是，对男性和女性行为庸俗的生物学解释是特别糟糕的例子，它迎合了常见的刻板印象，却忽略了过去几十年生物学的研究结果：确认了所有生物体的生物化学和基因型均可以通过无数种方式受到环境因素的影响。我们应该感到宽慰，而不是害怕，因为我们明白，人类不仅可以改变他们的文化，而且可以改变他们的动物本性，而男子气概恰恰应该被理解为一种适应性很高的人类互动之下的产物，而并非与预先设定好的进化法则密切相关。

接受我们无法控制的生物决定因素，比如我们的祖先是谁，在苦恼和绝望的时候，可以让我们感到安慰。人类会用祖先来为自己的各种罪过开脱。这里有一个耳熟能详的例子。20世纪90年代中期，我进行了一些有关酗酒和酒精成瘾方面的研究，包括在加利福尼亚州东奥克兰的成瘾咨询中心的康复项目中的田野调查。一天晚上，包括我在内的10个人围坐在一起，一个看起来五十多岁的白人男子率先发言，打破了沉默。"大家好！我叫吉米，我是个酒精成瘾者。"吉米在1960年代从费城搬到旧金山，很快就开始吸食各种毒品，从LSD*到可卡因。他坦言，自己在酒精和街头毒品上放任自流了三十多年。"我是德国血统，"吉米宣称，"所以我喜欢喝酒。"[2]

接着发言的是丹尼斯。三十出头的他向大家讲述了自己对甲基苯丙胺上瘾的情况。他的母亲为了阻止他的探望，还去申请了禁止令；以及他对一位兄弟的羡慕嫉妒恨，因为后者最近刚从加州大学圣克鲁斯分校毕业。他开始说："嗯，我也有一部

---

* 一种致幻剂。

分德国血统。我的那部分德国血统也让我喜欢喝酒。"说着，他指了指自己身体的左侧。"但是，另一部分，"他指着自己的右侧补充道，"是印第安人和菲律宾的血统，则受不了酒精。"这些话对我们来说都不陌生。人类学家艾米丽·马丁（Emily Martin）详细写过那些"把身体当作民族国家"的人，[3]而吉米和丹尼斯给这一描述赋予了新的含义。

会议结束后，我在丹尼斯回家的路上拦住他，告诉他我没有理解为什么美国原住民和菲律宾的血统可能会对他的身体产生与德国血统相反的影响，让他的身体不耐受酒精。丹尼斯解释道，他在美国公共电视网（PBS）上看过一个节目，里面提到亚洲人和有亚洲血统的人对酒精不耐受的比例较高。丹尼斯告诉我，与欧洲或非洲血统的人相比，这种被称为"亚洲人脸红综合征"的医学障碍症使得更多来自亚洲尤其东南亚的人，甚至是美国原住民（他们的祖先在大约 15 000 年前就来自这一地区），更难代谢酒精。他说，由此产生的"血管扩张"（导致皮肤发红，称为"脸红"或"潮红"），在医学界被广泛讨论。

这个说法的问题在于，医学文献只能宣称一部分人一喝酒就脸红的概率较高。其中的观点是，脸红意味着不胜酒力的尴尬。这是一个奇怪的说法，更多涉及人的心理状况而非其他。而在中国或是日本，这种脸红从未阻止任何人享受饮酒的乐趣，这一事实要么是不为人所知，要么根本无关紧要。

而更特别的是，在吉米和丹尼斯的例子中，如果你相信来自祖先的遗传比其他关于酒精代谢的方式更具解释力的话，那么这种关注会导致不把预防和干预计划放在眼里。

在奥克兰的康复中心，吉米和丹尼斯分享的关于遗传的想法，足以说明了科学节目的影响力，以及科学解释的力量，它使得生活方方面面的疑惑都有理可循，从成瘾到人际关系，再到性别和性行为。他们向科学求助，或者说，他们觉得科学正向他们伸出援手，来帮助他们解决问题，脱离绝望，并找到希望。他们想戒除自己的瘾，认为能做到这一点的唯一方法就是去面对他们自以为成瘾的遗传和种族上的原因。如果无法改变自己的种族（因此也就无法改变自己的基因），至少他们可以更清楚地认识到自己所要战胜的是什么，也许这种认识会对自身有所帮助。

男人用哪个部位思考？

我在墨西哥城为期一年的田野调查进行到一半的时候，我当时的妻子米歇尔和我们六个月大的女儿莉莉安娜回美国探亲几周。在我们居住的街道上，我们一家很显眼，一举一动都会被街坊邻居观察议论。为什么我们不像其他人一样把自来水烧开30秒？莉莉安娜身上的疹子好了吗？还有昨天来看你的那个人是谁？你晾在屋顶上的红色内裤是哪里来的？生活在城市里，隐私就只有这样。住在我们这样的社区，感觉就像住在鱼缸里。

米歇尔和莉莉安娜回了北卡罗来纳州，而我很期待可以全心全意地进行田野调查以及享受一段不用照顾小婴儿的时光，要知道她的绰号可是"小老板"。送走她们后，我便去了每周三和周六在粉红色油布下搭建的市场，那里的水果和蔬菜新鲜又便宜。小贩们让市场看上去非常热闹，那真是一个和小贩、朋友还有邻居聊天的好地方。

诺玛在我看到她之前就发现了我。她走过来，对卖菜的人笑了笑，若无其事地打听米歇尔和莉莉安娜是否顺利踏上了旅程。我说是的。然后诺玛很快说出了她真正想说的话。她把右手食指放在右眼下，好像指着眼睛那样简单而又严厉地对我说："Te estamos vigilando, ¿eh?"（"我们会帮米歇尔看着你的。"）她和其他人会把我好好看住，不是为了帮助或保护我，而是为了防止我做任何愚蠢的事情。我需要小心行事了。

虽然很想直接反驳："你这是在暗示什么，诺玛?!"但是我放弃了这一想法，故作轻松地说："你这是什么意思？"

诺玛问得直截了当。很显然，这个对话早有预谋。"如果米歇尔不在的时候发生了什么不该发生的事情，我们会注意到的，那她一回来就会发现。你只要自己注意就好了，马特奥。当然，我真正需要留意的是那些女人。我知道你们男人管不住自己。"诺玛就此说出了一个底线：男人管不住自己，所以女人必须想办法管住他们。

这不是第一次，也不会是最后一次，我被告知男人无法抗拒性的诱惑。诺玛的警告来自内心深处的担忧，我毫不怀疑她是认真的。她的母亲安吉拉还教了我一个表达同样意思的常用语："A quién le dan pan que llore?"（谁会在得到面包的时候哭呢?）这句话一语双关，既形容在农村，因为贫穷，所以别人给你什么你就得吃什么，也可暗示男人"天生"对性方面的邀请来者不拒。

诺玛的话或许有些调侃的意味，但她的警告里有多少是在搞笑呢？诺玛在多大程度上认为我在米歇尔不在的情况下，会受不了诱惑而胡来呢？诺玛会不会对每一个几个星期都没有妻子在身边的男人说同样的话？我不认为她会对那些丈夫外出旅行的女人发出同样的警告。我们就有一个名声不佳的邻居，她的丈夫在美国做工，每年只能回来一个多月。多年来，在丈夫不在身边的 11 个月里，这个女人就会游走于众多情人之间。也许诺玛打算对那个女人提高警惕，以防她来诱惑我。

这种想法往往忽略了这样一个事实，即没有超越时间和空间存在的人体。每个人的一生中都会发生生理上的巨变，即使是男性的身体也不例外，这些变化甚至可能是可遗传的。男性气质不是生物意义上的特性，但即使它是，我们也并不是两个部分（生物本性和文化）的简单组合，而是一个复杂的整体。

理解男人的性和暴力的意义，与我们的头脑和思想独立于我们的身体这一观念相关，几个世纪以来，这个观念在西方一直是知识界和日常谈话的焦点。当涉及男性身体时，这个观念更是让人浮想联翩。这也是为什么我们会有"他用小鸡鸡思考"的说法。而女性版——"她用阴部思考"——在一般谈话中则没有意义。后一种说法之所以不存在，因为在什么导致和解释男女性行为的一般态度上存在差异——虽然"一定又到了她的生理期"也常被人挂在嘴边，这同样是将女性行为病理化的说法。不同的是，当提到月经周期的时候，我们实际意指女性的生殖能力，而在男性版中，其暗示男人主要由性冲动驱使。如果将阴茎想象成占卜棒，就更容易理解了。

作为一个生理上的（而不仅仅是文化上的）男人，一个父亲，一个丈夫，这一角色一直是我在做人类学研究时的核心关注点：不仅因为一旦被人发现与妻子之外的女人乱搞就有被告发的威胁，反过来如果有人向我提出猥琐的要求，同样也会被告发，因为"男人就是受不了诱惑"；又因为我是一个男人，便被认为总比孩子的母亲差一点，而一旦我超越了这一期待，又会得到不合时宜的表扬。对我的男性特质的假设——往往是定义不清且不可改变的——一直影响着女人以及其他男人对待我的方式。我作为一个男人的性行为屈服于一种理所当然的恋物癖，然后又反过来将这种恋物癖归咎于我的男性特质本身。

坚持从生理上对男人的异常行为追根溯源是司空见惯的现象。参考下述刊登在《纽约时报》上的新闻，我们从中可以窥见为什么在当代美国大规模谋杀会变得如此普遍这一热点问题：

2012年12月24日

"遗传学家正在悄悄制定计划准备研究20岁的亚当·兰扎的DNA。2012年12月14日,他在康涅狄格州纽敦市杀害了20名儿童和7名成人。此举很可能重新引发长期的伦理争议。他们的工作将是努力发掘极端暴力的生物学线索。"来自康涅狄克大学的研究人员很快跟进了这起屠杀事件,他们打算寻找与精神疾病相关的基因突变,或者那些可能使兰扎更容易产生暴力倾向的基因突变。[4]

2017年10月26日

"拉斯维加斯枪手的大脑将接受检查,以寻找杀人的线索。"报道的大标题有点虚张声势。文章的内容则比较克制。斯坦福大学医学中心的神经病理学主任汉内斯·沃格尔博士,将对当月早些时候杀害了58名音乐会观众的男子的大脑进行检查。病理学家指出:"这场悲剧的严重性让很多人都想知道它是如何演变的。"他很快补充说道,他不确定自己会有什么发现。但是,"我想,这会打消外界对这件事的所有猜想。"[5]

如果这些科学家真的发现了一些大脑异常的情况呢?这可能会产生什么后果?找出美国大多数大屠杀的幕后黑手——年轻的白人男性的基因?然后呢?大规模检测所有生活在美国,某一年龄段以下的白人男性的DNA?关于白人(以及男性和青年人）的普遍态度是，理所当然地认为他们的社会人口结构的状况并不是理解他们行为的关键。想象一下，如果大多数屠杀的凶手都是年轻的非裔美国男性，那么不断涌现的肯定是围绕他们的种族，对这些年轻人的背景、家庭和个性的分析。那么为什么对这些白人男青年，就不会有人去深入了解他们的种族和性别的情况了呢？

流行的看法是，脑部疾病、精神障碍和异常心理状态就足以导致2012年发生在新城、1999年发生在柯伦拜、1995年发生在俄克拉何马城和2017年发生在拉斯维加斯等地的大规模谋杀案。这不过是众多事件中的几个。对于许多人来说，这一解释似乎具有说服力，但它忽略了关键的因素。同样具有误导性的是指出世界上42%的枪支集中在美国人手中。拥有枪支与大规模杀戮之间有关联性，但这一因素本身并不能解释这些事件何以发生。尽管可以肯定的是，2017年在美国，每100个居民拥有枪支的数量为101支，这是全世界之最。但这个数字不仅不能解释为什么沙特（每100名居民有35支枪）、芬兰（每100名居民有34支枪）、乌拉圭（每100名居民有32支枪）和法国（每100名居民有31支枪）发生的大规模谋杀案比美国少，也不能解释为什么这些地方的大规模谋杀案数量几乎可以忽略不计。而且，虽然在瑞士拥有枪支，并不像传闻中所称是强制性的，但确实可以说瑞士人还保有相当活跃的、与狩猎有关的"枪支文化"，而这一文化也从未导致瑞士发生大规模射杀事件。[6]

即使我们发现了影响心智的生物指标，或者我们意识到美国人拥有枪支的数量与世界上大多数地方相比是个天文数字时，这仍然不能解释为什么在美国，年轻白人男子的精神疾病更易引发大规模杀戮。我们在大脑中发现的异常情况也不能直接解释行为的异常。没有人可以宣称，在美国的大规模屠杀杀手脑中发现的基因异常是出生在美国的人身上所独有的。然而，除了战区之外，在美国发生的大规模杀人事件远比世界上其他任何地方都要常见。为什么在每一则新闻报道、警方报告和尸检结果之中，男性、青年和白人没有被视为关键的社会因素？这也许才是最令人感到不安的问题：为什么大规模谋杀的凶手通常是来自美国的年轻白人男子？[7]

也许我们应该对那些寻求大规模谋杀的生物起源的人持更开放的态度。也许他们会有所发现，最不济，浪费的也只是他们自己的时间。但是，这不仅仅是一个对用生物学解释包括大规模谋杀在内的社会创伤的可能性持开放态度的问题。其危险性在于，我们认为可以通过生物学分析来解决社会问题，就像我们认为可以通过生物学上的推理来理解和解决社会不平等一样。美国对智商进行种族侧写的历史应该有助于我们认识到，依靠这个框架来解决大规模谋杀案的动机和预防问题那令人忧心的后果。然而，我们却继续从生物学中寻找更多其实这一学科根本无法提供的答案。

这种将男人的不良行为归咎于遗传学和荷尔蒙的情况越来越明显且有害，包括将暴力普遍病态化，认为它是不正常的，是"犯罪疯子"的行为。就像理智的表现形式不计其数一样，疯癫也是如此。疯狂本身并不会导致暴力或战争。如果大屠杀者没有找到言听计从的听众，他们不过只是孤"芳"自赏。在美国，大规模谋杀的核心问题是以白人、男性和青年为基础的社会关系。

当今天在上海、墨西哥城或罗德岛普罗维登斯的人们说男性暴力是"遗传的""先天的"或"进化的结果"的时候，他们表达的想法是，无论公共政策如何干预，人们还是会做他们想要做的事情，并暗示我们可以停止将宝贵的资源浪费在试图改变那些不可避免的行为之上，特别是当这些行为实则源于自然选择这样最基本且根深蒂固的本性时。不管你喜不喜欢，人们默认这样的道理，我们首先要接受，男人往往只是按照他们注定的方式行事罢了。

如果说对生物学的盲目信仰是为了更好地解释与男人和暴力有关的社会问题，主要不是因为今日的科学已经强大到了全然无法忽视，而是因为对男人和暴力的社会分析已经变得太过苍白无力、毫无说服力了。

被奉若神明的男性身体

一百年后，我们也不清楚历史书会如何评价2019年生物呓语的反复出现。为什么在我们这个时代，有那么多理智的地球居民在提到性别差异和两性关系时，会不加辨别地信服于生物学解释的极端形式，这一点本身也需要解释。性别困惑导致了对庶民生物学的盲目信仰的复苏。对于许多性别认同者，以及更多的性别不认同者来说，性别和性行为已经成为僵化的、顽固不化的概念。即使在跨性别群体中，也很难回避自然化的性别分类。

在美国，当批判性地讨论矮化女性身体的问题时，人们经常会使用"物化"一词。评价女性用的是她们是否符合刻板的美的标准。毫无疑问，不少时候，男人也受到了类似的对待，但与女性相比，男性的身体更常被"恋物化"，成为性能力和权力的具象。不管对恋物癖的精神分析性的解读呈现何种形式，甚至各种解释之间互相对立（这一恋物癖聚焦于阴茎或其缺失），男性身体作为文化恋物的载体，在很大程度上解释了在身体和心灵被普遍认为是独立实体的社会中，男性气质是如何变得福祸相依的。

例如这一经典的人类学分析：恋物是由人类塑造的具有人类特质的物品。这些物品的特殊性在于，它们似乎对创造它们的人类具有影响力。当男性的性欲和攻击性成为恋物癖的对象时，十有八九就是这样：这些特质是人类在特定的文化和历史时刻塑造出来的，但被赋予了神奇的、深刻的精神属性，然后这些对男性的性欲和攻击性的恋物癖描述，简直像科学怪人似的，作为不受约束的、压倒性的男性冲动，反过来痴缠着它们的创造者。有些恋物癖会呈现出动物的特征，比如守护灵。即使你无法完全接受它们，最好还是对这些癖好表现出适当的尊重。[8]

迷信男性性欲的例子在我们身边比比皆是，从相信男孩青春期手淫到男人的婚外情，从男性推卸避孕的责任到性爱无度，再到男人无法成为一个尽职投入的父亲。然而，伟哥、希爱力和艾利达在多大程度上帮助男人再现雄风是为了让他们获得性满足，而这一雄风再现又有多少是为了证明他们（在药物的帮助下）能成为真正的男人？毕竟，在人类和许多其他物种中，勃起的阴茎是可观察到的，直接展示对性的兴趣和欲望的最佳体征。

把男性的性行为当作一种癖好，一种超自然的力量，之所以会是一个问题，部分原因在于它代表着更深层次的西方哲学传统，即把头脑和身体分开。无论头脑和身体被视为"自主的""相应的""处于平行状态的"或遵循着其他安排，即使它们被认为是独立但平等的，（在这里特指男性的）头脑和身体以某种方式"各自"分头行动的想法，极易产生将男性的行为更多地归结为是自动反应的一种想法,并以这种方式默许男性的不良行为。当我们审视大规模杀人的杀人犯的大脑并问"出了什么问题?",如果我们不曾忽视几乎所有这些杀人犯都是男性这一事实,而仅仅将其视为这一极端攻击行为的生物学线索,我们就会错过社会学上的线索。这些线索可能与他们身体中存在的一些独特的形态有关,也可能与攻击性的文化规范如何改变了身体的化学物质和构成有关。

人类学家用"先赋"一词来表示你与生俱来的特质,并将其与"习得"相比较,后者指后天学习到的东西。如果我们认为造成大规模谋杀的原因更多的是与生俱来的,而不是后天受到文化的影响,那么就更容易会关注自然(而不是养成)、身体(而不是头脑),以及"先赋"(而不是"习得")这些因素。而这整个解释框架是有问题的。正如女性主义科学史家伊夫林·福克斯·凯勒(Evelyn Fox Keller)所说的那样,我们需要接受一个事实:我们正在谈论的是"自然与养成之间海市蜃楼般的空间"——将人类的行为这样随意地分类毫无裨益,但我们仍然想象着一个其实并不存在的空间。而且,当事关男人的性欲和攻击性,我们又需要密切关注泛人类的经验:差异、差异、差异。[9]

人的生物学并非脱离人类的社会关系而存在。一个最近发生的、富有争议的例子是"同性恋基因"。研究者们之所以寻求,随后宣布他们发现了同性恋基因,大多是为了证明同性恋是"自然的",因此不关乎个人或社会选择,对于那些有一定宗教信仰的人来说,这便意味着同性恋是上帝赐予并且得到上帝认可的了。然而,讨论同性恋基因的困难很快就出现了。"同性恋"到底是什么意思?它可以随意地被人解读,以至于使得生物学描述变得毫无意义,更不用说其生物学来源了。有人说,所有与其他男人发生过性关系的男人都是同性恋。也有人回应说,同性恋是一种身份认同,而不是一种行为。还有人说,这要看谁对谁做了什么。[10]

归根结底,谈论同性恋基因的问题在于,没有任何生物特性是所有同性恋者皆有的,因为对同性恋的定义从来就莫衷一是。对同性恋基因的探寻是一个典型的例子,它将男性身体"恋物化",同时用关于身体的解释(基因)来诠释文化范畴的概念(同性恋)。

与男性性倾向一样,恋物化的语汇,比如"男性暴力的生物学或文化根源",对我们也毫无帮助,因为这些说法假设生物学和文化都处于密不透风、彼此隔绝的状态。我们需要关注的是男性性行为和暴力倾向之间的复杂互动,这些互动不仅与个人的基因和荷尔蒙有关,更重要的是事关特定时间和地点之中整个社会的架构。

亚洲的方法:不可分割的身体

当代美国,在大多数时候对于绝大多数人来说,接触医学、疾病和治疗的系统方法只有一种，那就是通过生物医学。生物医学只有在得到认证的医学院才可以学到，再通过全美国大约100万名医生实践。而在中国，两大医学体系一个是生物医学，另一个叫作中医。尽管它听上去传统，起源也很古老，但在中国，中医对于广大民众来说，与生物医学一样与时俱进。虽然在美国，很多人都听说过针灸，很多人也知道它是一种来自中国的医术，甚至可能曾经尝试过，但在美国，针灸被广泛认为是一种旧式疗法。中医的倡导者会认为这种印象非常过时，因为对他们来说，两种医学方法的关键区别在于中医强调整体性和平衡性，而生物医学强调的是身体的不同部分以及独特的免疫、消化、心血管系统。我们可以通过比较中医和生物医学的医疗手段来了解男人和男性身体的变化，例如，通过观察如何诊断力比多以及阳痿等问题，以及这两种医学手段各自会建议使用什么治疗方法。[11]

比较两种医学体系的治疗效果并非这里关注的重点，重要的是我们可以从中医中了解到能够帮助我们思考男性性行为和暴力问题的内容。中医的核心是其整体性的方法，中医并不是基于解剖学，更不是基于"身体"和"心智"的分离，其从业者都认为这是人为的刻意区分。尽管从西医的角度看来，中医更像是神秘和类似玄学的方法，而非源于生理学、化学和生物学组成的科学世界，但中医医师往往不会放弃在科学上的追求。事实上，根据人类学家朱迪思·法夸尔（Judith Farquhar）的说法,"到了 20 世纪 80 年代和 90 年代,越来越多的中医研究者和临床医生致力于研究中医的基本科学性"。中医强调的是身体的整体性,而不是各组成部分之间的分隔。[12]

中医对男性的具体影响在于,"社会性别和自然性别之间的分野,是我们(西方)小心翼翼地区分自然性别的基础,但这与在现代中国普遍使用的性别概念并不特别相关。"法夸尔写道。无论你对"阴"和"阳"有什么看法,对于那些遵循中医方法的人来说,男女性别二元论是不够的,同样,性也不仅是生物学上的概念,性别也不仅仅等同于社会和文化的因素。这意味着,生物学和文化因素都在我们的身体上有所体现,而这一认知贯穿着中医医师的诊断和治疗过程。

人类学家张跃宏在他关于中国"阳痿大流行"的研究中认为,中国出现的越来越多的关于性功能障碍的报道具有积极的意义,因为这些报道反映了人们再不愿接受过去时代的那种性压抑。现在,男人可以正视性功能障碍这个问题,也不再为此感到羞耻,因为他们生活的时代认为满足男女的性欲是健康生活的有机组成部分。

在张的研究中,我们了解到中医和生物医学在治疗的每个阶段存在的差异。中国的西医倾向于将性功能障碍当作勃起、射精以及最重要的血液循环问题来处理。中医则会注意到男性舌苔泛白、脉搏微弱等症状,倾向于认为这不仅是勃起障碍的问题,更进一步来看是肾脏出了问题。他们认为这与血液循环也有关联,但他们不会局限于此,也不会建议仅解决血液循环问题的治疗方案。因此,泌尿科医生会在治疗中强调血流动力学以及需要让更多的血液流入阴茎,而中医最常说的是"舒肝",特别强调让男人的气(他的"生命能量")沿着肝经循环。据说,这种方法可以促进男人身体各个部位的血液循环。

正如一位认同中医的西医说的那样,"中医治疗在提升性欲和控制射精方面收效更佳。它还能提高身体的机能,而伟哥改善的仅是勃起的硬度和频率"。对于中医专家来说,重点也不是用一种新的药品,比如希爱力,来代替一种旧的药物,比如红参,而是要解决身体各个方面的问题。在西医看来,这些问题可能与勃起并无关联,也与性功能障碍的其他方面无关,甚至与性行为根本扯不上关系。张的研究中特别提到某些男性,他们不是从一种治疗方法换到另一种治疗方法,而是循环使用着这些治疗方法。[13]

这样,当使用中医方法治疗男性性问题时,即用一种新旧结合的方法来医治男人的身心。随着那些目前只认同生物医学的人对中医理论有更多的认识,他们可以不必对男性的压力调节阀有过度的担忧,因为这些担忧与一般身体机能的刻板模式有关。血液和其他身体运转过程之间的相互作用也为中医打开了一扇门,不仅可以治疗男性勃起的问题,还可以在治疗过程中调理全身,使得整体治疗身体的同时也治愈了性功能障碍。例如,当性功能障碍被认为是衰老引起的,西医往往认为,药物治疗必须长久地继续下去。相反,对于中医来说,性功能疾病和其他疾病的治疗过程会改变男性的身体,这意味着,治疗到了某个阶段可能就不再是不可或缺的了,就像很多心理疾病的治疗并不一定需要长期进行下去。

继承革命性的暴力

男人的身体在多大程度上是天生的,多大程度上是继承自他们的祖先,又在多大限度上可以被改变,这当然是全世界都在热议的话题。对于大多数人来说,这不仅仅是你的卷发或者大脚拜谁所赐的问题:这还牵涉到性情的传承。当我的女儿莉莉安娜在墨西哥城变得挑剔时,一个邻居喜欢嘲笑我,说她表现得很像她爸爸。对我们大多数人来说,所谓家传的身体和性格特征,多半是从父母那里继承的。但在墨西哥城,有一次我听说了一种想法,认为家庭禀赋可以追溯到好几代之前。有人告诉我,有一种天生的战士品质,世代相传,藏在一个家族的基因库里。

我是在和一位来自圣多明各区的老朋友聊天时,了解到这些的。她告诉我邻居们遇到一个性别困境,就用了类似的遗传上的理由解决了问题。大致的情况是一个年轻人因为和街头混混在一起而惹上了麻烦,人生第一次打群架。他的父母惊慌失措。他们知道这不是一般男孩会参与的事情。从小到大他交过的好朋友都不是好斗的人。那他为什么会变得那么暴力？他们思考了各种可能性：不是因为他的家庭，因为他来自一个充满爱的小康之家；不是因为学校，因为他在学校里表现良好；也不是因为受到邻居的影响，因为他们所居住的街区平日里都是宁静祥和的。

然后，他的母亲想起了一些家里的事情，但要追溯到三代之前。儿子的曾祖父参加过1910年代的墨西哥革命，那是一个令人难以想象的暴力时期，数百万人死亡。曾祖父无疑目睹了这一切，也许还参与了当时的屠杀。他很可能将深入骨髓的暴力倾向传给了自己的曾孙。而年轻人对曾祖父的事迹一无所知似乎更证明了这一推理：他不可能有意识地模仿曾祖父在一个世纪前的行为；这肯定是遗传在起作用。

一个家庭因为孩子的暴力行为而苦恼不已，这一切与性别困惑有关。当他们认定这始于这个年轻人内在的遗传特征以及本能的欲望的时候，他们才从痛苦中获得解脱。他们才更清楚地了解到自己面对的是什么，这时绝望才得到缓解。绝望和痛苦迫使人们寻找出路，而源自生物学的解答对那些处于困境中的人来说是非常有吸引力的。[14]

恕我直言

在这个性别困惑和相关争论广泛存在的时代，我们对男人的动物本性的看法影响着我们认为自己能做多少改变以及实际能改变多少。最近生物学的研究在一定程度上有望帮助我们重新认识男人的"动物性",总的来说,这些研究也可以帮助我们从关于男性和男子气概的自然/文化二分法中解脱出来。我们无法选择改变自己的 DNA,但我们可以选择如何应对环境,这是我们的长处。

然而,表观遗传学的新兴研究领域指出,行为可以触发基因表达的重大变化。无论是否在开玩笑,我们使用的语言都很重要。"你真是个男人!"和"我有我作为男子的需求!"这些语言反映了关于男性和男性气质的想法,却可能很有问题,因为它忽视了男性的可塑性。男性的身体和女性的身体一样,是动态的且应变力相当强的,而不是静态和被动的。[15]

大约从 2000 年开始,法国自然学家让-巴蒂斯特·拉马克 (Jean-Baptiste Lamarck,1744—1829) 的理论在被称为"表观遗传学"的新兴生物学领域东山再起。表观遗传学开辟了广阔的新研究途径,重新确认了"环境"因素在基因表达中的作用。有人认为,基因表达的变化以及基因如何在不同的环境中受到不同的调控,可能意味着一代人的行为模式可以遗传给下一代。

先不论这么说是否准确,广义上的环境可以改变人的身体,或者说这些改变可以遗传,但是表观遗传学的相关研究结论,对改变男性身体、改变男性行为以及改变对男性气质的认识都具有影响。即使在现在这个早期阶段,表观遗传学研究的结论也清楚地表明，虽然曾祖父可能不会把在墨西哥革命中表现出的暴力倾向传给曾孙子，但基因及其周围环境之间的相互作用也是重要的：特定的基因或多或少被激活，或多或少使人类产生了特定行为，这取决于从气候到战争、从同情心到"直男癌"的一切情况。

更有甚者，男人如何谈论自己，如何看待自己是男人这一点，都会对基因表达产生影响，继而影响 DNA 在男人生命中发挥的作用。再以遗传问题为例。直到最近，我们所理解的从一个生物体传递到另一个生物体的基因方式是从父母到后代的 DNA "垂直"遗传。现在，在"水平基因转移"（HGT）研究领域，我们发现了新的进化路径。例如，抗生素耐药性的主要扩散途径是横向传播。当一段可移动的抗性 DNA 被横向插入另一条染色体中时，就会发生这种情况。就像表观遗传学的新研究一样，"水平基因转移"研究将显示遗传物质以其他方式在人类之间横向传递的可能性，人类行为和关系可能会有新的发现。

"现在的世界比过去更加拉马克主义化。"灵长类动物学家莎拉·赫迪（Sarah Hrdy）在 2014 年告诉我。她的意思显然不是说动物世界变得不一样了，而是我们对世界新的理解改变了我们对拉马克理论的认识。拉马克在两个多世纪前提出的见解，在此之后，主要都是学者们嘲讽的对象。他有两大主张：一是使用身体某部分的习惯会对后代身体的同一个部分产生影响；另一个是生物在个体发育中获得的新的性状可以遗传给后代。

而第二个获得性遗传的观点与当今的表观遗传学领域更相关。拉马克认为,换句话说,环境的变化可以改变一个人的生理机能,而这些获得性变化可以传给子孙后代。

赫迪进一步解释道:"社会科学家们非常兴奋,现在所有的东西都可以用表观遗传学进行解释了。这让他们摆脱了困境。他们之所以会陷入困境,是因为他们算是被贴上了一个声称'基因不重要!'的标签。"基因当然是重要的,但表观遗传学表明,仅仅表示"基因重要"并不能真正解释什么,因为基因本身并不会导致任何事情的发生,而且基因本身也不免受到社会、行为和其他因素的影响。赫迪预测,随着表观遗传学的发展,环境因素可以改变激活基因及其作用方式这一点会变得越来越清晰。这也是为什么社会科学家现在可以为他们长期坚持的观点,比如社会不平等等因素可以重塑人的身体,找回一点信心了。上一辈的生物学家可能更倾向于抵制社会科学家对进化和遗传这类的理论解释。

如果这真的是表观遗传学具有普遍性的发现,那么它将对男性和男性气质产生直接的影响,因为不平等的性别关系既关乎那些处于优越条件之中、父权结构之中的人,也会涉及那些情况刚好相反的人,男性的身体可能和女性的身体一样,会在这个过程中被重新塑造。

这是否证明,我在墨西哥城的朋友们把一个参加过墨西哥革命的农民的暴力传承给他的曾孙子这一说法是正确的呢?或者说，那些打老婆的丈夫会把暴力倾向活跃的基因传给他们的儿子？再或者，在一个近百年来每代人都经历过战争的社会（如美国）中长大的人，是否多少都会从他们祖先的基因中继承到暴力倾向？只有当你从一开始就把社会暴力和人际暴力与遗传学联系起来，所有这些结论才有可能。仅仅因为表观遗传学可能指出社会因素会触发基因表达，并不意味着每一种社会现象都是由基因触发的。大规模谋杀案发生率的升降不是因为神经元失灵、睾酮过量、脑瘤或者基因失活。

许多研究社会问题的社会科学家几乎不会关注生物因素，通常我们只把它们当作背景信息。虽然在某些子领域，比如医学人类学和环境人类学，轻视生物学的现象相比之下没有那么普遍，但近几十年来，这些子领域中最顶尖的作品有力地推翻了关于普遍性的和统一的生物学说法。例如，这些研究揭示了经历更年期的各种方式，或质疑狭隘的分子病因学在例如精神分裂症等疾病研究中的应用，以及在总体上揭示出医学从业者通常诊断为个体病理的社会根源，例如，创伤后应激障碍。

然而，诚如研究表观遗传学的社会后果的主要研究人员所坚称的那样，专注于自然和生物进化的研究往往被从那些关于养育以及社会、经济、政治和文化背景的研究中割裂开来。医学人类学家玛格丽特·洛克（Margaret Lock）在一系列关于表观遗传学和阿尔茨海默症的出版物中明确指出，一些科学家重新认识到"时间和空间之中存在着分子化的'社会体'"。洛克认为,"表观遗传学的这种转变并不是远离遗传学和基因组学,而是超越了它们。因为新的科学明确地降低了基因作为一种过度简化的中介的地位。"洛克进一步挑战道,对于社会科学家来说,需要考虑的是"这种转变所产生的社会影响"。[16]

表观遗传学不仅证明了社会科学家对社会文化和经济因素决定人类行为的信念,它更有助于为生物学家提供一条出路,一个研究基因与环境之间相互作用的框架,以及一条摆脱生物地域主义束缚的途径。然而,科学家们才刚开始探索表观遗传学对男性和男性气质意味着什么,包括阳刚带来的各种坏处的社会偶然性。重新探讨和重塑男性气质,取决于更充分地认识到,不仅仅是某些男性行为的普遍性,而且特别是在当前,在某些条件下它们不确定的潜力。

然而,将家庭和个人视为分析单位的地域主义,还未聚焦环境因素。如果表观遗传学的全部意义仅此而已,那它将是摇摇欲坠的;政治和经济条件,如贫困、种族主义和父权制,必须被考虑在内。事实上,正是在这样的综合考虑中,在整合自然与养育、基因及其社会激活的过程中,表观遗传学也能与中医的基本原理产生最大的共鸣,尤其是当我们的目标是将更纯粹的生物医学知识和更恰如其分的社会因素统一到对个体、社会乃至身体政治的整体描述中去。[17]

这里需要谨慎。我们还不应该妄下结论认为,我们的生活方式改变了我们的基因,然后我们会把这些改变传给后代。正如洛克和其合著者吉斯利·帕尔森（Gisli Palsson）所写的，"表观遗传变化是否会在人类中代代相传仍处在激烈的争论之中，但［即使］事实证明并非如此，无可辩驳的证据表明，如果生活条件没有得到实质性的改善，表观遗传变化会在随后的几代人中重新产生"。他们的结论称："现在正在产生一个重大的观念转变；在这个转变中，基因的重要性被降低，而自然/养育的概念成为一个不可分割的实体，而且是可塑性的，在这个实体中，养育是积极的、引领性的力量，基因组因应其变化而变化。"[18]

在表观遗传学头几十年的研究之中，一个潜在的重要教训应该是，与"男性荷尔蒙"（也就是睾酮）一样，男性的Y染色体一直备受苛责，或者说因为大众生物学解释男性、阳刚和暴力的方式使得Y染色体不得不背负了其份外的恶名。男人对女人（或其他男人）的性侵由基因驱动或者主导的成分以及男性性侵者应该免受惩罚的想法，就像我们说糟糕的沟通技巧是军事入侵和占领的主要原因一样站不住脚。近几十年来，生物学被用来提供高深莫测的证据，以说明为什么男人的不检点（以及更糟糕的行为）是如此普遍和根深蒂固，同时暗示我们可以从生理上限制男人的行为，却不能期望真正从生理上改变他们。我们需要对这些普遍存在的恶意的信念持怀疑态度。生物怀疑论并不是对生物学的否定。相反，它呼吁我们留意有必要让染色体、解剖学和进化论变得更加通俗易懂和对所有人负责。

在一篇关于表观遗传学这门新科学的论文中,科学史学家萨拉·理查森(Sarah Richardson)得出结论:"表观遗传学可以通过记录性表型的多样性来挑战传统的男女差异的意识形态观念,表观遗传学还可以通过产生性别的环境和社会的调解机制来为研究性别的生物象征提供方法。"除其他功能之外,生物怀疑论可以让我们不必再对大规模杀人的犯人的大脑进行活检,却发现他们不过是年轻的白人美国男性。我们在打开他们的大脑之前,就已经掌握了这些证据。表观遗传学对男性和男性气质的意义不仅仅在于指出男性气质不是预先设定的,或者说凡是反对它的论点都是糟糕的科学研究,而是提醒我们否认环境和人类生物学之间的相互作用不利于男性的社会融入和重现活力。[19]

10

别让男人置身事外

　　没有受文明装点了门面的人，原就是像你这样的一个寒伧、赤裸的两脚动物。

　　　　　　——威廉·莎士比亚，《李尔王》第三幕第四景在我们能够将男性从男子气概中解放出来之前，在我们能够重新审视建立于错误的阳刚之气的想法之上的社会政策之前，我们首先需要放弃的是我们关于男性和阳刚之气的许多生物学语言。把人类的性生活理解为一种动物交配形式并不理想。战争是无法用亲子鉴定、睾酮水平或其他任何与男人生理有关的东西来解释的。任何科学，不管是新的还是旧的，只要被用来合法化和维持不平等的社会关系，只要重复的次数足够多，久而久之就会被认为是理所当然的。有问题的科学会被正常化，成为明明是"半桶水"却具有影响力的知识和想法。这是一个让人产生性别困惑的时代，却也有为改变性别观念而重新谈判的可能性。那些实现了她们的祖母无法企及的职业高度的女性会坚守自己的地盘，但毫无疑问，还有一些保守势力仍会期望女性们不要这么做。

重塑现代男性气质影响着男人，也影响着与男人生活在一起的女人。我们不需要惧怕生物学，只要警惕让男人置身事外、出卖男人的民间生物学。无论在世界上的任何地方，人们都正站在十字路口，思考着什么是现代男性气质，我们必须正视这些关于男性的生物学决定因素。男人应该如何行事？如何对待他人？男性和阳刚之气可以进行何种改变？生物学应该意味着机会，而不是宿命。

我们需要知道为什么只有男人才会被征召入伍，为什么现代没有针对男性的避孕措施，为什么在世界上每个国家的政府、商业机构和文化生活中,仍然由男性占据主导地位。这些社会事实到底是不可避免的,还是可以避免的?近几十年来,女性在社会生活各个方面的影响力都发生了巨大的变化,所以也许这答案太过明显了。但这些变化也对性别的基本观念带来了新的困惑和挑战,而且反对的声音是巨大的。一位受欢迎到令人不安的作家在他的生活准则中写道,他代表所有觉得自己被排除在这些女性赋权运动发展之外的男性要求平反。对于"每一个被唾弃的男性",那些觉得自己被这些关于性别平等的讨论所诋毁的男人,乔丹·彼得森(Jordan Peterson)建议,报复是针对混乱局面合理的解药,他认为,女性的自信,进一步加剧了这种混乱的情形。[1]

我们需要知道为什么男人会实施强奸。这主要是由男性对刺激的自然反应所驱使的吗?在大学校园和整个社会中谈论强奸现象,早在2010年代末的#MeToo运动之前就开始了。但随着女性和男性在相关议题上的争论变得日益白热化,关于强奸现象的讨论也变得越发激烈:在多大程度上,可以说所有男人都有能力实施强奸;如果不会因此被抓并受到惩罚,是否会有更多的男人实施强奸;有多少强奸案是文化因素导致的,又有多少是男性的动物本性使然。如果我们想弄明白性侵这一问题,那么这些讨论是至关重要的,这些讨论也提供了机会,有助于厘清我们的语言以及我们对男人、男性、攻击性和性的想法。

我们需要知道,为什么关于生物能力和动物冲动的种族化观念，主要是在学术界和主流媒体中遭到公开边缘化和鄙视——尽管在白人至上主义复苏的时期，这些观念变得更加危险，但关于男人的生物能力和动物冲动的想法却让他们好像处于几乎没有脱离野兽的状态一样。打开任何新闻节目，阅读任何关于性别问题的报道，你总会听到关于睾酮、Y染色体、真男人以及"男人本性难移"。把某些人贬低为动物，历来是一种有效矮化他们的方法。动物没有理性，它们必须被控制，它们也不被允许为自己或他人做决定。如果你怀疑是否存在一种普遍的想法，即男人在本质上不能控制自己，就因为他们是男人，就好像鲨鱼无法控制不去吃掉海豹一样，那么想想大猩猩，以及他们的性掠夺和攻击性行为是如何常常与人类男性的行为相比较的。男人必须做男人必须做的事。诚然，这要复杂得多，因为男人控制着我们社会、经济和政治生活的方方面面；但关键是，如果我们相信因为他们是男人，所以天性使然要以天定的方式行事，不管是好是坏，那么我们的思考将一无所获。

语言可以改变人们的观念。而关于男人和男性气质的狭隘观念，即便是用科学术语包装过的，也应受到质疑。一方面，我们可以拓展对雄性动物的理解；另一方面，有些人的身体可能赋予他们超过一种的性别身份，我们可以学着使用不那么极端的词句来描述他们的经历和人生体验。最大的问题出现在我们迁就男人的时候，因为我们相信男人在本质上无法自控；出现在我们相信无法改变生命、进化和DNA的时候。这使得我们认为，不论喜欢与否，男人顶多受制于他们无法压抑的强迫症。[2]

他们/她们/他她们的

如果"性别二元论"听起来像行话，那是因为你最近没怎么跟学生们接触过。"男性"和"女性"不再是唯一的性别分类方法，不再对所有人都适用了。对今天的大学生来说，在过去几代人眼中清晰的男性和女性之间的界限，在他们眼中已经很模糊。就像"话语权"和"财阀"这两个词一样，一场政治运动就能把一个词从学术行话移到流行语列表中。1990年代中期到2000年代头十年出生的Z世代，处于这场运动的前沿。他们挑战性别二元论的一种方式就是舍弃从小到大使用的人称"他"和"她"，转而使用"他们"。

人称的转变可能意味着一场运动，就好像他们的母亲当年要求把自己的称呼从"太太"和"小姐"变成"女士"。正如上一代人的头衔转变所经历的过程，今天"他/她们"运动是正在美国大学校园里进行的、针对宏大的性别议题的广泛而激烈的讨论的一部分，这些议题包括"酷儿"、同性恋和跨性别政治。从长远来看，这些讨论能产生多大的影响力还有待观察，但它们拒绝接受性别二元论这一点肯定对性别困惑、男性科学以及基于性腺检测来理解性别认同基础的想法产生启发性和

教训。³

布朗大学的学生在社团或校园团体的第一次见面会时做的自我介绍,往往会加上一个新的事实。除了姓名、入学年份和专业之外,他们还提及自己想让别人用什么人称称呼自己:他/他的,她/她的,他们/他们的,或者是别的。从2010年代中期开始,校园里迅速采纳了新的性别规范,自此以后,无论是闲聊时还是课堂上,这更是成了常规。作为一种回应,较年轻的老师们开始在上课的第一天询问同学们人称的喜好,许多学生也会在电子邮件签名上写上自己喜欢的人称。仅仅是短短几年时间,学生们就为性别和性争取到了更大的接受度,并试图拓宽他们父母和祖父母辈使用的清晰的性别框架。有时,这些问题与"酷儿"议题联系在一起,但并非总是如此。性取向往往被看作一系列独立的问题,即使这些问题间互相关联。

学生们正在挑战非此即彼的限制和将世界划分为非男即女的二元对立方式。但是,这些二分法并非只在美国盛行。事实上,历史上大多数文化都把人分为男性和女性。研究新几内亚的人类学家提到,性和性别的"两极分化"不仅在那里盛行,而且是普遍存在的,想想第一章中提及的萨比亚和其他部落中实行的男性成人礼。为了不遗余力地捍卫性别二元论,法国总理爱德华·菲利普(Edouard Philippe)在2017年宣布,他正禁止在政府文件中使用性别中立的语言。然而,对于我的学生来说,"打破二元论!"的诉求是一个迫切且充满正义感的目标。

当今的年轻人对严格的非男即女的分类体系极度不满,他们正在倡导新的性别分类方式。[4]

我的一个学生告诉我,他收到过的一份邀请这样写道:"嘿,朋友们,我想举办一个派对,庆祝我使用荷尔蒙的两周年,以及随之而来的所有美好的事情。让我们庆祝春天和女性气质,用任何对你来说有意义的形式都行!"他们把它叫作"荷尔蒙派对",并用它来为正处于性别转换期的朋友筹款。近年来,跨性别人士开始对性别认同神圣不可侵犯这一观点提出挑战,他们往往以承诺实现更广泛的性别公正和社会公正来对抗这种观点。当他们被当作"不可能的人,他们不能自我定义,不能存在,不能被归类,也不能被任何地方接纳"时,这是对性别身份分类趋于模糊的否定,也是对性别多样性和包容性的否定。跨性别社会运动的出现拒绝被归入现在更易得到接受的男同性恋和女同性恋的类别之中,这是对社会现有规范的挑衅,而在这个社会中,要处理"何为男人何为女人"这个议题已经够让人头疼的了。跨性别政治学让人越发不信任所谓的"正常",也许这正是为了寻找法国哲学家米歇尔·福柯所说的"快乐的无身份的化外之地"。[5]

总而言之,变性人在性别和性方面的生活体验存在很大的差异。对一些人来说,这是一分为二的事情,可以通过过渡期寻求身体和心灵的统一。对另一些人来说,人生的首要目标则是完全摆脱这种分裂的状态。当凯特琳·詹纳(Caitlyn Jenner)

出现在《名利场》的封面上时,她的性别身份并不模糊。而问题的矛盾之处在于:尽管这一切看起来已经很极端了,但当人的身体随着认同重新调整时,好像只存在成为两种性别的可能性,而跨性别人士的经历可以证明这一点。性别二元论是一个强大的漩涡,甚至可以把最不循规蹈矩的性别叛逆者拉下水。正如跨性别学者杰克·哈尔伯斯坦(Jack Halberstam)写道:"然而,想以不带性别标签的方式存在,简直就是异想天开,因为几乎没有办法在与其他人互动时,不被认为带有某种性别特质。"当关于性别的严格的二元对立思维方式开始分崩离析,并阻碍新的想法时,所有关于男性和女性的事宜背后的主事者要开始质疑基本性的前提,不然他们的工作就僵化了。我们太容易对男性的性冲动产生随意的、不假思索的以及无益的刻板印象了。[6]

在今天的大学里,自称为"酷儿",既可以是一种团结的行为,也是在公开宣布自己的性兴趣。一位来自墨西哥的学生说他那些出柜的朋友也是"花了很长时间才变成'酷儿'的"。人类学家吉列尔莫·努涅斯-诺里加(Guillermo Núñez-Noriega)对墨西哥北部的牛仔进行了一系列研究,这些牛仔与女性结婚,自称是异性恋者,但他们却也经常与其他男性发生性关系,吉列尔莫指出了认同和行为有时如何看起来不相一致的情况。或者可以这么说,对于那些缺乏想象力,无法用自己习惯的语言以外的话语来想象性别、性和性欲望的人来说,这些牛仔的行为该显得多么格格不入啊。对于我的一些不是"酷儿"的学生来说,这些墨西哥牛仔,让人联想到电影《断背山》中的角色,挑战了他们对男性和阳刚气质的基本看法,并展现了超越性别界限的选择。"酷儿"的视角帮助他们跳出既定的不是同性恋就是异性恋的二元论的思考框架。[7]

"他们"运动将何去何从尚不清楚。但已经有迹象表明,它的效应正在整个社会中蔓延开来,影响到了包括电视节目(比如美剧《亿万》)以及各个工作场所;人称方面的创新很可能随着这批学生的毕业和就业变得更加多样。但在2010年代的最后几年,学生们再次开创了思考和谈论人的性别身份的新方式。他们要求我们增加一些谈论性别的新方法,以适应他们在生活中遇到的日益增长的性别流动性。一如既往,我们所追逐的目标是打破用生物学的语言来理解男性和男性气质的僵化方式,并在2020年代即将到来之际,在世界各地不同的社会背景下,发现多种多样的方式以对男性气质进行新的思考和讨论。

如果"重影"是我们在看待性别问题时的全部想法,那么是时候换一副新眼镜了。无论怎么看,性别二元论看起来都在走向阶段性退休状态。虽然我们的动物性在几千年里并没有改变很多,但仅仅几十年的时间,作为男人或女人的意义已经发生了根本性的改变。狭义的生物学已无法再解释文化因素,而狭义的文化也不能解释生物学的现象。[8]

怪物高中生

2018年10月6日,美国参议院以50票赞成、48票反对的结果,批准布雷特·卡瓦诺(Brett Kavanaugh)出任美国最高法院大法官。抗议和拥护这一决定的意见使得美国全社会陷入分裂状态,这反映的不仅仅是许多参议员和普通民众相信了他否认在高中及之后对女性性侵犯的说辞,不仅仅是许多人感到即使他做过这些事情,那只能说他当时还小而不应该因为这些事让他永世不得翻身,更不仅仅是许多人可以因为喜欢他的保守主义政治立场,而无视他性侵犯的行为。从上到下对卡瓦诺的支持表明千千万万的男人和女人对一个男人,尤其是一个已经功成名就并野心勃勃的男人的要求,或者至少说是期望。

我们在这里看到的是人类学家坦亚·鲁尔曼(Tanya Luhrmann)所说的"一种道德观,它视身体为无选择的、不负责任的(部分),而将心灵视为做选择的、负责任的(部分)"。卡瓦诺听证会通过隐晦地区分他负责任的司法(即精神)能力以及他过于男性化的身体来暗示了这一问题,后者让他在控制自己的行动方面,特别是与女性关系上别无选择。这个推测意味着,当人们不巧生为男儿身时,让他们真正负起责任来的想法是徒劳的:我们能期望的最好的做法就是找到有效的机制,把男人以其最原始的状态控制起来。[9]

我们很容易将讨论限制在这几场臭名昭著的听证会上几个关键性人物的表现上，但不要忘了，正是这些听证会让卡瓦诺获得了提名。我们看到联邦法官变得疯狂、愤怒，图谋报复。他对民主党参议员大喊大叫，参议员斗胆问他的饮酒习惯，他便要求他们透露自己的习惯。数千名女性抗议者聚集在外，潜入听证会举办地，撞门，对着卡瓦诺大喊大叫。卡瓦诺恰如其分的表现——哭泣、奚落和十分好斗——与许多观察家推测的在誓言之下对其高中年鉴和日历记录说谎的行为无缝衔接。关键性人物在司法和政治问题上争论不休。但提名讨论的核心围绕着性别和性；男人是什么以及不是什么；他们能成为什么和不能成为什么，他们做什么和为什么做——这些基本信念的碰撞。

如果你正在读这本书，我对卡瓦诺及他的支持者们的谴责像是在白费唇舌。然而，我们太容易只向暴君开弓，所以还是需要进行自我批判。我们所有人都很容易淡化我们是如何教导男人以某种方式行事的，以及我们是如何散播一些文化上的观念，从而造成了男人是他们自己的动物性的受害者这种错觉的。本着这种精神，我想提及关于卡瓦诺和听证会的两篇社论，它们来自两位广受欢迎的自由派社会观察家：《纽约时报》社论专栏作家弗兰克·布鲁尼（Frank Bruni）和哲学家玛莎·努斯鲍姆（Martha Nussbaum）。

最高法院的席位悬而未决。问题集中在男人、男性气质以及对女性的性暴力上，所有这些问题都呼之欲出，需要彻底地、细致地进行描述和分析。在一篇关于布雷特·卡瓦诺的社论专栏文章中，弗兰克·布鲁尼写道："那正是他，驰骋男性荷尔蒙和酒精的浪潮，在一群为他摇旗呐喊却一样喝高了的哥们儿之中。"这本是一个有机会学习反思的时刻，是一个认真讨论阳刚之气的机会，是一个引入新的见解和发现的机会，而不是简单地重复那些关于男性性侵女性的原因流于形式的想法。然而，我们却又被说教所有十几岁男孩背负的麻烦，那个所有生物化合物中最可怕的睾酮。[10]

随意地提到荷尔蒙有什么错？鉴于布鲁尼的言下之意是对卡瓦诺严厉的斥责，用花哨一点的措辞又有什么错？具有误导性的是无意识下明确地暗示，十几岁的男孩体内有一种化学物质，会让他们做出一些本来不会做的事情；如果你是一个男孩，体内充满这种化学物质，那么你也会做出同样的事情；卡瓦诺的性攻击行为，如果真要追溯起来，既不是男孩个人性格导致的，也不算具体的性攻击行为，而是男人体内的睾酮和酒精的混合体在作怪。布雷特·卡瓦诺可供弗兰克·布鲁尼写的事情很多，为何偏偏提到男性荷尔蒙睾酮呢？该怪罪于睾酮吗，哪怕只是让它承担部分责任？

错就错在无论是睾酮还是酒精都不会迫使任何人做任何事。就睾酮而言，除非卡瓦诺体内的激素水平异常高（没人如此断言），否则这种说法是站不住脚的。如果说暴力行为和激素之间有任何关联，那就是暴力行为可能会导致激素水平上升，而不是相反。如果你要使用睾酮这个术语，你应该知道这一点，并告诉别人这一点。至于酒精，它可能会使人失去自我约束力，激发他们受到压抑的欲望，但这并不形成因果效应。如果你不是压抑着性侵犯别人的冲动，那么，喝再多的酒你也不会去侵犯别人，就好比即使你在飞机上醉酒了也不会无缘无故离开座位在过道上跳舞一样。让卡瓦诺体内的一种有机物为他的行为负责，就是将恶劣的行为合法化。

这样使用睾酮作为借口，我们不妨回想一下林登·约翰逊，当记者问他为什么美国还不从越南撤军时，他那令人难忘的回答。"约翰逊发现在处理对战争的批评时很难维持他的理性。"根据一位历史学家的说法，"在一次与一些记者的私下谈话中，记者们追问他我们为什么要打越南，约翰逊失去了耐心。根据阿瑟·戈德堡（Arthur Goldberg）的说法，约翰逊拉开他裤子门襟的拉链，掏出他的阴茎说：'这就是原因！'"以任何方式将卡瓦诺的性侵行为归咎于睾酮，实质上是在争辩，我们可能不爱听，但是，该死的，这就是男人处理问题的方式，尤其是像林登·约翰逊和最高法院大法官候选人这样有权势的男人。它不仅为男人们的性侵和军事侵略行为开脱，也在昭告天下，尤其是其他男孩和男人，这就是最具男子气概的做法。[11]

在一篇关于卡瓦诺听证会的文章中，玛莎·努斯鲍姆用旧瓶装了新酒："然后，在歇斯底里之下，"她写道，"潜藏着一种更原始的情感：厌恶女性的身体。人类可能本能地厌恶死亡和自己的动物性，并尽量避免沾染到体液和血液。但在每一种文化中，男性的厌恶都是针对女人，作为身体本质的象征，与男性形成对比的象征性动物，几乎都是心灵纯洁的天使。"[12]

关于努斯鲍姆的评论，最令我好奇的是，如果说事件中有什么象征性的表现的话，那么与她形容得恰恰相反：卡瓦诺充分展示了兽性，而克里斯蒂娜·布拉西·福特（Christine Blasey Ford），这位勇敢地指控他高中时期犯有性侵行为的女性，在她精心撰写的声明中，表现出了明智审慎和富有分析性。听证会上没有任何信息能印证努斯鲍姆特殊的性别表述和想象。卡瓦诺是一头野兽，支持者认为他释放出自己的天性完全合情合理。赤裸裸的教训仅是，如果他一时头脑发热，这是把野兽逼到墙角时他们的自然反应。[当然，卡瓦诺不是唯一一个感到愤怒的人。参议员林赛·格雷厄姆（Lindsey Graham）在听证会上的怒吼同样展示了肆无忌惮的、发自肺腑的愤怒和恐吓。]关于青春期的争论，让人觉得青春期的男孩就像脱缰的种马。卡瓦诺没有表现出远见或者富有理性的举动，当时也没有人鼓励他表现这些。

卡瓦诺在国会听证会上的表现远非反常，而是完全与时代同步，充分表现出男性的内在。而同样的事情也正在世界各地发生。例如，在中国，"生物之神"部分取代了孔子，为理解男性和阳刚提供了依据。我的同事王玲珍曾指出，"原始的激情、原始的性欲和少数民族或农村男人身上所蕴藏的自然本能，在后社会主义时代对中国男子气概的阐述中变得至关重要"。关于男人和女人的猜想，无论是在中国、墨西哥还是美国，往往都是基于按本质来对性别进行的分类，背叛了对斯蒂芬·杰伊·古尔德（Stephen Jay Gould）所说的关于人类行为的"推测性故事"的过度依赖——这里的人类行为指的是关于男人、男性气质和阳刚的行为。这样一来，我们正在制定的社会政策禁令也建立在了这些错误的猜测的基础上，并最终阻碍了对关键问题的更清晰的分析，例如为什么男人会性侵女性以及我们可以做些什么来阻止他们。[13]

由于女权主义者坚持不懈的努力，现在我们也许比过去更加谨慎地使用象征性的术语来描述女性，如"歇斯底里""情绪化""爱发牢骚""精于算计"等。我们也需要留意相应的形容男人的表达方式，因为这些同样是无益的形容词。我们越避免使用那些将女性简化为一套共用的冲口而出的短语组合，女性就越有机会展示她们真正的自我，以及她们的想法。除非我们也可以这样对待男人，否则我们就是通过预先设定的身体压力来谴责他们，并给他人带来更恶劣的后果。如果我们说一个男人"野蛮"，我们的脑中很可能会出现一个非常具体的形象，关于他是哪种人，或者他会如何应对某些场合。这就如同我们说一个女人"颐指气使"一样。但是这样的固有印象会使谁受益？又以何种代价呢？

如果说直男癌不是好男人应该有的特质,那么与直男癌完全不同的究竟是怎样的男性气质?在2010年代,还不难在互联网上发现知名的非直男癌男人。现在人们正寻找另一种类型的男性英雄。前职业橄榄球运动员和电影明星经常排在非直男癌名单首位;重点似乎是你既可以是一个高大强壮的男人,但依然不想去虐待女性和其他男人。这说得过去,但是,我们继续在有限的空域中飞行:你要么是阳刚的或阴柔的(大概是基于你的装扮),而你唯一可选的就是什么样的阳刚或阴柔。

谈论直男癌的全部意义在于,或者说应该是批判一种利用阳刚之气来表达自己观点和执行其规则的有害形式。"直男癌"这个词的出现是件好事:它是一种振聋发聩的批判,捕捉到了有害的男性行为的本质。也许"男性行为"这个短语仍然太容易让人认为身为男人还是有些可取之处的,但是直男癌让我们可以直击一些特定的影响广泛且具有破坏性的行为,这些行为与某些男性气质联系在一起。如果我们要解决性别不平等的议题,那么我们需要这种语言。但我们也需要谨慎,这样我们才不至于挖错其实根本不存在的问题根源,这里指的是,想象男性有与生俱来的需求去展现出好的抑或坏的阳刚之气。

我们有时会说某些特质特别有男人味或女人味,或者我们会把特定的互动方式与性别联系起来。例如,我们可能认为合作是女性化的,而支配是男性化的。但是,如果目标仅仅是改变构成阳刚之气的特质清单,那我们仍然被困在同样的二元性别论的套路之中。如果我们相信另类的、非直男的男性气质应该强调合作而不是支配,那么我们本质上就是在强调,男人还是男人,所以必须以男性的方式行事,那就让我们扩大阳刚之气的定义吧。

但是,无论是合作还是支配,都不一定要与性别捆绑在一起。实际上,"男性气质"和"女性气质"这两个标签本来就没有强制性的标准。它们一直是人类关系的核心,但它们对于建立关系终究不是至关重要的。它们可以让人分身乏术,但也可能是巨大的负担。最终,我们不需要为男性和女性准备独立的特质清单,就像我们不需要这样去区分左撇子与右撇子一样。以性别化的方式来维持这些信念,只会让无益的解释持续存在下去,让我们又回到要为每种行为贴上男性化或者女性化标签的状态。而这一解释框架只在一种情况下才有意义,那就是男人独特的动物性让他们在一套规范中行事,而女人则遵从另一套规范。

阿尔法男的法则

性别困扰激起了不少女人和男人表达对于有权势的男人滥用其个人和社会支配方式的不满。这些不满清楚地表明,他们的苦恼是广泛而深刻的,也导致了世界范围内充满正义的抗议。越来越多的女人和男人都在寻找方法,在不为这些男性的行为开脱的情况下寻求解释。破除对男人天性、身体和动物性理所当然的想法，是解决性别困扰所带来的困境的核心。

流行的关于男人、男性气质、男性性欲和攻击性的科学解释对我们的影响已经到了令人震惊的程度。2006年世界银行的一份仍在发展中的有关男性、阳刚和性别的重要文件包含了这样的指导性内容：

> 社会科学的研究中提到的阿尔法和贝塔雄性的概念来自动物生物学，特别是关于灵长类动物的研究。考虑一下贝塔男性可能在其所在的社会结构中（或者潜伏在其身边的社会结构中）被系统性地忽略了这一情形。这些人可能包括无家可归者、酗酒者、被囚禁者、患有精神疾病的人士、残障人士或只是单纯无法融入社会的男性。英文中一系列贬义词——土包子（geek）、败犬（loser）、呆鹅（nerd）——显然都是在指男性。
>
> 事实上，当代社会对性别不平等的关注，很大程度上是拿阿尔法男或者说"高富帅"与女性的处境进行比较。[14]

如果像阿尔法和贝塔雄性这样关于非人类灵长类动物的理论被世界银行用来指导其工作人员拨付数以亿计的性别平等援助款，并通过这份报告来暗示人类男性行为直接与生物和进化方面的假设相关，那么我们研究的起点就已经很危险了。如果阿尔法雄性灵长类动物对我们的启示，不仅关于男性的暴力和性行为，而且也与他们的迁徙模式、他们的育儿行为、他们的领导技巧，以及他们的食物偏好、预期寿命、卫生习惯，还有说话和坐姿等方面有关的话，那么，连补救的努力从一开始也被削弱了。尤其是，在一本关于人类男性和阳刚的书中，将男性与其他雄性灵长类动物进行比较，这就需要一个狭义的生物学解释框架，而这个框架甚至永远无法完全或充分地解释智人男性的个体差异。

更令人震惊的是，通过把动物世界的"阿尔法雄性"与社会"赢家"联系在一起，该报告的编辑伊恩·班侬（Ian Bannon）和玛丽亚·科雷亚（Maria C. Correia）未能把有关阿尔法或贝塔雄性灵长类动物的生理影响的全部文献都纳入报告的讨论之中，例如，"阿尔法雄性表现出比次一等（即贝塔）雄性高得多的压力激素水平，这表明处于不败之地可能比原来想象的需要付出更高的代价"。压力、高血压、受到抑制的免疫功能、心理健康问题以及为了取代目前占据主导地位的阿尔法雄性可能受到的伤害，都是他们所面临的危险因素。[15]

世界银行关于男性和女性的声明不仅对世界范围内的发展资金产生了重大负面影响，还折射出了普遍的关于男性的观念，这些观念影响了全球每个角落，主导着在金融、政府、工业以及社会生活方方面面的男性（和少数女性）的思维。把"阿尔法雄性"这个短语嵌入这种思维之中——虽是老生常谈，却也没什么其他害处。然而,在拓展性的跨物种比较研究之中强调阿尔法雄性的概念,这就进入了更危险的领域。

人类学家马歇尔·萨林斯(Marshall Sahlins)在讨论这种为了强化先入为主的概念而进行的循环推理时,提到了生物学的使用和滥用,包括人类和动物行为之间的关系,以及比较动物研究循环往复的历史。"自17世纪以来,"他写道,"我们似乎陷入了这种恶性循环,交替地将资本主义社会的模式用于解释动物王国,然后又将这种资产阶级化的动物王国的经验重新用于解释人类社会。"[16]

如果我们期望男人因为是雄性就以某种方式行事,并认为所有灵长类动物的雄性都有特殊的、周密的、普遍的处世方式,那么我们怎么能抵挡用生物学的推理方式,来解释并为男性的性侵犯(以及参与战争和其他许多事情)开脱的诱惑呢?例如,生物学家安妮·福斯托-斯特林(Anne Fausto-Sterling)在反对跨物种"强奸"的说法时说,"用强奸这个词来描述动物的行为,剥夺了意志的概念,而当这个被剥夺了意志的词再一次被用到人类身上时,女性发现她们的同意权和拒绝权都消失了。强奸成了自然界中的一个现象,在这个世界里,占据上风的是自然和科学,而不是人性和法律"。[17]

不可避免的光环

20世纪60年代和70年代的女性运动激发了一场关于女性,

后来甚至波及男性的学术研究革命。由于人类学从很多方面来说都是最具包容性的学科,涵盖了从人类起源到八卦、到权力再到性这个地球上每一个犄角旮旯发生的一切,所以第二波女权主义者很早就寄希望于人类学家来回答下面这些问题:

> 在这个世界上,男人是否在每一个社会和历史时期总是支配着女性,所以这难道是人类的普遍性?
>
> 男性权威何时、如何以及为什么会成为人际关系的特征?
>
> 在这些主题上有哪些重要的变异,人类学家可以将其称之为文化特殊性?

女权主义人类学家的早期著作中已经涉及了跨文化问题,比如女性和男性的公共和私人生活:一些社会中的女性是否在家中拥有比在社会上更大的权力?又或者情感:女性和男性是否在本能上有不同的情感需求?还是说差异主要是文化因素造成的?还有一般性的权力问题:历史上,男人是否在任何地方都能掌控着一切?如果你能为这些普遍状态找出一些明显的例外情况,那么你就能证明,这不是人类社会基本且不可逆转的组成部分。而如果你找不到特例,有些人便认为,那就证明了进化论和必然性的一些基本观点。

在最早的也是最大胆的一批具有反叛精神的人类学家里,

有一位叫雪莉·奥特纳（Sherry Ortner）。她在1972年发表的一篇文章被学者和活动家们广泛阅读，也可能是玛莎·努斯鲍姆2018年那篇关于卡瓦诺作品的灵感来源。奥特纳认为，"女性在社会中的次要地位是真正具有普遍性的情况之一，是一种泛文化的事实"。她强调，她写这篇文章的目的远远超越了单纯的学术讨论的范畴："我希望看到真正的变革，期盼出现一种社会和文化秩序，在这种秩序中，无论男女都能发挥自己的潜能。"[18]

她说，女人和男人遵从秩序行事的原因，自古以来就有，这源自根深蒂固的文化带来的观念，即女性在管理国家事务和社会上的重要机构中处于劣势地位。一些简单的例子就可以说明她的观点：2018年，在奥特纳写下这篇文章的近50年后，美国第115届国会中只有不到20%的议员是女性；自1789年以来，只有52名美国参议员是女性。此外，2018年《财富》500强企业中，只有25名女性担任CEO。在墨西哥，女性在1947年就有了投票权，但只限于市一级。直到1953年，她们才可以投票选举总统以及参与竞选。而直到1983年，她们才能自由出入小酒馆。

很难质疑奥特纳的立场，即女性的领导地位无论是在美国还是在其他社会中，无论是在过去还是现在，一直被贬低。卢旺达是国民议会中女性议员比例最高的国家，女性议员占了多数，但这是通过外国势力规定的严格配比才实现的。将奥特纳的分析延伸开来:导致女性在每个社会中处于次一等地位的不是生物学,而是文化上的偏见、共谋和疏懒。

然而奥特纳更进了一步,她坚持认为,不仅男性普遍比女性更易得到来自文化上的认同感,而且与女性有关的象征更多地与自然联系在一起。在英语中,我们谈论的是自然母亲,而不是自然父亲。从女性的身体及其"自然"的生育功能开始,奥特纳认为,女性一直被与繁衍生息联系在一起,而男性(由于没有这种创造能力)则需要在文化上、社会上和政治上进行创造。

这种"男人属文化""女人属自然"的论点引起了激烈的争论,还有书用全书的篇幅来批判奥特纳的概念。比如说,并没有一种被普遍接受的对"自然"的定义,所以很难说女性总是与"自然"联系得更紧密:自然在不同的语境下指代着不同的东西。很容易找到这样的反例。奥特纳的结论建立在性别普遍性的基础上,鉴于世界上和历史上有各种各样的性别关系和实践,这些普遍性显得越来越有问题。[19]

奥特纳发展了她自己的回应,不过,基本上是对原来的论点进行了一番强化,就是增加了一个免责条款。在1996年的一篇文章中,她总结道,普遍性的男性主导是一个准确的描述,"男人属文化"和"女人属自然"这一象征性联系是正确的。然而,她现在补充道,所有这些身份和信仰首先代表着"为其他目的而做的社会安排所导致的意外后果"。

是否怀孕、经历分娩和哺乳影响着早期狩猎采集群体的分工,那些不会怀孕的人大概在狩猎后有更多的时间闲逛。这一切以滚雪球式的形式发展了几千年,于是男人实现和满足了越来越大的社会功能和需求,直至负责各地的治理和商业活动,而且始终如此。没有人一开始就打算这样做,男性并没有从女性手中夺取权力的意图;但同样可以肯定的是,男性和女性都想出了用来证明和增进这种性别化安排的解释,正如奥特纳所设想的那样,"男人脱颖而出只是因为运气好"。[20]

那就是事情的全部了吗?难道父权制的形成只需要归结为运气吗?在某种程度上,幸运的是,确实如此。因为关于为什么男人当家做主的另一种解释可能要说这是上帝或 DNA 的预先安排。不平等、压迫和父权制并不是社会层面的性别分工所固有的,在家庭层面也是一样。但它们也可以是固有的,而这就是问题所在。绕来绕去,我们可以相信男人当家做主是不可避免的正常状态,无论我们是否喜欢,是否为其辩护。但是,人类具有审时度势并从根本上改变态度和行为的能力,这是人类与其他物种的区别之一。

而我们人类可以直接解决导致这种由来已久的性别分工的某些生理因素。首先,虽然让女人怀孕需要男人和女人的共同参与,而生孩子和哺乳全是女人而不是男人的事情——我们可以改变这其中涉及的几个"生命的事实"。男人同样可以喂养婴儿,负责育儿或者自己收养孩子。特别是在 20 世纪,性生殖方式前所未有的多变，远超人类和动物有记载的历史上的任何时期。事实上，到21世纪末，在某些情况下，男性很有可能可以生育和授乳（例如，男性可以通过子宫移植或植入人工子宫，并结合激素疗法来完成这一过程）。即使经过一百年，也很难想象雄性黑猩猩（或倭黑猩猩）会承担起主要的育儿责任。孕产妇死亡率直到1900年还是全球女性的一大严重挑战，到了2000年，它仅对那些无法获得良好医疗服务的女性才构成威胁。虽然在这方面我们还有很长的路要走，尤其是对于被边缘化的人群来说，但在过去一百年，全球数十亿女性的生殖和生殖健康状况已经得到了极大的改善——别的不说，这一情况为我们提供了新的契机，以弥合我们长期以来都认为可能是不可避免的男女之间的鸿沟，并为我们理解各个人群的性别、性和性行为提供了新的可能性。不难看出，直到最近，当先进可靠的女性避孕方式出现后，女人才有了更多的理由去"挑剔"自己性生活的频率和对象，而几个世纪以来，这种挑剔很容易被误认为是女人的天性使然。

随着未来的这些变化以及社会和政治压力，性别分工可能会受到人类历史上前所未有的挑战。事实上，性别分工在20世纪和21世纪已经受到了我们可见的社会变化和科学进步的挑战。在这个与人类繁衍有关的科学史上的偶然时刻，在我看来，仍然固守过时的关于男女的想法是很可怕的：这不仅会妨碍新的性别认同得到充分表达的可能性，也会耽误男女之间通过各种方式分担比如育儿等职责的可能。

从古至今,无论男人是否有幸掌握了权威,奥特纳对男人这份运气的分析,比起假设男人是动物性的机器,他们缺乏所谓女性与生俱来的基本能力,既无法培育后代,更无法控制自己无可救药的内心冲动这些提法,要令人满意得多。正如寓言所言,大象的长鼻子是在小的时候被鳄鱼拔出来的。从那时起,大象就有了加长版的猪鼻子。这就是所谓的"原来如此"的故事。男孩就是男孩,因为他们生来如此,他们也会始终如此。他们无法控制自己,就像野鸭子在母鸭子身边就无法控制自己的性冲动一样。这是另一个"原来如此"的故事。

除了文化和自然对不同的人来说有着不同的含义这一事实,以及无论男性是否真的更"属文化"(不管这文化意味着什么),而女性更"属自然"(也不管自然意味着什么),今天值得考虑的是,在大众的想象中,这种联系在多大程度上是与上述说法相反的。可以肯定的是,理性的和科学的思想仍然被广泛认为是更为男性化的而比较不女性化的——情感则是更为女性化的而比较不男性化的。然而,即使不做相反的过度解读,我们也可以得出结论,在过度生物化的世界的许多地方,在很多关键的方面,男人现在普遍被与自然联系在一起,因为据说他们的性欲和攻击性都源于他们几乎无法自控的身体。而人们普遍期望女人来提供文化平衡,以抵消男人的动物性,不然如果就这样放任不管,男人会对社会和家庭造成更多的伤害。

当今，在上海、墨西哥城或罗德岛的普罗维登斯，男性如何以及何时会比女性暴露出更多的动物性，这在很大程度上取决于相信这种性别宿命论的人。任何信仰体系，若认为男性可以超然物外，也无力做出改变，都等于给我们的孩子，无论男女，套上了一个该死的历史重担。

为什么这么多关于男人的归化民间生物学的东西会流传开来，同样的一批人义正词严地谴责那段把非白种人与动物相提并论的历史，他们还谴责把非洲人贬低为贪婪的掠夺者，把中国人贬低为群居的蚂蚁，把犹太人贬低为老鼠。而且他们还颇有正义感地批评美国总统形容无证逗留的墨西哥人的说辞："他们不是人，他们是动物。"然而，当涉及人类和其他雄性物种的比较时，义愤填膺就变成了一笑了之。那些男人和他们的滑稽动作，性和攻击性，似乎自带笑点一样。如果这是为了取笑那些最有权势的人物，这样的吐槽当然很是爽快。然而，当这些关于男人的玩笑变成了把男人作为一个同质的类别（即不仅仅限于那些有权有势的男人）而进行的简单全面的分析时，这便有超出我们预期的风险；或许最重要的，我们实际上是在告诉男人，虽然我们可能无法接受他们的这种或者那种特质，但我们也明白，在某种程度上，他们对于自己的身体几乎无能为力，只能臣服于进化论的支配、动物性的驱使、淫荡的冲动和好斗的倾向。[21]

踢"球"

在美国,牛仔作为一种象征的历史由来已久,它代表着某种坚毅、粗犷、阳刚的魅力。墨西哥的"vaquero"也有同样的象征意义,事实上,民俗学家亚美利科·帕瑞得司(Américo Paredes)将墨西哥对大男子主义崇拜的起源追溯到了美国牛仔的传统。牛仔的形象与未被驯服的户外环境融为一体,而马和背景中壮丽的山景也是不可或缺的。美国牛仔与女教师文明开化的气质相得益彰。无论你对"自然"的定义是什么,牛仔可能是你能得到的最佳答案。而女教师则特别知书达理。这种带有性别特征的典型形象对社会的想象力产生了深远的影响:以19世纪为背景的好莱坞西部片比以第一次世界大战为背景的电影还多,这证明了未开化的牛仔形象在社会中的突出地位。[22]

现在,我想并不是每个牛仔都是野性自然的,也不是每个女教师都必然是知书达理的。但根据流行的共识,这些联想仍在发挥着作用。究竟是大众文化提供了一面镜子,而我们就是镜子里的自己,还是牛仔和女教师的形象为我们植入了这些观念——搞清楚这些并不重要。共享的语言和表象对感悟世界、关系、等级和生活经验来说至关重要。因此,值得注意的是,在世界上的许多地方,一提到男性的一个关键部分——睾丸,日常交流中都能找到相应或者相似的说法。

关于睾丸的俗语在世界各地经久不衰，其含义也是一"团"混乱。以墨西哥为例，如果你说某人"El tiene muchos huevos"（He has a lot of balls），你是说他很有种（字面意思是"球/蛋"），这与在西班牙语和英语里同义。但你也可以说，"Es un huevón"（He's ballish/eggish），"他很球/蛋"，意思是这人很懒。在这两种情况下，句子的意思都取决于睾丸赋予这个男人的基本个人特质，无论他是大胆还是懒惰。你对一个男人的评价是正面的还是负面的，这几乎不重要；重要的是他有这些器官，这些器官界定了他的存在和行为。

同样，每次看到电影里一个男人的蛋蛋被踢、被打或被撞到的场景，我都觉得吃惊，也承认有点幻灭的感觉。当然，当男人象征性地被打倒，总有翻转剧情的效果。看到他们遭报应，我也觉得大快人心。让我困扰的是营造这些情节的方式，因为这些场景都在暗示睾丸是男人和阳刚之气的灵魂，而刺激男人的方式就是刺激他的大腿根。当然，不仅仅是在电影里，男生之间经常会把拧别人的屁股当作一种开玩笑的方式，当朋友之间在打篮球的时候撞到大腿根，他们也都会不自觉地笑起来。

我们需要重新审视为什么这一切会如此具有娱乐性。是不是因为男人在墨西哥城的地铁上无法控制自己的荷尔蒙倾向，他们就得被关起来？是不是因为男人本质上更擅长主导家庭事务，所以中国的"剩女"们就有理由变得焦虑？是不是因为男人是无可救药的、靠不住的性伴侣，所以只需要为女性生产避孕药就行了？如果说男人天生就有实施强奸的冲动，那么美国副总统迈克·彭斯不与任何妻子以外的女性单独吃饭就是正确的做法吗？如果是这样的话，那么彭斯夫人自己也应该对晚餐约会有所警惕。

如果睾酮真的是成就男人的灵丹妙药，那么我们是不是应该从孩子出生起就给他们注射睾酮？如果失控的厌女症是男人身上根深蒂固的顽疾，那么唐纳德·特朗普的所作所为是否只是揭示了所有其他貌似更有风度的领导人的本质？如果联合国维和人员实施的性剥削和性虐待表明男性只能臣服于不由自主的具有攻击性的性冲动，那么是否所有的联合国特派团体都应该只限女性参加？

2017年，#MeToo运动在民众汹涌的怒火中获得了广泛的关注，发起和推进运动的是那些曾遭受男性性虐待、攻击和骚扰的女性们。如果我们选择接受这样的观点，即攻击女性是男性根深蒂固的本能和身份认同的核心举动，那么这场战斗就没有赢家。如果我们接受暴力是男性行为的核心特征而不只是一种缺陷，而侵犯他人是男性的基本天性，这就严重削弱了我们识别和打击厌女症、性别偏见和歧视的能力。有一天，我们看到一个男孩或一个男人的蛋蛋被踢而不觉得这很好笑，那时才能说我们在这方面的认识已经取得了一些进步。

我们可以做得更好，我们需要对现代男性气质提出更多要求。为了我们的女儿、儿子和我们自己，我们应该重新教育我们的大脑、我们的机构和我们的公共政策,让他们认识到男人的能力和复杂性远远超过我们所相信的,当今对男性气质的生物学判断的总结。

致谢

虽然完全不能相提并论,但对我来说,写书可能是最接近怀孕和生产状态的一种体验。而这一孕育过程需经历数年,同样也是奇特的体验,混合着激动、担忧和惊叹。就像人的孕育过程一样,写一本书也是一项充满欢乐的共同事业。在写书的过程中,我非常感谢许多陪伴我的同事、朋友和家人。这个项目的构思诞生于2013年芝加哥人文节上的一场演讲。那一年的主题是"动物"。接到邀请,我一开始回复:"我并不做动物研究。"但转念一想,好吧,或许这也是我的研究领域。

我想感谢下述人士,因为他们的洞察力、哄骗、演讲邀请才有了这本书。他们还阅读了书的草稿,提出各式各样的批评,并在本书诞生的过程中给予我友情上的支持。他们是:

Mickey Ackerman, Elia Aguilar, Josefina Alcazar, Sara Amin, Peter Andreas, Non Arkaraprasertkul(王光亮), Miguel Armenta, Omar Awan, Roger Bartra, Victoria Bernal, Federico Besserer, Po Bhattacharyya, Stanley Brandes, Lundy Braun, Susan Brownell,

Matti Bunzl, Cai Yifeng（蔡一峰）, Sylvia Chant, Nitsan Chorev, Be-shara Doumani, Fan Ke（范可）, Paja Faudree, Anne Fausto-Sterling, Michael Flood, William Freedberg, Lina Fruzzetti, Agustín Fuentes, Frances Hasso, Patrick Heller, Gilbert Herdt, Lung-hua Hu（胡龙华）, Marcia Inhorn, Dan Kahn, Sarah Kahn, Mark Kepple, David Kertzer, Tim Kessler, Max Kohlenberg, Louise Lamphere, Bradley Levinson, Minhua Ling, Tanya Luhrmann, Catherine Lutz, Rolf Malungo de Souza, Alice Mandel, Clara Mantini-Briggs, Hannah Marshall, Katherine Mason, Michelle McKenzie, Bob Mercer, Shaylih Muehlmann, Nefissa Naguib, Lynne Nakano, Robin Nelson, Ruben Oliven, Sherry Ortner, Pan Tianshu（天舒）, Ernesto Persechino, David Rand, Lucía Rayas, Clara Eugenia Rojas Blanco, Noha Sadek, Robert Sapolsky, Nancy Scheper-Hughes, Shao Jing（邵京）, Susan Short, Daniel Smith, Michael Steinberg, Edward Steinfeld, Sun Huizhu（孙惠柱）, Ivonne Szasz, Josh Taub, Brendan Thornton, Wang Lingzhen（王玲珍）, Wang Mengqi, Angela Wai-ching Wong, Ken Wong, and Carol Worthman。

我之所以会与其中一些人联系并成为朋友，是因为我不同意他们提出过的观点，并想与他们讨论我们迥异的想法。我仍然不认同书中提到的他们的某些想法，但在书中，我尝试诚心地讨论他们提出的这些观点，而我特别感谢他们的耐心，试图帮助我理解为什么我才是那个固执己见、想法错误的人。愿这样的探讨能长久地进行下去。

我要特别感谢两个人,几十年来他们在奠定和引领女性主义研究和男性气质研究方面发挥着至关重要的作用。迈克尔·基梅尔(Michael Kimmel)和瑞文·康奈尔(Raewyn Connell)让不平等成为这些研究的中心议题,并启发了新一代的学者和活动家:你们的研究在全球范围内产生了概念上以及制度上深远的影响,我从你们的建议和帮助中受益匪浅。

我还要感谢接受我访谈的人士——与你们的对话真是让人受益最多。在这个研究过程中,我特别感谢:

Sául Alveano, Daniel Armenta, Miguel Armenta, Richard Bribiescas, Martha Delgado, Frans de Waal, Fili Fernández, Tina Garnanez, Deborah Gordon, Sarah Blaffer Hrdy, Li Gangwu(李刚吾), Norma López, Daniel Morales, De-mond Mullins, Richard Rosenthal, Marcos Ruvalcaba, Gabriel Saavedra, Henry Tricks, Yang Luxia(杨璐瑕), and Zhu Wenbing(朱文彬)。

协助抄写、做书目研究、统计分析和语言修正的布朗大学本科生们,你们的帮助是无价的:Kevin Dhali, Drew Hawkinson, Silvina Hernández, Iván Hofman, Paula Martínez Gutiérrez, Alan Mendoza Sosa, Max Song, Brenton Stokes, Daphne Xu, and Wen(Elaine)Wen(闻雯)。

我的经纪人Gail Ross和她的团队,特别是Dara Kay和Katie Zanecchia,你们对这本书的热情和远见是成书的关键。

T. J. Kelleher 率先将书稿交给了 Basic 出版社；Eric Hanney 改进了每一章的论点；Kaitlin Carruthers-Busser 负责制作；Katherine Streckfus 进行了出色的文字编辑；以及 Basic 出版社负责这本书从编辑到推广的所有工作人员们，我对你们都深表感谢。

同时也要感谢参与本书讲座的听众的提问和评论，尤其是来自芝加哥、华雷斯城、达勒姆、香港、尔湾、伦敦、洛杉矶、墨西哥城、南京、纽黑文、纽约市、奥斯陆、阿雷格里港、普罗敦维士、里约热内卢、圣保罗、上海、苏瓦、温哥华和卧龙岗的听众朋友们。我也要感谢布朗中国计划和布朗大学的研究基金提供的重要资金支持。

对我的孩子们致以最深的感谢：Maya Gutmann-McKenzie 和 Liliana Gutmann-McKenzie，你们定义了最美好的生活。感谢 Nancy O'Connor 和 Bob O'Connor 陪我度过最美好的时光。感谢 Ana Amuchástegui、Charles Briggs 和 Ángeles Clemente，常伴左右，始终如一。感谢我的母亲 Ann Oliver 和表亲 Debby Rosenkrantz 身体力行生活中的道德准则。

感谢 Deborah Kahn 无限的优雅、同理心和稳重的性格：你在各方面都有恩于我。

我的兄弟们，Rick Goldman 和 Rob Goldman，从我 3 岁起就一直支持着我，至今仍未改变。还有我的好朋友 Todd Winkler、Jeffrey Lesser、Pedro Lewin、Paco Ferrándiz 和 Terry Hopkins，几十年来，你们身体力行地告诉我怎样才算是一个好男人、一个好父亲、一个好丈夫、一个好人。我不太喜欢哥们儿义气的概念，但你们是我心中大写的人。怀着爱和感激之情，我将这本书献给你们。

注释

引 言

〔1〕在注释中,我经常会深入探讨更具学术性的话题和难解的问题。除了提供参考文献外,我的目的是扩展对不那么重要但仍然发人深思的观点的讨论;提供我从另一种语言翻译过来的术语的原文;并对建议了某个特定解释、例子或引用的具体同事表示特别感谢。我希望这些注释会有帮助、有启发、有意思。

关于《新闻周刊》的文章,参见 Dovy 2018。原来的科学论文是《唾液中睾酮浓度与男性对高雅音乐的偏好之间的负相关》("Negative Correlation Between Salivary Testosterone Concentration and Preference for Sophisticated Music in Males"),Doi et al. 2018。这项学术研究的目的是"澄清音乐偏好的个人差异的生物学基础"。荷尔蒙是选择的生物因素,但研究人员无法解释为什么他们发现 39 名女性的睾酮水平和音乐偏好之间没有关联。尽管最初的研究将古典音乐、世界音乐和爵士乐归为一类,统称"高雅音乐",但任何人都能猜到为什么《新闻周刊》选择爵士乐而不是古典音乐作为与低睾酮水平相关的"高雅音乐"。会不会是因为在美国,爵士乐更多地与非裔美国人相联系,而古典音乐则更多地与白人相联系?

〔2〕在本书中,我有时会宽泛地使用"我们"一词,这是一种讨论广泛存在但还不够普遍的观念和活动的简便说法。学术文章通常避免这种笼统的包含,但我想表达的一个核心观点是,我们当中对男性和男性气质有着共同的错误信念的人比我们愿意承认的要多,所以我们不要忽视,自己可能也参与了对于男性属性有问题的理解。

〔3〕Bruni 2016; Isaacson 2017; Parker 2010; Bernstein 2017; Blow 2017;

Burke 2016, 28.

〔4〕就我所知,"生物呓语"（biobabble）这个词来自 Krugman 1997。

〔5〕Sapolsky 2005, 49.

〔6〕Vargas Llosa 1978, 8.

〔7〕我也许应该对这一说法进行限定：战争人类学家布莱恩·弗格森（Brian Ferguson）（私人通信）认为在黑海、（西非的）达荷美和其他地区有古代女战士群体的证据。但事实依然是，在这些例子中，没有一个是女性统治社会整体的。

〔8〕我感谢迈克尔·基梅尔（Michael Kimmel）的这一见解。

〔9〕"Search for the ideal man"：xunzhao nanzihan, 寻找男子汉。中文谚语是 Gou gaibuliao chi shi, 狗改不了吃屎。我再次感谢 Mengqi Wang 告诉我这句话。

我曾思想斗争过，是否在本书中不写汉字以及中国术语和名称的音译。毕竟，懂中文的人只要花点心思，就能自己搞清中文原文。然后我回到中国，再次被街边标志牌、商店、地铁、电梯扬声器、餐馆和报纸上的大量英语所震撼。所有这些无疑使那些从未正式学过英语的中国人不那么害怕英语了。因此我决定，如果读者觉得汉字太烦人，他们尽可以轻松地跳过它们。我们讲英语的人需要更加习惯于外国的语言和文字。毕竟，谁能读懂 2018 年世界杯场边的这些中文标语呢——"万达""激光电视中国领先"。

因此，本着"那好吧，试试看"和将自己浸淫在外语中的精神，对于更愿意冒险的读者，我请你花一点时间看一下这些汉字。它们不会咬人，而且经过练习，你甚至可以对它们产生一点儿理解。它们大多在本书的这些注释中。

〔10〕关于乌干达，参见 Heald 1999；关于欧洲，参见 Laqueur 1990。

1 性别困惑

〔1〕Kimmel 1994, 131（着重处为原作者所加，本书中为楷体）。

〔2〕特朗普于 2018 年 7 月 26 日早晨 5 点 55 分和 6 点 04 分在推特上发文："在咨询了将军和军事专家后，请注意，美国政府不会接受或允许变性人以任何身份在美国军队中服役。"

〔3〕拿这些例子来说，"美国人已经不知道怎么换火花塞了"。我们要提醒自己，这里的"美国人"仅指男人。或者，"孟加拉虎队的球迷决定，他们应该带上孩子，而把妻子留在家里"（这里的"球迷"实际指的是"男球

迷")。又或者,"大多数教授投票决定接纳女同事为教师俱乐部成员"(这里的"教授"其实是指"男教授")。关于"有标记的"和"无标记的"说法,见 Waugh 1982。

〔4〕Rubin 1984, 4.

〔5〕畅销书作家 Jordan Peterson 在这段时间对"非自愿独身者"有所启发。参见 Peterson 2018。

〔6〕参见 Marks 2015, 91。

〔7〕Hofstadter 1992 [1944], 204. Hofstadter 年轻的时候曾参与极左政治运动绝不是巧合。

〔8〕参见 Milam 2019, 7—8。

〔9〕De Beauvoir 1970 [1949], 29. 波伏瓦把第一部的第一章的标题定为"生物学论据",绝非偶然。

〔10〕Wilson 2000 [1975], 547.

〔11〕Wilson 2004 [1978], x, 38.

〔12〕Prum 2017, 81.

〔13〕遗憾的是我并没有夸大威尔逊作品涉及的范围。在他长达 697 页的书的第 2 页,他明确批评了"马克思主义者""老马克思主义者"和"新左派"提出的关于生物学(和"社会主义")的观点(2000 [1975], vi)。与每一个品牌的女权主义的基本信条都相反,威尔逊还认为,"即使男女接受相同的教育,并有平等的机会可以从事所有的职业,男性也很可能在政治生活、商业和科学中保持不成比例的代表性"(2004 [1978]: 103)。许多人在讨论这些南方白人和北方犹太人在政治和科学领域的表现时都提出了这一观点,包括最近的 Sapolsky 2017, 384。

〔14〕关于 muxe, 参见, Miano Borruso 2002 and Stephen 2002。

〔15〕在 Miano Borruso 2002, 149 中引用。

〔16〕他关于 Sambia 的著作很多,其中包括 Herdt 1994。

〔17〕Herdt 1994, 3, 304.

〔18〕关于 hijras, 参见, 特别是, Reddy 2005。

〔19〕Marx 1977 [1844].

〔20〕Pinker 2002, 351.

〔21〕参见 Pinker 2002。第五章会更细致地分析这个以及其他关于强奸的

分析。

〔22〕King James 版。

〔23〕毋庸置疑，南方浸信会并不是唯一坚持男性领导、女性跟随的组织。天主教没有女牧师，就像东正犹太教一样，除了极少数例外，也没有女拉比。

〔24〕参见 Fausto-Sterling et al., 2015。虽然这是一项针对母亲和婴儿的研究，但我有信心，其结论或许更适用于父亲和婴儿。

2 关于男性的科学

〔1〕这些数字是近似值，因为这一产业的监管很少。2014 年，《时代》刊登了 David Von Drehle 的一篇文章：《更年期?! 衰老、不安全感和 20 亿美元的睾酮产业》，参见 Von Drehle 2014。

〔2〕关于性激素研究的历史及其应用，我特别借鉴了 Oudshoorn 1994 和 2003，以及 Fausto-Sterling 2000。

〔3〕对理解睾酮的科学和社会影响特别有帮助的是 Hoberman 2005 和 Sapolsky 的文章《睾酮的问题》("The Trouble with Testosterone"，载 *Sapolsky* 1997）以及他 2017 年的巨著《表现：在我们最好和最坏时候的人类生物学》(*Behave: The Biology of Humans at Our Best and Worst*)。也请参见 Fine 2017, Herbert 2015, 和 Morgentaler 2009 中非常不同的讨论。

〔4〕至于警告语，营销公司 Global Industry Analysts 在其 2018 年 2 月的 203 页报告中提醒，"人们对 TRT（睾酮替代疗法）带来的心血管风险越来越关注"，以及这些心脏问题可能代表对于 TRT 在全球所有市场"增长的关键挑战"。该公司在回应有关睾酮的流行观念时也出奇地沉默，特别是更高的睾酮水平可能导致男性更多的攻击性行为和性捕食的观点。无论如何，TRT 销量已经大增，因为更年老的男性越来越感觉到他们的幸福和价值与保持年轻的身体密切相关。参见 Global Industry Analysts, Inc., 2018。

〔5〕Hoberman 2005, 25, 27.

〔6〕Herbert 2015, 22.

〔7〕Oudshoorn 1994, 17.

〔8〕Sapolsky 1997.

〔9〕英国内分泌学家约翰·阿彻（John Archer）在其 2006 年对研究睾酮的科学文献的基准调查中写道："在［人类］成年人的睾酮水平和攻击性之间存

在着微弱和不一致的相关性，而且……给志愿者服用睾酮通常不会增加他们的攻击性。"参见 Archer 2006, 320。使问题更加复杂的是，神经科学家利斯·艾略特（Lise Eliot）写道："越来越多的证据表明，神经递质血清素实际上能比睾酮更好地反映攻击性和暴力。"（2009, 269）

〔10〕参见 Sapolsky 2017, 106。生物人类学家基本上同意这些结论。例如，灵长类动物学家阿古斯丁·富恩特斯（Agustín Fuentes）指出，"睾酮本身与攻击性行为的增加或攻击性表现的模式没有任何因果关系。"（2012, 143）理查德·布里比斯卡斯（Richard Bribiescas）写道："睾酮的增加与更强的攻击性或力比多无关。"他还补充说，美国男性的睾酮水平范围"相当极端，睾酮含量最高和最低的男性之间有 10 倍的差异，但没有任何明显的病理影响"。（2006, 132, 169）

〔11〕Eliot 2009, 268.

〔12〕Herbert 2015, 116-118, 143, 194.

〔13〕参见亚历克斯·琼斯（Alex Jones）在他的 InfoWars 商店网站上向对"超级男性生命力"感兴趣的男性做的广告。

〔14〕Hershatter 1996, 90.

〔15〕此外，关于低睾酮的生物学问题，重要的是记住，"低"的含义总是相对于其他一些"高"而言。在美国，50 多岁及以上男人的低点在被与 20 多岁男人的高点相比较。平均而言，美国男性的睾酮水平从 30 多岁开始下降，每年大约下降 1%，或者每 10 年大约下降 10%。这一过程与肥胖率随着男性年龄的增长而上升直接相关。这是众所周知的。可同样值得注意的是，尽管美国男性的平均睾酮水平会下降，但这并不是世界范围的普遍事实。例如，对肯尼亚牧民的研究显示，男性的平均睾酮水平在进入老年后保持得稳定得多。（感谢本杰明·坎贝尔 [Benjamin Campbell] 帮我了解不同国家和营养环境下老年男性的睾酮水平如何以及为何不同。更多信息参见 Campbell et al., 2006。）

这一切对于性兴趣和能力、能量水平以及更多意味着什么是值得商榷的。男性越来越肥胖，而由于某些原因，他们没有意识到他们更久坐的生活和恶化的饮食可能是同时减少他们的能量和力比多的主要因素。在美国，越来越多的男性不是靠改变他们的饮食和活动来抵消这些生理上的变化，而是求助于医疗手段来提高他们的睾酮水平：其中大多数人（60%）使用擦拭在腋下的凝胶，还有 25% 的人喜欢注射，另外 12% 的人使用贴片。

〔16〕Richardson 2013, 201. 我对遗传学、基因组学和生理性别差异的讨论以这项研究为指导。

〔17〕参见 Jordan-Young 2010, 79; Richardson 2013, 225。

〔18〕Oates 1988, 69-70.

〔19〕Bartra 2014, 180.

〔20〕Hofstadter 1992〔1944〕, 164.

〔21〕Duden and Samerski 2007, 168.

〔22〕Fausto-Sterling 1992, 269.

〔23〕Raine 2013, 33; Connell 2000, 22.

〔24〕Cooper and Smith 2011, 9; United Nations Office on Drugs and Crime（联合国毒品和犯罪问题办公室），2014, 11。

〔25〕同上, 85。

〔26〕当然, 想法相似的科学家甚至在彼此之间也会争论。乔·赫伯特（Joe Herbert）在谈到手指长度比例时写道："在女性中, 同性恋者总体上比异性恋者有更多像男性的比例。但在男性中, 同性恋和直男之间没有区别。"（2015, 51）

〔27〕Raine 2013, 194-198. 重要的是, 2D∶4D 假说可能要过时了。最近对这一猜想的所有主要科学工作进行的统合分析得出结论："我们没有发现 2D∶4D 能更好地预测不同风险水平的攻击性的证据。"（Honekopp and Watson 2011, 381）另见 Wong and Hines 2016。我感谢 Agustin Fuentes 引导我找到这两篇论文。

另外一整条调研思路穿梭于人类和其他灵长类动物之间, 以求获取关于雄性暴力起源的进化知识。我们将在第三章更仔细地考查这种比较的准确性和效用。

〔28〕Austen 2016.

〔29〕关于"共享 DNA"是否有意义, 参见 Marks 2002。

3 猴在看, 人在做

〔1〕这里也可以看到与奎迈·安东尼·阿皮亚（Kwame Anthony Appiah）的身份讨论相似之处; 他把启蒙思想家与那些不加区分地只看到我们所有人都有共同人性的人相比, 对照那些强调身份政治, 并且在阿皮亚看来, 以此夸大

了人与人之间差异的人。参见 Appiah 2018。

〔2〕感谢 Gail Mummert 提醒我，这里的"牛（ox）"（buey）有双重含义：指驮兽和指傻瓜。

〔3〕《半是人，半是猴》["Part Man, Part Monkey", Bruce Springsteen 作品。版权© 1998 Bruce Springsteen (Global Music Rights)]。经许可转载。确保国际版权。保留所有权利。

〔4〕参见 Pierson 2005。

〔5〕Leach 1964, 152. 就 Leach 而言，再一次地，也许这件事更多是一种憧憬。正如 John Berger 在《为什么要看动物》(Why Look at Animals?) 一书中写道："在过去的两个世纪里，动物逐渐消失了。今天，我们在没有它们的情况下生活。在这种新的孤独中，拟人化让我们倍感不安。" (2009, 21)

在西班牙语中，cabrones 是山羊；perros 是狗；burros 是驴；cochinos 是猪；ratas 是老鼠；bestia 是野兽；vaca 是母牛；zorra 是荡妇；而 gusanos 是虫子。

在中文里：鸭是 duck；鸡是 chicken。如果你感兴趣，有各种理论可以解释为什么中文里男人可以被比作鸭，而女人则被比作鸡。最有可能，也最不淫秽的是，鸡的一个同音词被用在对卖淫女的更正式的表达中（娼妓和妓女）；如果是这样，那么"鸭"可能只是涉及另一种熟悉禽类的文字游戏的一部分。另外，在中文中，恐龙是 dinosaurs；蛙是 frogs；王八蛋是 a turtle egg；猴子是 monkeys。

〔6〕特别参见 Darwin 2009 [1872]。笛卡尔用的词是 bête-machine。

〔7〕Milam 2019, 227.

〔8〕对翻译一丝不苟的人反对这样翻译 Lévi Strauss，坚持认为更接近的翻译应该是"动物适合思考"。法语原文是："Les espèces sont choisies non comme bonnes à manger, mais comme bonnes à penser。"英文参见 Lévi-Strauss 1971 [1963], 89。如果你还想更忠实于原文，那么，"espèces"在英语中的字面意思是"物种"，尽管这经常被翻译成（在上下文中指代）"动物"。

我们与非人类动物之间深度痴迷、有时神经质，并且甚至可能是乱伦的关系也已经引起了弗洛伊德的注意，他在早已不被采信的对"野蛮人和精神病人"的归并中写到了图腾崇拜和人与动物的联系。参见 Freud 1990 [1913]。

〔9〕Nagel 1974. 然后还有 Jordan Peterson (2018, 7) 在人类和龙虾之间所做的异想天开的比较。共同点是什么？男人和龙虾都需要领地和安全的藏身之

处，都有时柔软脆弱，而且，"就像克林特·伊斯特伍德在意大利式西部片中一样"，有时会挥舞手臂以显得高大而危险。如果你绞尽脑汁，你可以将男人比作任何东西。

〔10〕Albee 2000, 特别是 80, 82, 86。（着重处为原作者所加。）爱德华·阿尔比（Edward Albee）的马丁通过山羊西尔维娅的眼睛陷入了他的人-动物-神的爱情中。赤身裸体与西尔维娅交媾是马丁表达他对山羊的奉献的方式。也许阿尔比表现的场面与哲学家雅克·德里达（Derrida 2002, 372）描述的一个耸人听闻的场景没有明显的区别，当时这位法国人裸体面对着一只宠物猫。大哲坦白说他在"动物的目不转睛"之下深感羞耻。

〔11〕De Waal 2001, 295.

〔12〕De Waal 2013, 12.

〔13〕也参见 Richard Prum 在他的《美的进化》(*Evolution of Beauty*)（2017）中对猿类性行为的可变性的有趣讨论。

〔14〕我与 Frans de Waal 的面谈，2014 年 3 月 10 日，佐治亚州亚特兰大市 Yerkes 实验室。

〔15〕2014 年 3 月 10 日的面谈。

〔16〕De Waal 1999, 260.

〔17〕2014 年 3 月 10 日的面谈。

〔18〕Hrdy 2000, 80.

〔19〕Hrdy 2009, 3；我与 Sarah Hrdy 的面谈，2014 年 5 月 5 日，加利福尼亚州温特斯市 La Citrona 农场。她还写道："我们与其他猿类之间的最后一个突出区别涉及一组奇怪的超社会属性，使我们能够监测他人的心理状态和感受。"(2009, 9)

〔20〕Hrdy 2009, 162, 168.

〔21〕Jordan-Young 2010, 118.

〔22〕参见 Zuk 2002, 51。

〔23〕参见 Hrdy 2000, 82, 涉及 Hrdy 1981。

〔24〕Hrdy 2000, 92, 90.

〔25〕Prum 2017, 277（着重处为本书作者所加）。

〔26〕Fuentes 2012, 14.

〔27〕詹姆斯国王钦定版《圣经》。

〔28〕其中一个被引用更多的资料来源是拉里·沃尔夫（Larry L. Wolf）1975 年的《热带蜂鸟的"卖淫"行为》（"Prostitution" Behavior in a Tropical Hummingbird）。他在其中写道："由于这些情况下的性行为被用来为雌鸟带来能量效益，我称之为'卖淫'行为。"如果问沃尔夫对人类的卖淫行为了解多少，会不会不公平？至少他很有风度地把"卖淫"放在了引号里。关于后宫，几乎每个灵长类动物学家都在使用这个词，尽管他们似乎对人类的后宫一无所知，只遇到过那些占主导地位的雄性与许多雌性发生性关系的灵长类动物。认为这种安排是完全由一方决定的"有利于"雄性，而这些同样的雌性只与雄性首领发生性关系，这在许多情况下证明是灵长类动物学家偏见的产物，而不是实地发生的情况。尽管如此，当现在我们有无数的文献记载雌性灵长类动物与许多雄性（而不是少数雌性）发生性关系时，据我所知，却没有人谈论雌性操纵满是雄性的后宫。那显然将破坏我们人类男性观者淫秽（贪婪）的乐趣。一个用于比较雄性绿头鸭和人类的标准文本是 Barash 1980。

〔29〕Prum 2017, 172-173（着重处为原作者所加）。

〔30〕Pinker 2002, 163.

〔31〕参见 Marks 2002, 29。

〔32〕De Waal 1999, 258.

〔33〕De Waal 2013, 60（着重处为原作者所加）。关于这个问题，面向一般读者的讨论参见 De Waal 2016, 26；更学术的分析参见 De Waal 1999。

〔34〕关于对蚂蚁和人类行为之间夸张类比的尖锐揭露，参见 Gordon 2010, 1, 4。Gordon 是一位研究蚂蚁的生物学家。

〔35〕De Waal 2016, 13.

〔36〕Gould 1995, 433.

〔37〕在读过一篇尖锐批评微生物学中的拟人化的期刊文章（Davies 2010）后，我的一个学生写道，微生物"很可能"没有自我行动意识，这再次揭示了生物学解释的诱惑力（以及我作为教师的失败）。

4 男人的力比多

〔1〕Eliot 2009, 300.

〔2〕我跑去和同事讨论幻灯片的问题，得知他在课堂上用的最新版本中已经删除了有关拉拉队员的那张幻灯片，足球运动员/拉拉队员的压轴戏主要是用

来鼓励学生们讨论和辩论的。我提出了我的担忧：把这些生物行为放在一起有过度类比之嫌，而后我们同意继续讨论这些问题。

〔3〕西班牙：Brandes 1980；摩洛哥：Mernissi 1987；印度尼西亚：Heider 1976。

〔4〕当时许多研究发现男女在视觉性刺激方面的差异，比如 Fisher 和 Byrne 1978 年以及 Malamuth 1996 年。另见 Jordan-Young 2010，第 6 章中关于视觉刺激的性别差异的科学史。

〔5〕参见 Eliot 2009 and Jordan-Young 2010 关于所有涉及性和大脑的问题的讨论。

〔6〕Bribiescas 2006, 83.

〔7〕Eliot 2009, 15（着重处为原作者所加）。

〔8〕Fausto-Sterling, 2000 年, 52（及全文）。尽管估计有差异，但 Fausto-Sterling 说，1.7% 的新生儿是双性婴儿，并补充道，这不能被认为是一个确切的数字（51）。Ahmed 和 Rodie 写道："通常，在 300 个新生儿中就有 1 个生殖器异常。"（2010, 198）无论是哪种情况，这都不算是很大的比例，因此可以说，双性人并不会显著影响到有两种不同的性器官这一观点。但这也就好比暗示，因为世界上红头发的人数不到 2%，我们就应该忽略他们，不该认为他们在发色方面具有代表性，这个想法应该让人感到羞愧。

〔9〕Joel 2011, 2. 也可参见 Joel 2016。

〔10〕参见 Laqueur 1990，特别是 150 页。

〔11〕Eliot 2009, 5, 6（着重处为原作者所加）。

〔12〕参见 Hyde 2005, 590。

〔13〕Arizpe 1990, xv.

〔14〕McNamara 1974, 108. 我与国际计划生育联合会（计生联）在墨西哥的分支机构 Mexfam 合作进行研究已经几十年了，而我的家族与这个机构合作了四代，我是第三代。关于墨西哥计划生育、避孕和原住民助产士历史更详细的内容，参见 Gutmann 2007。

〔15〕最著名的例子是奥克塔维奥·帕斯（Octavio Paz）的《孤独的迷宫》(*Labyrinth of Solitude*)，1949 年这本书首次出版，此后成为每一代学童的必读书。对于来自英语国家的人来说，可能很难想象在某个国家有一本书，只要是识字的人都读过。在美国，唯一一本几乎每个人都读过的书——虽然内容无法

相提并论，大概是《戴帽子的猫》（*The Cat in the Hat*）。

〔16〕参见 Hirsch 2003。Hirsch 和 Nathanson（2001，413）指出，"点到即止"作为一种节育形式错误地被归类为"传统"方法（与"现代"方法相反）。正如他们所报道的那样，传统和现代的二分分类法并不足以反映出使用"点到即止"避孕法的男女描述这种方法时令人浮想联翩的状况。

〔17〕2000年代初，我曾与国家科学基金会的一位项目官员就墨西哥输精管切除术问题通过一些邮件，他告诉我，他认为没有必要开展关于这一主题的研究项目，因为人们可以很容易就能将输精管切除率与世界各地的大男子主义和非大男子主义文化联系起来。这是一种文化主义的先验解释，如果按照这一逻辑的结论，就可以为一种文化之中的大男子主义究竟可以达到何种程度提供衡量标准。在当时的英国，据说有18%的男性已经绝育；在墨西哥，这个数字接近2%。因此，我质疑到，他是否认为英国的大男子主义比墨西哥少9倍？不过，至少他的论点不是建立在男人固有的动物性这个理由之上的。

〔18〕Pile and Barone 2009，第298页重现了这些统计数据。

〔19〕有一个社会人口因素确实与男子做绝育手术的决定有关："paridad satisfecha"，即当一个男人认为他的孩子已经够多了。

〔20〕参见 Viveros 2002，关于拉丁美洲输精管切除术和男人的性与生殖健康的研究。

〔21〕到处造人：（原文是）dejar hijos regados。

〔22〕关于印度的绝育运动，特别参见 Gwatkin 1979 和 Tarlo 2003，以及 Mistry 1997 的精彩小说《微妙的平衡》（*A Fine Balance*）。

〔23〕我的朋友告诉我，她没有听说过弗洛伊德关于"狼人"的那篇知名的文章，其中叙述了类似的婴儿神经症的历史依据。参见 Freud 1995［1918］。

〔24〕Jordan-Young 2010，132.

5 男人天生的攻击性

〔1〕阿里斯托芬在其公元前411年的戏剧中，让女性暂停性生活，直到她们的男人在伯罗奔尼撒战争中找到和解的方法。斯派克·李（Spike Lee）（2015）在伊拉克战争时期也做了类似的事情，以阻止芝加哥的帮派战争。作为对20世纪30年代法西斯在西班牙的推进的回应，弗吉尼亚·伍尔夫（Virginia Woolf）在《三枚金币》（*Three Guineas*，1938）中发出了让女性拿起反战

武器的女权主义号召,询问妇女能如何反对男人的战争。在她关于战地摄影的文章中,苏珊·桑塔格(Susan Sontag)(2002)总结道:"我们无法想象战争是多么可怕,多么令人恐惧——以及它已经变得多么正常。无法理解,无法想象。"

〔2〕关于性别化的犯罪、暴力和攻击性,参见 Kruttschnitt 2013 和 Collins 2008;关于这些问题和男性对女性暴力侵害的跨文化差异,还可参见 Fuentes 2012 和 Smuts 1992。

〔3〕Smuts 1992, 31-32。

〔4〕关于现在基本上已不可信的"自私基因"的主张,参见 Dawkins 1976。Wrangham and Peterson(1996)写到了恶魔般的雄性,以跨物种的雄性集体精神为名模糊了界限。Diamond(1999)讨论了农业的兴起在人性衰退中的作用。Carl von Clausewitz(1989[1832])认为,战争不应理解为独特的事件,而应理解为政治的军事化投射。

〔5〕这是一个粗略的统计,因为一些国家有符合资格征兵制度,比如在紧急情况下或志愿者无法凑齐队伍的情况下。在这些国家中,有的没有实行征兵,而且往往有一些机制,如抽签,只选择一定比例的合格青年男子。在许多国家,有一些法律上的豁免,以及使较富裕的青年避免参与军事生活的方法。

〔6〕需要登记的人包括"无证件[男性]移民"和"出生时为男性但已将其性别改为女性的美国公民或移民"。另一方面,"生为女性但已将其性别改为男性的个人"可不必做将来可能被美国军方征召入伍的登记。换句话说,如果你是男性,年龄在18至25岁之间,你冒着生命危险,冒着遇到人贩子和美国边境巡逻队的危险,偷偷越过美墨边境,在到达国际分界线的北边时,你应该尽快赶去登记,参加这个竭力阻止你入境的国家的征兵。住在美国没有证件的年轻男性同时面临被美国政府驱逐出境和征兵。如果你是一个变性女人,很多人可能在早些时候认为你是男性,这一事实胜于你对自己的任何了解,而你的变性兄弟永远不可能被征兵,因为他们不符合一些固定的关于男性的观念,无论是在生殖器、染色体还是形态学方面。

〔7〕蒂娜和德蒙的故事可以在 Gutmann and Lutz 2010 中找到更完整的版本,该书是根据六位反战老兵的口述历史写的。

〔8〕多年后,他得以重返学校,并在纽约市立大学完成了社会学博士学位。2013 年,德蒙在宾夕法尼亚州印第安纳大学开始担任助理教授。

［9］Herbert 2015, 147, 148.

［10］Bribiescas 2006, 143, 222, 223. 也参见 Bribiescas et al. 2012。

［11］Brown 2014, 132.

［12］Awori et al. 2013, 3.

［13］Zeid 2005. 我在2007年参加了一个小组，在海地、黎巴嫩和科索沃就性剥削和性虐待问题采访联合国维和人员。

［14］对Daniel Morales的访谈，海地太子港，2007年2月27日。

［15］Pinker 2002, 162（着重处为原作者所加）。

［16］一个知识分子和他的学术研究很少得到有影响力的企业巨头的赞扬和支持，像平克从比尔·盖茨那里得到的那样。参见例如，Galanes 2018。

［17］Martin 2003, 378, critiquing Thornhill and Palmer 2000.

［18］Joanna Bourke关于强奸指出，"这不仅仅是没有以一致或可靠的方式收集统计数据。数据不可能存在"。(2007, 15)

［19］Sanday 2003, 357. 也参见 Kimmel 2003。

［20］Herbert 2015, 101; Bourke 2007, 178.

［21］Pinker 2002, 162, 164, 359-360, 362, 369.

［22］Kipnis 2017, 8（着重处为原作者所加）。此外，Kipnis (2017, 14) 呼吁注意一个在强奸文化讨论中未被充分审查的假设，也是一种潜在的道德思想，即"男人需要被监管，女人需要被保护。如果强奸是正常行为，那么男性的性行为天生就是捕猎性的，而女人天生就是猎物"，这样妇女的行动能力被有效地削弱了。

［23］Thornhill and Palmer 2000, 67. 为什么大多数贫穷的男人不会强奸，这据说是个谜。为什么强奸率因社会而异，因地区而异，显然也是个谜。正如许多人指出的那样，要解决无法用确凿证据来支持这些说法这一棘手问题，一个办法是使用全能的条件句。随便翻到Thornhill and Palmer书中的一页，我们读到："一个可能的原因，关于这种男人为什么有可能……"，"男人身体的吸引力可能意味着……"，女性"可能得不到什么物质利益……"，"女性的策略可能……"，"这种展示可能……"，"这可能会加强男人的这种看法……"，"可能会导致……"，"如果一个女人的表现……"，"将会涉及测试……"，"可以从经验上进行探讨"。所有这些都"需要进一步研究"（2000, 70，着重处为本书作者所加）。对此，我们只能补充说，阿门。

〔24〕如果 Patty Gowaty 在 2010 年宣称的是真的就好了："由于强奸和强迫交配之间的重要区别，我们这些研究动物行为的人多年前就同意用'强迫交配'指非人类动物的行为，而把'强奸'一词留给人类。"（2010，760）

〔25〕依次为，Bekiempis 2015；Kingkade 2015；Filipovic 2015；《许多美国大学男生否认》（"Many US College Men Deny"，2015）；Culp-Ressler 2015（着重处为原作者所加）。我作为学者忍不住要做一些纠正：原始研究的作者没有在任何地方说明他们研究的学生在哪里入学；这些作者并不都在北达科他大学任教；对于随后在 2017 年刊登的一篇新闻报道，尽管是在那一年的国际妇女节，但把 2014 年的研究说成是"新"的，有点牵强。新闻中提到的学术文章是 Edwards et al. 2014。

〔26〕这里的统计数据来自美国全国性暴力资源中心。参见 www.nsvrc.org/statistics，它定期更新。

〔27〕参见 Sanday 1981，2003。

〔28〕可以回顾一下，1972 年，50 个州中有 49 个州投票给尼克松。只有马萨诸塞州和哥伦比亚特区投票给了民主党候选人乔治·麦戈文（George McGovern）。

〔29〕Berman 1970。

〔30〕一些估算指出，在美国，多达 90% 的妇女在某些时候会患有经前综合征（PMS），而更少的妇女，也许是其中的 2%—5%，会经常被最严重的症状所困扰，即所谓的经前焦虑障碍（PMDD）。近年来，美国、英国、法国、澳大利亚和其他国家都提出了法律主张，认为在非法行为中经历经前综合征或经前焦虑障碍的妇女应该被免责，或者因为她们的疾病而减轻惩罚。虽然通常不能成功地使客户完全摆脱各种罪行，包括那些被律师直接与 PMS 和 PMDD 联系起来的涉及突发暴力的罪行，但这些辩护可能导致了较轻的判决。

在这些案件中，律师经常宣称他们客户的经前综合征造成了精神状态的改变，因为她们没有必要的犯罪意图，所以她们不应该被指控犯罪。经前焦虑障碍从 2013 年开始在《精神疾病诊断与统计手册》中成为一个成熟的综合征，这使为精神失常、行为能力下降或有特别减轻因素抗辩的律师可以获得更多的法律依据，并可能获得更大的成功。

关于新近被认可的经前焦虑障碍这一类别是代表一个进步，还是向早期对妇女和歇斯底里的关注的回转，我们可以提出一些严肃的问题。我们很难不担心妇女被重新塞进情绪失控的框架。医生 Laura Downs 在叙述女权主义者对法律案件中的经前综合征抗辩的担忧时写道:"每次辩护被接受时,它都会使人们相信女性是受荷尔蒙冲动驱使的生物。"(2002,6)

很难做到一边指出月经周期和反常行为之间的关联,一边又不冒险对妇女进行一般性概括,说她们无法控制她们的生理过程、她们的"荷尔蒙限制",无论是在妇科、内分泌还是精神方面。在工作场所、离婚听证会上以及政界,将妇女的生理状况与失控联系起来的污名和成见导致妇女受到歧视、排斥和不平等对待。

感谢我的学生 Silvina Hernandez 对经前综合征的研究。对涉及经前综合征辩护的法律案件的研究包括:Press 1983;Lewis 1990;Solomon 1995;以及 Downs 2002。

〔31〕联合国毒品和犯罪问题办公室(United Nations Office on Drugs and Crime)2014,77。

〔32〕参见 Lutz 2009。

〔33〕"Transcript" 2016。

6 我在,故我思

〔1〕Tiger 1984 [1969],208;也参见 Dyble et al. 2015。

〔2〕参见《委员会报告》("Report of the Committee",2017)。也参见 William Domhoff 的经典著作 *Bohemian Grove and Other Retreats: A Study in Ruling-Class Cohesiveness*(《波西米亚丛林和其他隐居地:统治阶级凝聚力研究》),1975。

〔3〕这没包括提供给女性的设施太少的情况。

〔4〕参见 Kogan 2010,而关于性别和卫生间的话题,更普遍的讨论参见收录这一论文的整个文集,由 Molotch and Norén(2010)编辑。

〔5〕Grossman 2009,175.

〔6〕如果这件事发生在飞机上一个极端正统派的穆斯林男子身上,它在公众心目中会有什么不同吗?在美国和其他国家,以保护穆斯林妇女不受她们的男人暴政侵害为名的"伊斯兰恐惧症"是一种普遍存在的虚伪教条。

〔7〕即 acoso(assault)和 tocar(touching)间的区别。

〔8〕英文的 "Pushes against you with his shrimp" 在西班牙语中为 "Te arrima el camarón"。

〔9〕高峰期地铁上乘客的粗暴行为有一个奇怪的反例：当被称为 peseros 的廉价大公共汽车在高峰期挤上多达 50 人时，往往最容易在后面上车，离司机或收钱的助手很远。这就需要你把钱往前递，从一个人递到另一个人，涉及多达六七个人，如果需要找钱，也要以同样的方式递回来。一个人接一个人会说"Me lo pases"，直到钱到达司机手中。陌生人总是那么礼貌和体贴，从不例外，钱也从来不会交不到收款人手中。

〔10〕在墨西哥，有许多关于男人和男性气质的学术著作。在记录墨西哥男性生活的民族志、报告文学和叙述中，有 Fernando Huerta 对普埃布拉大众汽车公司工人的研究（1999）；Guillermo Nunez Noriega 关于墨西哥北部男性身份和亲密关系的著作（2014）；Rodrigo Parrini 对男囚犯的研究（2007）；Carlos Monsivais 关于墨西哥的性行为和情感的编年史（1988）；以及我自己的书，关于墨西哥城棚户区（2006〔1996〕）和瓦哈卡州的男性性健康和生殖健康（2007）。

〔11〕参见 Gutmann 2002, 229。

〔12〕西班牙语原文是："Es molesto viajar aquí, pero no se compara con la violencia sexual que sufren las mujeres en sus traslados cotidianos。" CNN 有视频。参见"'No es de hombres', la compaña contra la violencia sexual que intrigó a México"，CNN 西班牙语频道，2017 年 3 月 31 日，cnnespanol.cnn.com/2017/03/31/no-es-de-hombres-la-campana-contra-la-violencia-sexual-que-intrigo-a-mexico。

〔13〕"NoEsDeHombres Experimento Pantallas"，YouTube, Primera Vuelta Tamaulipas, 2017 年 3 月 30 日发布，www.youtube.com/watch?v=5tngqqSUKBY。

〔14〕参见 Brown 2006。

7 为人父

〔1〕Rich 1996, xi-xii.

〔2〕Lewis 1963, 338; Yang 1945, 127-128. James Taggart 报告说，过去在墨西哥城以东的一个农村地区也有同样的睡眠安排，"最小的孩子与母亲睡在一个垫子上，父亲和一个或两个稍大一点的孩子睡在第二个垫子上，其他青春期前的孩子根据需要多少各自睡在其他垫子上"（Taggart 1992, 78）。

〔3〕关于这张照片和墨西哥城的其他几件趣闻，参见 Gutmann 2006〔1996〕

中更详细的讨论。

〔4〕参见 Hochschild 1989。

〔5〕Mead 2001 [1928].

〔6〕Parsons and Bales 1955.

〔7〕关于东南亚移民母亲和留守照顾者父亲，参见 Lam and Yeoh 2015；Thao 2015。

〔8〕引用在 Thao 2015, 146。

〔9〕Luhrmann 2000, 8.

〔10〕Prum 2017, 97. 而且，是的，我知道这是滥用的拟人化。当涉及动物的比较时，我不是没有幽默感！

〔11〕Birenbaum-Carmeli et al. 2015, 167, 168.

〔12〕在这个项目上感谢我的同事们，特别是 Lorena Santos, Anabel López, Ana Amuchástegui, Elyse Singer, 和 Florencia Barindelli, 以及 Virginia B. Toulmin 基金会的资助。

〔13〕Winnicott 1953.

8 中国：回归自然性别

〔1〕Yang 1999, 50, 65.

〔2〕参考 Hong Fincher 2014；Davis 2010；Wang 2018。

〔3〕Wang 2018, 87-88.

〔4〕这些都不是中国特有的情况。雪莉·桑德伯格（Sheryl Sandberg 出版 Lean In 一书后，在美国引起的激烈讨论在中国也得到了回应。桑德伯格这本畅销书的吸引力部分在于她是 Facebook 的首席运营官。这一身份也让年轻女性（和她们的父母）产生了新的焦虑，她们想知道女性是否可以"拥有一切"，以及这在现实生活中意味着什么。桑德伯格的书很快就被翻译成中文，取名《向前一步》。

〔5〕参见雷金庆（Kam Louie）关于中国男性气质的文学作品，尤其是他强调除了武术之外，学术和美术方面的成就同样是中国特定历史时期男性气质的精髓（Louie 2002, 2016）。对理解现代中国的性别二元论尤其有帮助的参考书是 Brownell and Wasserstrom 2002；巴洛 2004；以及 Davis and Friedman 2014。关于"贞操崇拜"的名言来自 Laqueur 2002, xiii。

〔6〕在中国，非文盲的标准是：生活在城市地区，认识 2000 个字；生活在农村地区，认识 1500 个字。对比印度，在 1950 年，识字率为 18%（接近中国的比例），1981 年为 44%。也许最能说明问题的是，2011 年印度的男性识字率为 82%，女性为 65%；而中国到了 2010 年，男性识字率达到 98%，女性为 93%。2010 年代，中国高等教育的女性入学率略微超过了男生，尽管在顶尖名校中情况并非如此。

〔7〕这类"娱乐活动"被称为"应酬"。

〔8〕虽然西方媒体常将其称为上海婚姻市场，"相亲角"（Blind Date Corner）是更接近中文的翻译，也少了点交易的意味。2017 年的一个周六，我回上海住了几天，也更加坚定了我选择这一翻译方法的想法。当我漫步在公园的人行道上时，一个友好的法国年轻人走过来，用一种近乎心照不宣的同胞间使用的低语问我是否意识到那里正在贩卖妇女。我以为他是在开一个不怀好意的玩笑，但他似乎是认真的：他按"婚姻市场"对应的法语"marché du marriage"的字面意思来理解相亲角的作用了。

通过与建筑人类学家 Non Arkaraprasertkul 的合作，我在相亲角的研究变得更加顺利。我们两人经常组队在相亲角的围观人群中游走。我用我那老掉牙的（而且只能说不算很通顺的）中文来暖场，然后 Non 就来救场并拯救我们的民俗实地考察经验。我们生动的对话经常能吸引一众围观者聚集。

〔9〕到了 2018 年，相亲角对父母来说仍然是个欣欣向荣的地方，但对媒人来说，在此地的经营变得更加困难。管理机构不再容忍他们这种靠帮为人父母者为其子女找对象赚钱的行为。因此，媒人退到了公园里不太显眼的地方，然而他们仍然很易被识别出来，因为他们手里拿着厚厚的笔记本。父母们则空手而坐，像以前一样，眼巴巴地等着另一个父母上来搭话。

〔10〕Wang 2016。

〔11〕虽然我戴着婚戒，但这并未阻止执着的媒人问我："你是不是还想娶个中国太太呢？"

〔12〕中国有一位网名为"Ayawawa"的热门情感咨询专栏作家，试图通过她编制的"伴侣价值量表"来帮助人们了解男女之间的差异：对于男人来说，该价值是根据他的年龄、身高、长相、财富、智商、情商、性能力和做出长期承诺的意愿来建立的。对于女人来说，则按年龄、长相、身高、罩杯大小、体重、学历学位、性格、家庭背景这个顺序衡量。参见 Kan，2017。

〔13〕感谢我的学生凯文·达利（Kevin Dhali）整理传单中的信息。

〔14〕COSMO 的灵感可能来自 2003 年日本作家酒井顺子的小说《败犬的远吠》，不过在该小说中，30 岁以上的单身女性，也就是书中所指的"败犬"，是被反思的对象。感谢人类学家凌旻华提供的这一参考。

〔15〕中国名声不佳的性别比，也随着时间的推移而趋于平稳。2004 年，男女孩的性别比是 121∶100；2015 年，这个比例是 114∶100。而在世界范围内，该比例是 104∶100，尽管中国的数字与这个比例仍有差距，但趋势上显然是朝着人口学所谓的自然性别比的方向发展的。

〔16〕在这里和本章的其他地方，我用了一些学者的研究来补充我自己的田野调查，包括 Hong Fincher 2014，Zhang 和 Sun 2014，以及 Merriman 2015。

9 我们能改变自己的动物本性吗？

〔1〕引自李奥纳多·科恩（Leonard Cohen）的《颂歌》，收录于《怪异的音乐：诗歌选》。版权© 1993 Leonard Cohen and Leonard Cohen Stranger Music, Inc.，经 Wylie Agency LLC 许可使用。

〔2〕奇怪的是，在墨西哥城，戒酒会主要是为男性准备的：遭受同样痛苦的妇女更有可能参加的是毒品匿名互助会，即使她们其实是从未接触过毒品的酗酒者（参见 Brandes 2002）。关于酗酒和种族问题更为专业的论文，以及吉米和丹尼斯的故事，参见 Gutmann 1999。

〔3〕Martin 1994, 263.

〔4〕Kolata 2012.

〔5〕Fink 2017.

〔6〕枪和阳具的象征关系在此不作赘述，但在中国有一个暗示射精的俚语，字面意思是"像炮一样射"（打炮），这就不是很稀松平常了。

〔7〕即使凶手并不完全符合年轻、男性和白人这三项特征，他们通常也符合其中的两项，他们的杀人行为也符合社会特征。2017 年在拉斯维加斯屠杀 58 人的凶手 64 岁，但却是白人男性。2016 年在奥兰多杀害 49 人的凶手自称是阿富汗人，但他是年轻男性。

〔8〕最近学术界对恋物癖的讨论（毫不奇怪，这与卡尔·马克思关于"商品恋物癖"的想法非常相似），参见 Graeber 2005。

〔9〕Keller 2010.

〔10〕关于寻找同性恋基因的剖析,参见 Lancaster 2003。关于"发现"同性恋基因的一项有影响力的科学研究,参见 Hamer 和 Copeland, 1994。关于男性与其他男性发生性关系的重要民族志研究包括 Núñez – Noriega 2014 和 Parker 1998。

〔11〕这些更宽泛的观点中有几个也适用于印度,在那里,如今西医和印度的阿育吠陀医学常常相互结合。

〔12〕关于本节所讨论的中医问题,特别参见 Farquhar 2002 和 Zhang 2015。引自 Farquhar 2002, 64, 67, 235。

〔13〕有关中国阳痿、中医、生物医学的引文参见 Zhang 2015, 173, 185, 186。

〔14〕说到祖先会回魂影响后代这个信仰,我的朋友在墨西哥城的经历并不是特例。在人类学家的研究中,一个著名的例子是关于乌干达北部的阿乔利人(Acholi),据说在那里,被称为"cen"的不快乐的亡灵"世世代代困扰着部落及族人的孩子们"。这种信仰在内战、艾滋病大流行和人口大规模流离失所的时期尤为突出(Finnström 2008, 192)。

〔15〕Marks 2015, 87。Marks 就身体的一般性而不是其性别特质提出了更宽泛的观点,但在这里也同样适用。

〔16〕Lock 2012, 129. 关于表观遗传学的社会影响的论文,也可参见 Lock 2013、2015 和 2018 以及 Richardson 2017。关于表观遗传学这个新领域的社会影响简明易懂的介绍,可参见 Lock 和 Palsson, 2016。他们指出,在 1995 年之前,每年,标题中带有"表观遗传学"的出版物数量不到 100 篇。到了 2010 年,已经达到了 2 万篇。虽然关于睾酮的文章数量的增长主要反映了社会和政治潮流的变化,减少了男性对其激素的依赖(见本书第二章),但关于表观遗传学的文章数量的增长代表了一种新趋势的出现。它成了在生物学界掀起风暴的研究领域。回溯到拉马克,关键在于它重新认识到与人体互动的环境因素的持久影响。

〔17〕关于这些问题更深入的研究,参见 Lock 和 Palsson, 2016。有关这些主题的一篇具有影响力的文章,参见 Scheper-Hughes 和 Lock, 1987。

〔18〕Lock and Palsson 2016, 8-9, 79(着重处为原作者所加)。

〔19〕Richardson 2017, 32。理查森还提醒说,虽然表观遗传学拥有这种前景,但尚待进行基础性表观遗传学研究的学者们的努力。

10 别让男人置身事外

〔1〕参考 Peterson 2018, 51。

〔2〕"吊诡的是,虽然性别是一个生物类别,而种族不是,但性和性别被认为比种族和族裔更容易选择和改变"(Brubaker 2016, 6)。

〔3〕感谢布朗大学的两位本科研究助理 Drew Hawkinson 和 Alan Mendoza 对校园里的"他/她们"运动的见解。劳拉·吉普尼斯解释说:"在校园里,性不仅让人困惑不解,那简直是叫人精神分裂。"(2017, 36)

〔4〕Muguet 2017.

〔5〕Spade 2015 [2011], 209; Foucault 1980, xiii.

〔6〕Halberstam 2018, 9.

〔7〕参考 Núñez-Noriega 2014。

〔8〕2012 年,阿根廷通过了一项全面的变性人权利法,允许任何人在未经法官或医生批准的情况下填写表格,改变自己的法定性别身份。2018 年 12 月,德国最高法院裁定,二元性别称谓具有歧视性,在获得医生许可的情况下,德国人可以在出生证和其他法律记录上选择"多元"。而 LGBTQ 团体提出异议,认为不应要求提供医生的批准。见 Eddy 2018。

〔9〕Luhrmann 2000, 8. 虽然她的研究背景不一样(她接受的是精神病学的医学训练),但她的观点在这里也很重要。

〔10〕Bruni 2018. 他的保守派同事大卫·布鲁克斯(David Brooks)约在同一时间写道:"我非常不同意学术界的女权主义——那些与父权制相关、叙述模糊的压迫者故事,奇怪地不愿意承认遗传性的性别差异,并带着教师休息室里好斗的基调"(Bruni 2018)。何为遗传性的性别差异自然未加说明,因为如果我们认为这些指控是理所当然的,那么它们就无需解释或说明。

〔11〕Dallek 2004, 315.

〔12〕Nussbaum 2018.

〔13〕Wang 2013, 12; Gould 1978, 532.

〔14〕Bannon and Correia 2006, 5.

〔15〕关于阿尔法和贝塔雄性狒狒,可参见 Gesquiere 等人,2011, 357。

〔16〕Sahlins 1976, 101. 同样,尽管卡尔·马克思是达尔文著作的早期忠实粉丝,但他在 1862 年 6 月 18 日给弗里德希·恩格斯写了一封信,在信中

他对这位自然学家最新的发现中的某些问题进行了反思:

我一直在重新审视达尔文,我很高兴他会说他也将"马尔萨斯"理论应用于植物和动物,仿佛对于马尔萨斯先生来说,整个事情的奥妙之处并不在于这一理论不应用于植物和动物,而恰恰是相对于植物与动物,考虑到几何等级数,它被应用于人类。令人瞩目的是,达尔文如何从动植物世界之中重新发现英国社会的分工、竞争、新市场的开辟、"发明"和马尔萨斯所谓的"生存斗争"。这是霍布斯所说的"所有人对所有人的战争"(*bellum omnium contra omnes*),让人联想到黑格尔的《现象学》。在《现象学》中,市民社会是作为"有智性的动物世界"出现的,而在达尔文那里,动物世界被描写成了市民社会。

〔17〕Fausto-Sterling 1992, 160. Agustín Fuentes 写道:"如果我们认为我们的本质是攻击性的,而失去社会约束的男性会诉诸其残暴的本性,那么我们就会预期并接受某些类型的暴力是不可避免的。这意味着,我们不是真正试图理解和纠正强奸、种族灭绝、内战和酷刑等可怕而复杂的现实,而是将这些事件的至少一部分归结为人性使然。"(2012, 154)

〔18〕Sherry Ortner 问道:"女性对男性难道就像自然对文化一样吗?"(1972, 5)

〔19〕比如,McCormack and Strathern 1980。

〔20〕Ortner 1996, 176.

〔21〕唐纳德·特朗普,如 Scott 2018 中引述的那样。

〔22〕见 Paredes 1993〔1967〕的英译本。感谢 Sherry Ortner 提供的这个例子,它是针对我在加州大学洛杉矶分校的一次演讲而作的回应,演讲中提到了我对她早期的自然-文化比较研究的想法。

参考文献

Ahmed, S. Faisal, and Martina Rodie. 2010. "Investigation and Initial Management of Ambiguous Genitalia." *Best Practice and Research Clinical Endocrinology and Metabolism* 24 (2): 197–218.

Albee, Edward. 2000. *The Goat, or, Who Is Sylvia?* New York: Overlook Press.

Appiah, Kwame Anthony. 2018. *The Ties That Bind: Rethinking Identity.* New York: Liveright.

Archer, John. 2006. "Testosterone and Human Aggression: An Evaluation of the Challenge Hypothesis." *Neuroscience and Biobehavioral Reviews* 30 (3): 319–345.

Aristophanes. 1994 [411 bc]. *Lysistrata.* New York: Grove.

Arizpe, Lourdes. 1990. "Foreword: Democracy for a Small Two-Gender Planet." In *Women and Social Change in Latin America*, edited by Elizabeth Jelin, xiv–xx. London: Zed.

Austen, Ian. 2016. "Women in Canadian Military Report Widespread Sexual Assault." *New York Times*, November 29, 2016.

Awori, Thelma, Catherine Lutz, and Paban J. Thapa. 2013. "Expert Mission to Evaluate Risks to SEA Prevention Efforts in MINUSTAH, UNMIL, MONUSCO, and UNMISS." static1.squarespace.com/static/514a0127e4b04d7440e8045d/t/55afcfa1e4b07b89d11d35ae/1437585313823/2013+Expert+Team+Report+FINAL.pdf.

Bannon, Ian, and Maria C. Correia. 2006. *The Other Half of Gender: Men's Issues in*

Development. Washington, DC: International Bank for Reconstruction and Development, World Bank.

Barash, David. 1980. *Sociobiology: The Whisperings Within*. London: Souvenir.

Barlow, Tani E. 2004. *The Question of Women in Chinese Feminism*. Durham, NC: Duke University Press.

Bartra, Roger. 2014. *The Anthropology of the Brain: Consciousness, Culture, and Free Will*. Cambridge: Cambridge University Press.

Bekiempis, Victoria. 2015. "When Campus Rapists Don't Think They're Rapists." *Newsweek*, January 9, 2015.

Bender, Marylin. 1970. "Doctors Deny Woman's Hormones Affect Her As an Executive." *New York Times*, July 31, 1970.

Berger, John. 2009. *Why Look at Animals?* London: Penguin.

Bernstein, Jacob. 2017. "Is There Anything Ansel Elgort Can't Do?" *New York Times*, July 1, 2017.

Birenbaum-Carmeli, Daphna, Yana Diamand, and Maram Abu Yaman. 2015. "On Fatherhood in a Conflict Zone: Gaza Fathers and Their Children's Cancer Treatments." In *Globalized Fatherhood*, edited by Marcia C. Inhorn, Wendy Chavkin, and José-Alberto Navarro, 152–174. New York: Berghahn.

Blow, Charles M. 2017. "Trump Mauls the Language." *New York Times*, July 17, 2017.

Bourke, Joanna. 2007. *Rape: Sex, Violence, History*. London: Virago.

Brandes, Stanley. 1980. *Metaphors of Masculinity: Sex and Status in Andalusian Folklore*. Philadelphia: University of Pennsylvania Press.

———. 2002. *Staying Sober in Mexico City*. Austin: University of Texas Press.

Bribiescas, Richard G. 2006. *Men: Evolutionary and Life-History*. Cambridge, MA: Harvard University Press.

Bribiescas, Richard G., Peter T. Ellison, and Peter B. Gray. 2012. "Male Life History, Reproductive Effort, and the Evolution of the Genus *Homo*: New Directions and Perspectives." Supplement, *Current Anthropology* 53 (6): S424–S435.

Brooks, David. 2018. "Two Cheers for Feminism!" *New York Times*, October 12, 2018.

Brown, Wendy. 2006. *Regulating Aversion: Tolerance in the Age of Identity and Empire*. Princeton, NJ: Princeton University Press.

——. 2014. *Walled States, Waning Sovereignty*. New York: Zone.

Brownell, Susan, and Jeffrey Wasserstrom, eds. 2002. *Chinese Femininities / Chinese Masculinities*. Berkeley: University of California Press.

Brubaker, Rogers. 2016. *Trans: Gender and Race in an Age of Unsettled Identities*. Princeton, NJ: Princeton University Press.

Bruni, Frank. 2016. "Hillary's Male Tormentors." *New York Times*, November 2, 2016.

——. 2018. "The Many Faces of Brett Kavanaugh." *New York Times*, September 25, 2018.

Burke, James Lee. 2016. *The Jealous Kind*. New York: Simon and Schuster.

Campbell, Benjamin, Paul Leslie, and Kenneth Campbell. 2006. "Age Related Changes in Testosterone and SHGB [sex hormone binding globulin] Among Turkana Males." *American Journal of Human Biology* 18 (1): 71–82.

Clausewitz, Carl von. 1989 [1832]. *On War*. Princeton, NJ: Princeton University Press.

Collins, Randall. 2008. *Violence: A Micro-sociological Theory*. Princeton, NJ: Princeton University Press.

Connell, Raewyn [Robert Connell]. 2000. "Arms and the Man: Using the New Research on Masculinity to Understand Violence and Promote Peace in the Contemporary World." In *Male Roles, Masculinities and Violence: A Culture of Peace Perspective*, edited by Ingeborg Breines, Robert Connell, and Ingrid Eide, 21–33. Paris: UNESCO.

Cooper, Alexia, and Erica L. Smith. 2011. "Homicide Trends in the United States, 1980–2008." Washington, DC: Bureau of Justice Statistics, Office of Justice Programs, US Department of Justice.

Culp-Ressler, Tara. 2015. "1 in 3 College Men in Survey Say They Would Rape a Woman if They Could Get Away with It." *Think Progress*, January 11, 2015. thinkprogress. org/1-in-3-college-men-in-survey-say-they-would-rape-a-woman-if-they-could-get-away-with-it-ffa7406b9778.

Dallek, Robert. 2004. *Flawed Giant: Lyndon Johnson and His Times*, 1961–1973. Oxford: Oxford University Press.

Darwin, Charles. 2009 [1872]. *The Expression of Emotion in Man and Animals*. New York: Penguin.

Davies, Julian. 2010. "Anthropomorphism in Science." *European Molecular Biology Organization* 11 (10): 721.

Davis, Deborah. 2010. "Who Gets the House? Re-negotiating Property Rights in Post-socialist Urban China." *Modern China* 36 (5): 463–492.

Davis, Deborah, and Sara Friedman, eds. 2014. *Wives, Husbands, Lovers: Marriage and Sexuality in Hong Kong, Taiwan, and Urban China*. Stanford, CA: Stanford University Press.

Davis, Natalie Zemon. 1983. *The Return of Martin Guerre*. Cambridge, MA: Harvard University Press.

Dawkins, Richard. 1976. *The Selfish Gene*. Oxford: Oxford University Press.

de Beauvoir, Simone. 1970 [1949]. *The Second Sex*. New York: Bantam.

Derrida, Jacques. 2002. "The Animal That Therefore I Am (More to Follow)." *Critical Inquiry* 28 (2): 369–418.

de Waal, Frans. 1999. "Anthropomorphism and Anthropodenial: Consistency in Our Thinking About Humans and Other Animals." *Philosophical Topics* 27 (1): 255–280.

——. 2001. *The Ape and the Sushi Master: Cultural Reflections of a Primatologist*. New York: Basic Books.

——. 2013. *The Bonobo and the Atheist: In Search of Humanism Among the Primates*. New York: W. W. Norton.

——. 2016. *Are We Smart Enough to Know How Smart Animals Are?* New York: W. W. Norton.

Diamond, Jared. 1999. *Guns, Germs, and Steel: The Fates of Human Societies*. New York: W. W. Norton.

Doi, Hirokazu, Ilaria Basadonne, Paola Venuti, and Kazuyuki Shinohara. 2018. "Negative Correlation Between Salivary Testosterone Concentration and Preference for Sophisticated Music in Males." *Personality and Individual Differences* 125:

106-111.

Domhoff, G. William. 1975. *Bohemian Grove and Other Retreats: A Study in Ruling-Class Cohesiveness*. New York: HarperCollins.

Dovy, Dana. 2018. "Men Who Like Jazz Have Less Testosterone Than Those Who Like Rock." *Newsweek*, January 19, 2018.

Downs, Laura L. 2002. "PMS, Psychosis and Culpability: Sound or Misguided Defense?" *Journal of Forensic Science* 47 (5): 1-7.

Duden, Barbara, and Silja Samerski. 2007. " 'Pop Genes': An Investigation of 'the Gene' in Popular Parlance." In *Biomedicine as Culture: Instrumental Practices, Technoscientific Knowledge, and New Modes of Life*, edited by Regula Valérie Burri and Joseph Dumit, 167-189. New York: Routledge.

Dyble, M., G. D. Salali, N. Chaudhary, A. Page, D. Smith, J. Thompson, L. Vinicius, R. Mace, and A. B. Migliano. 2015. "Sex Equality Can Explain the Unique Social Structure of Hunter-Gatherer Bands." *Science* 348 (6236): 796-798.

Eddy, Melissa. 2018. "Not Male or Female? Germans Can Now Choose 'Diverse.'" *New York Times*, December 14, 2018.

Edwards, Sarah R., Kathryn A. Bradshaw, and Verlin B. Hinsz. 2014. "Denying Rape but Endorsing Forceful Intercourse: Exploring Differences Among Responders." *Violence and Gender* 1 (4): 188-193.

Eliot, Lise. 2009. *Pink Brain, Blue Brain: How Small Differences Grow into Troublesome Gaps—and What We Can Do About It*. New York: Houghton Mifflin.

Farquhar, Judith. 2002. *Appetites: Food and Sex in Post-Socialist China*. Durham, NC: Duke University Press.

Fausto-Sterling, Anne. 1992. *Myths of Gender: Biological Theories About Women and Men*, rev. ed. New York: Basic Books.

———. 2000. *Sexing the Body: Gender Politics and the Construction of Sexuality*. New York: Basic.

Fausto-Sterling, Anne, David Crews, Jihyun Sung, Cynthia García-Coll, and Ronald Seifer. 2015. "Multimodal Sex-Related Differences in Infant and in Infant-Directed Maternal Behaviors During Months Three Through Twelve of Development."

Developmental Psychology 51 (10): 1351-1366.

Filipovic, Jill. 2015. "Study: 1 in 3 Men Would Rape If They Wouldn't Get Caught or Face Consequences." *Cosmopolitan*, January 12, 2015.

Fine, Cordelia. 2017. *Testosterone Rex: Myths of Sex, Science, and Society*. New York: W. W. Norton.

Fink, Sheri. 2017. "Las Vegas Gunman's Brain Will Be Scrutinized for Clues to the Killing." *New York Times*, October 26, 2017.

Finnström, Verker. 2008. *Living with Bad Surroundings: War, History, and Everyday Moments in Northern Uganda*. Durham, NC: Duke University Press.

Fisher, William A., and Donn Byrne. 1978. "Differences in Response to Erotica: Love Versus Lust." *Journal of Personality and Social Psychology* 36 (2): 117-125.

Foucault, Michel. 1980. *Herculine Barbin: Being the Recently Discovered Memoirs of a Nineteenth Century French Hermaphrodite*, translated by Richard McDougall. New York: Vintage.

Freud, Sigmund. 1990 [1913]. *Totem and Taboo*. New York: W. W. Norton.

——. 1995 [1918]. "From the History of an Infantile Neurosis ('Wolf Man')." In *The Freud Reader*, edited by Peter Gay, 400-426. New York: W. W. Norton.

Fuentes, Augustín. 2012. *Race, Monogamy, and Other Lies They Told You: Busting Myths About Human Nature*. Berkeley: University of California Press.

Galanes, Philip. 2018. "The Mind Meld of Bill Gates and Steven Pinker." *New York Times*, January 27, 2018.

Gesquiere, Laurence R., Niki H. Learn, M. Carolina M. Simao, Patrick O. Onyango, Susan C. Alberts, and Jeanne Altmann. 2011. "Life at the Top: Rank and Stress in Wild Male Baboons." *Science* 333 (6040): 357-360.

Global Industry Analysts, Inc. 2018. "Testosterone Replacement Therapy (TRT) — Market Analysis, Trends, and Forecasts by Global Industry Analysts, Inc., February 2018." www.strategyr.com/market-report-testosterone-replacement-therapy-trt-forecasts-global-industry-analysts-inc.asp.

Gordon, Deborah M. 2010. *Ant Encounters: Interaction Networks and Colony Behavior*. Princeton, NJ: Princeton University Press.

Gould, Stephen J. 1978. "Sociobiology: The Art of Storytelling." *New Scientist* 80 (1129): 530–533.

———. 1995. "Ordering Nature by Budding and Full-Breasted Sexuality." In *Dinosaur in a Haystack: Reflections in Natural History*, 427–441. New York: Harmony Books.

Gowaty, Patty A. 2010. "Forced or Aggressively Coerced Copulation." In *Encyclopedia of Animal Behavior*, edited by Michael D. Breed and Janice Moore, 759–763. Burlington, MA: Elsevier.

Graeber, David. 2005. "Fetishism as Social Creativity, or, Fetishes Are Gods in the Process of Construction." *Anthropological Theory* 5 (4): 407–438.

Grossman, Dave. 2009. *On Killing: The Psychological Cost of Learning to Kill in War and Society*. New York: Back Bay Books.

Gutmann, Matthew. 2006 [1996]. *The Meanings of Macho: Being a Man in Mexico City*. Berkeley: University of California Press.

———. 1999. "Ethnicity, Alcohol, and Acculturation." *Social Science & Medicine* 48 (2): 173–184.

———. 2002. *The Romance of Democracy: Compliant Defiance in Mexico City*. Berkeley: University of California Press.

———. 2007. *Fixing Men: Sex, Birth Control, and AIDS in Mexico*. Berkeley: University of California Press.

Gutmann, Matthew, and Catherine Lutz. 2010. *Breaking Ranks: Iraq Veterans Speak Out Against the War*. Berkeley: University of California Press.

Gwatkin, Davidson R. 1979. "Political Will and Family Planning: The Implications of India's Emergency Experience." *Population and Development Review* 5 (1): 29–59.

Halberstam, Jack. 2018. *Trans*: A Quick and Quirky Account of Gender Variability*. Berkeley: University of California Press.

Hamer, Dean, and Peter Copeland. 1994. *The Science of Desire: The Search for the Gay Gene and the Biology of Behavior*. New York: Simon and Schuster.

Harrington, Anne. 2019. *Mind Fixers: Psychiatry's Troubled Search for the Biology of Mental Illness*. New York: W. W. Norton.

Heald, Susan. 1999. *Manhood and Morality: Sex, Violence and Ritual in Gisu Society*. New York: Routledge.

Heider, Karl. 1976. "Dani Sexuality: A Low Energy System." *Man* 11 (2): 188-201.

Herbert, Joe. 2015. *Testosterone: Sex, Power, and the Will to Win*. Oxford: Oxford University Press.

Herdt, Gilbert. 1994. *Guardians of the Flutes: Idioms of Masculinity*. Chicago: University of Chicago Press.

Hershatter, Gail. 1996. "Sexing Modern China." In *Remapping China: Fissures in Historical Terrain*, edited by Gail Hershatter, Emily Honig, Jonathan N. Lipman, and Randall Stross, 77-93. Stanford, CA: Stanford University Press.

Hirsch, Jennifer. 2003. *A Courtship After Marriage: Sexuality and Love in Mexican Transnational Families*. Berkeley: University of California Press.

Hirsch, Jennifer, and Constance Nathanson. 2001. "Some Traditional Methods Are More Modern Than Others: Rhythm, Withdrawal and the Changing Meanings of Sexual Intimacy in the Mexican Companionate Marriage." *Culture, Health and Sexuality* 3 (4): 413-428.

Hoberman, John. 2005. *Testosterone Dreams: Rejuvenation, Aphrodisia, Doping*. Berkeley: University of California Press.

Hochschild, Arlie, with Anne Machung. 1989. *The Second Shift: Working Parents and the Revolution at Home*. New York: Viking.

Hofstadter, Richard. 1992 [1944]. *Social Darwinism in American Thought*. Boston: Beacon Press.

Hönekopp, Johannes, and Steven Watson. 2011. "Meta-analysis of the Relationship Between Digit-Ratio 2D: 4D and Aggression." *Personality and Individual Differences* 51: 381-386.

Hong Fincher, Leta. 2014. *Leftover Women: The Resurgence of Gender Inequality in China*. New York: Zed.

Hrdy, Sarah Blaffer. 1981. *The Woman That Never Evolved*. Cambridge, MA: Harvard University Press.

——. 2000. "The Optimal Number of Fathers: Evolution, Demography and History in the Shaping of Female Mate Preferences." *Annals of the New York Academy of Sciences* 907 (1): 75–96.

——. 2009. *Mothers and Others: The Evolutionary Origins of Mutual Understanding*. Cambridge, MA: Harvard University Press.

Huerta Rojas, Fernando. 1999. *El juego del hombre: Deporte y masculinidad entre obreros de Volkswagen*. Mexico City: Plaza y Valdés.

Hurston, Zora Neale. 2006 [1937]. *Their Eyes Were Watching God*. New York: Harper.

Hyde, Janet Shibley. 2005. "The Gender Similarities Hypothesis." *American Psychologist* 60 (6): 581–592.

Isaacson, Walter. 2017. "Resistance Is Futile." *New York Times Book Review*, June 25, 2017.

Joel, Daphna. 2011. "Male or Female? Brains Are Intersex." *Frontiers in Integrative Neuroscience* 5: 1–5.

——. 2016. "Captured in Terminology: Sex, Sex Categories, and Sex Differences." *Feminism and Psychology* 26 (3): 335–345.

Johnson, Ian. 2014. "Sex in China: An Interview with Li Yinhe." *New York Review of Books*, September 9, 2014.

Jordan-Young, Rebecca M. 2010. *Brain Storm: The Flaws in the Science of Sex Differences*. Cambridge, MA: Harvard University Press.

Kafka, Franz. 2013 [1917]. *A Report for an Academy*. CreateSpace.

Kan, Karoline. 2017. "China, Where the Pressure to Marry Is Strong, and the Advice Flows Online." *New York Times*, June 18, 2017.

Keller, Evelyn Fox. 2010. *The Mirage of a Space Between Nature and Nurture*. Durham, NC: Duke University Press.

Kimmel, Michael. 1994. "Masculinity as Homophobia: Fear, Shame and Silence in the Construction of Gender Identity." In *Theorizing Masculinities*, edited by Harry Brod and Michael Kaufman, 119–141. Newbury Park, CA: Sage.

——. 2003. "An Unnatural History of Rape." In *Evolution, Gender, and Rape*, edited by Cheryl Brown Travis, 221–233. Cambridge, MA: MIT Press.

Kingkade, Tyler. 2015. "Nearly One-Third of College Men in Study Say They Would

Commit Rape." *Huffington Post*, January 9, 2015.

Kipnis, Laura. 2014. *Men: Notes from an Ongoing Investigation*. New York: Picador.

———. 2017. *Unwanted Advances: Sexual Paranoia Comes to Campus*. New York: HarperCollins.

Kogan, Terry S. 2010. "Sex Separation: The Cure-All for Victorian Social Anxiety." In *Toilet: Public Restrooms and the Politics of Sharing*, edited by Harvey Molotch and Laura Norén, 145–164. New York: New York University Press.

Kolata, Gina. 2012. "Seeing Answers in Genome of Gunman." *New York Times*, December 24, 2012.

Krugman, Paul. 1997. "Biobabble." *Slate*, October 24, 1997.

Kruttschnitt, Candace. 2013. "Gender and Crime." *Annual Review of Sociology* 39: 291–308.

Lam, Theodora, and Brenda S. A. Yeoh. 2015. "Long-Distance Fathers, Left-Behind Fathers, and Returnee Fathers: Changing Fathering Practices in Indonesia and the Philippines." In *Globalized Fatherhood*, edited by Marcia C. Inhorn, Wendy Chavkin, and José-Alberto Navarro, 103–125. New York: Berghahn.

Lancaster, Roger. 2003. *The Trouble with Nature: Sex in Science and Popular Culture*. Berkeley: University of California Press.

Laqueur, Thomas. 1990. *Making Sex: Body and Gender from the Greeks to Freud*. Cambridge, MA: Harvard University Press.

———. 2002. "Foreword." In *Chinese Femininities/Chinese Masculinities: A Reader*, edited by Susan Brownell and Jeffrey Wasserstrom, xi–xiv. Berkeley: University of California Press.

Leach, Edmund R. 1964. "Anthropological Aspects of Language: Animal Categories and Verbal Abuse." In *New Directions in the Study of Language*, edited by E. H. Lenneberg, 23–63. Cambridge, MA: MIT Press.

Lee, Spike. 2015. *Chi-Raq*. Amazon Studios.

Lévi-Strauss, Claude. 1971 [1963]. *Totemism*. Boston, MA: Beacon.

Lewis, James W. 1990. "Premenstrual Syndrome as a Criminal Defense." *Archives of Sexual Behavior* 19 (5): 425–441.

Lewis, Oscar. 1963. *Life in a Mexican Village: Tepoztlán Restudied*. Urbana: University of Illinois Press.

Lock, Margaret. 2012. "From Genetics to Postgenomics and the Discovery of the New Social Body." In *Medical Anthropology at the Intersections: Histories, Activisms, and Futures*, edited by Marcia C. Inhorn and Emily A. Wentzell, 129–160. Durham, NC: Duke University Press.

——. 2013. "The Epigenome and Nature/Nurture Reunification: A Challenge for Anthropology." *Medical Anthropology* 32 (4): 291–308.

——. 2015. "Comprehending the Body in the Era of the Epigenome." *Current Anthropology* 56 (2): 151–177.

——. 2018. "Mutable Environments and Permeable Human Bodies." *Journal of the Royal Anthropological Institute* 24: 449–474.

Lock, Margaret, and Gisli Palsson. 2016. *Can Science Resolve the Nature/Nurture Debate?* Cambridge, UK: Polity Press.

Lodge, David. 2001. *Thinks . . . .* New York: Penguin.

Louie, Kam. 2002. *Theorising Chinese Masculinity: Society and Gender in China*. Cambridge: Cambridge University Press.

——, ed. 2016. *Changing Chinese Masculinities: From Imperial Pillars of State to Global Real Men*. Hong Kong: Hong Kong University Press.

Luhrmann, T. M. 2000. *Of Two Minds: An Anthropologist Looks at American Psychiatry*. New York: Vintage.

Luo Yuan. 2010.《伪娘太多的中国是危险的》(It's dangerous to have too many feminine men in China). 环球时报 (*Global Times*). April 11, 2010, 1.

Lutz, Catherine, ed. 2009. *The Bases of Empire: The Global Struggle Against US Military Posts*. New York: New York University Press.

Lu Xun. 1990 [1918]. "Diary of a Madman." *Diary of a Madman and Other Stories*, translated by William A. Lyell. Honolulu: University of Hawaii Press.

Malamuth, Neil M. 1996. "Sexually Explicit Media, Gender Differences, and Evolutionary Theory." *Journal of Communication* 46 (3): 8–31.

"Many US College Men Deny Rape but Endorse Forceful Intercourse." 2015. *Financial Express*, January 13, 2015. https://www.financialexpress.com/india-news/many-us-college-men-deny-rape-but-endorse-forceful-intercourse/29581.

Marks, Jonathan. 2002. *What It Means to Be 98% Chimpanzee: Apes, People, and Their Genes*. Berkeley: University of California Press.

———. 2015. *Tales of the Ex-Apes: How We Think About Human Evolution*. Oakland: University of California Press.

Martin, Emily. 1994. "The Ethnography of Natural Selection in the 1990s." *Cultural Anthropology* 9 (3): 383-397.

———. 2003. "What Is 'Rape'? —Toward a Historical, Ethnographic Approach." In *Evolution, Gender, and Rape*, edited by Cheryl Brown Travis, 363-381. Cambridge, MA: MIT Press.

Marx, Karl. 1977 [1844]. *Critique of Hegel's Philosophy of Right*. Cambridge: Cambridge University Press.

———. 1980 [1862]. "Letter to Friedrich Engels on 18 June." In *Letters, 1860-64*. Vol. 41 in *Marx/Engels Collected Works*, 380. London: Lawrence and Wishart.

McCormack, Carol, and Marilyn Strathern. 1980. *Nature, Culture, and Gender*. Cambridge: Cambridge University Press.

McNamara, Robert. 1974. "The World Bank Perspective on Population Growth." In *Dynamics of Population Policy in Latin America*, edited by Terry L. McCoy, 107-121. Cambridge, MA: Ballinger.

Mead, Margaret. 2001 [1928]. *Coming of Age in Samoa*. New York: William Morrow.

Mernissi, Fatima. 1987. *Beyond the Veil: Male-Female Dynamics in a Muslim Society*. Bloomington: Indiana University Press.

Merriman, Mazie Katherine. 2015. "China's 'Leftover' Women Phenomenon: Media Portrayal and 'Leftover' Voices." BA thesis, International Studies, University of Mississippi.

Miano Borruso, Marinella. 2002. *Hombre, mujer y muxe' en el Istmo de Tehuantepec*. Mexico City: Plaza y Valdés, CONACULTA-INAH.

Milam, Erika Lorraine. 2019. *Creatures of Cain: The Hunt for Human Nature in Cold War America*. Princeton, NJ: Princeton University Press.

Mistry, Rohinton. 1997. *A Fine Balance*. New York: Vintage.

Molotch, Harvey, and Laura Norén, eds. 2010. *Toilet: Public Restrooms and the Poli-*

tics of Sharing. New York: New York University Press.

Monsiváis, Carlos. 1988. *Escenas de pudor y liviandad*. Mexico City: Grijalbo.

——. 1997. *Mexican Postcards*, translated by John Kraniauskas. London: Verso.

Morgentaler, Abraham. 2009. *Testosterone for Life: Recharge Your Vitality, Sex Drive, Muscle Mass & Overall Health*! New York: McGraw Hill.

Muguet, Julien. 2017. "Edouard Philippe décide de bannir l'écriture inclusive des textes officiels." *Le Monde*, November 21, 2017.

Nagel, Thomas. 1974. "What Is It Like to Be a Bat?" *Philosophical Review* 83 (4): 435–450.

Núñez Noriega, Guillermo. 2014. *Just Between Us: An Ethnography of Male Identity and Intimacy in Rural Communities of Northern Mexico*. Tucson: University of Arizona Press.

Nussbaum, Martha. 2018. "The Roots of Male Rage, on Show at the Kavanaugh Hearing." *Washington Post*, September 29, 2018.

Oates, Joyce Carol. 1988. "Against Nature." In (*Woman*) *Writer: Occasions and Opportunities*. New York: E. P. Dutton.

Ortner, Sherry B. 1972. "Is Female to Male As Nature Is to Culture?" *Feminist Studies* 1 (2): 5–31.

——. 1996. "So, *Is* Female to Male As Nature Is to Culture?" In *Making Gender: The Politics and Erotics of Culture*, 172–180. Boston, MA: Beacon.

Oudshoorn, Nelly. 1994. *Beyond the Natural Body: An Archaeology of Sex Hormones*. New York: Routledge.

——. 2003. *The Male Pill: A Biography of a Technology in the Making*. Durham, NC: Duke University Press.

Paredes, Américo. 1993 [1967]. "The United States, Mexico, and *Machismo*." In *Folklore and Culture on the Texas-Mexican Border*, 215–234. Austin: University of Texas Press.

Parker, Kathleen. 2010. "Obama: Our First Female President." *Washington Post*, June 30, 2010.

Parker, Richard. 1998. *Beneath the Equator: Cultures of Desire, Male Homosexuality, and Emerging Gay Communities in Brazil*. New York: Routledge.

Parrini, Rodrigo. 2007. *Panópticos y Laberintos: Subjetivación, deseo y corporalidad en una cárcel dehombres*. Mexico City: El Colegio de México.

Parsons, Talcott, and Robert F. Bales. 1955. *Family, Socialization and Interaction Process*. New York: Free Press.

Paz, Octavio. 2012 [1949]. *The Labyrinth of Solitude*. New York: Grove.

Peterson, Jordan B. 2018. *12 Rules for Life: An Antidote to Chaos*. Toronto: Random House.

Pierson, David P. 2005. "'Hey, They're Just Like Us!': Representations of the Animal World in the Discovery Channel's Nature Programming." *Journal of Popular Culture* 38 (4): 698-712.

Pile, John M., and Mark A. Barone. 2009. "Demographics of Vasectomy—USA and International." *Urologic Clinics of North America* 36 (3): 295-305.

Pinker, Steven. 2002. *The Blank Slate: The Modern Denial of Human Nature*. New York: Penguin.

Press, Marc P. 1983. "Premenstrual Stress Syndrome as a Defense in Criminal Cases." *Duke Law Journal* 32 (1): 176-195.

Prum, Richard O. 2017. *The Evolution of Beauty: How Darwin's Forgotten Theory of Mate Choice Shapes the Animal World—And Us*. New York: Doubleday.

Raine, Adrian. 2013. *The Anatomy of Violence: The Biological Roots of Crime*. New York: Vintage.

Reddy, Gayatri. 2005. *With Respect to Sex: Negotiating Hijra Identity in South India*. Chicago: University of Chicago Press.

"Report of the Committee on the Unrecognized Single-Gender Social Organizations." 2017. Harvard College. s3.amazonaws.com/media.thecrimson.com/pdf/2017/07/12/1323575.pdf.

Rich, Adrienne. 1996. *Of Woman Born: Motherhood as Experience and Institution*. New York: W. W. Norton.

Richardson, Sarah S. 2013. *Sex Itself: The Search for Male and Female in the Human Genome*. Chicago, IL: University of Chicago Press.

——. 2017. "Plasticity and Programming: Feminism and the Epigenetic Imaginary." *Signs* 43 (1): 29-52.

Rubin, Gayle. 1984. "Thinking Sex: Notes for a Radical Theory of the Politics of Sexuality." In *Pleasure and Danger: Exploring Female Sexuality*, edited by Carole S. Vance, 3-44. New York: Routledge.

Sahlins, Marshall. 1976. *Use and Abuse of Biology: An Anthropological Critique of Sociobiology*. Ann Arbor: University of Michigan Press.

Sakai, Junko. 2003. *Makeinu no toboe* (The distant barking of losing dogs). Tokyo: Kundansha.

Sanday, Peggy Reeves. 1981. "The Socio-Cultural Context of Rape: A Cross-Cultural Study." *Journal of Social Issues* 37 (4): 5-27.

——. 2003. "Rape-Free Versus Rape-Prone: How Culture Makes a Difference." In *Evolution, Gender, and Rape*, edited by Cheryl Brown Travis, 337-361. Cambridge, MA: MIT Press.

Sandberg, Sheryl. 2013a. *Lean In: Women, Work, and the Will to Lead*. New York: Knopf.

——. 2013b. 《向前一步：女性，工作及领导意志》(One step forward: Women, work, and the will to lead). Beijing: Zhongxin Publishing.

Sapolsky, Robert M. 1997. *The Trouble with Testosterone and Other Essays on the Biology of the Human Predicament*. New York: Simon and Schuster.

——. 2005. *Monkeyluv: And Other Essays on Our Lives as Animals*. New York: Scribner.

——. 2017. *Behave: The Biology of Humans at Our Best and Worst*. New York: Penguin.

Scheper-Hughes, Nancy, and Margaret M. Lock. 1987. "The Mindful Body: A Prolegomenon to Future Work in Medical Anthropology." *Medical Anthropology Quarterly* 1 (1): 6-41.

Scott, Eugene. 2018. "In Reference to 'Animals,' Trump Evokes an Ugly History of Dehumanization." *Washington Post*, May 16, 2018.

Shakespeare, William. 2004 [1608]. *King Lear*. New York: Simon and Schuster.

Smuts, Barbara. 1992. "Male Aggression Against Women: An Evolutionary Perspective." *Human Nature* 3 (1): 1-44.

Solomon, Lee. 1995. "Premenstrual Syndrome: The Debate Surrounding Criminal Defense." *Maryland Law Review* 54 (2): 571-600.

Sontag, Susan. 2002. "Looking at War: Photography's View of Devastation and Death." *New Yorker*, December 9, 2002.

Spade, Dean. 2015 [2011]. *Normal Life: Administrative Violence, Critical Trans Politics, and the Limits of Law.* Durham, NC: Duke University Press.

Stephen, Lynn. 2002. "Sexualities and Genders in Zapotec Oaxaca." *Latin American Perspectives* 29 (2): 41-59.

Taggart, James. 1992. "Gender Segregation and Cultural Constructions of Sexuality in Two Hispanic Societies." *American Ethnologist* 19 (1): 75-96.

Tarlo, Emma. 2003. *Unsettling Memories: Narratives of the Emergency in Delhi.* Berkeley: University of California Press.

Thao, Vu Thi. 2015. "When the Pillar of the Home Is Shaking: Female Labor Migration and Stay-at-Home Fathers in Vietnam." In *Globalized Fatherhood*, edited by Marcia C. Inhorn, Wendy Chavkin, and José-Alberto Navarro, 129-151. New York: Berghahn.

Thornhill, Randy, and Craig T. Palmer. 2000. *A Natural History of Rape: Biological Bases of Sexual Coercion.* Cambridge, MA: MIT Press.

Tiger, Lionel. 1984 [1969]. *Men in Groups.* New York: Marion Boyars.

"Transcript: Donald Trump's Taped Comments About Women." 2016. *New York Times*, October 8, 2016.

Travis, Cheryl Brown, ed. 2003. *Evolution, Gender, and Rape.* Cambridge, MA: MIT Press.

United Nations Office on Drugs and Crime. 2014. *Global Study on Homicide* 2013: *Trends/Contexts/Data.* Vienna: Research and Trend Analysis Branch, Division for Policy Analysis and Public Affairs, United Nations Office on Drugs and Crime.

Uretsky, Elanah. 2016. *Occupational Hazards: Sex, Business, and HIV in Post-Mao China.* Stanford, CA: Stanford University Press.

Vargas Llosa, Mario. 1978. *Captain Pantoja and the Special Service.* New York: Harper and Row.

Viveros, Mara. 2002. *De quebradores y de cumplidores: Sobre hombres, masculinidades y relaciones de género en Colombia.* Bogotá: Universidad Nacional de Colombia.

Von Drehle, David. 2014. "Manopause?! Aging, Insecurity and the $2 Billion Testosterone Industry." *Time*, July 31, 2014.

Wang, Lingzhen. 2013. "Gender and Sexual Differences in 1980s China: Introducing Li Xiaojiang." *Differences* 24 (2): 8–21.

Wang, Mengqi. 2018. "The 'Rigid Demand': The Culture of Home-Buying in Post-Socialist China." PhD diss., Anthropology, Brandeis University.

Wang, Pan. 2016. "Inventing Traditions: Television Dating Shows in the People's Republic of China." *Media, Culture, and Society* 39 (4): 504–519.

Waugh, Linda R. 1982. "Marked and Unmarked: A Choice Between Unequals in Semiotic Structure." *Semiotica* 38 (3/4): 299–318.

Wilson, Edward O. 2000 [1975]. *Sociobiology: The New Synthesis*. Cambridge, MA: Harvard University Press.

———. 2004 [1978]. *On Human Nature*. Cambridge, MA: Harvard University Press.

Winnicott, D. W. 1953. "Transitional Objects and Transitional Phenomena." *International Journal of Psycho-Analysis* 34 (2): 89–97.

Wolf, Larry L. 1975. "'Prostitution' Behavior in a Tropical Hummingbird." *Condor* 77 (2): 140–144.

Wolfe, Alexandra. 2014. "Weekend Confidential: E. O. Wilson—The Noted Biologist on Courting Controversy and the End of the Age of Man." *Wall Street Journal*, April 19, 2014.

Wong, Wang I., and Melissa Hines. 2016. "Interpreting Digit Ratio (2D: 4D) — Behavior Correlations: 2D: 4D Sex Difference, Stability, and Behavioral Correlates and Their Replicability in Young Children." *Hormones and Behavior* 78: 86–94.

Woolf, Virginia. 1938. *Three Guineas*. London: Hogarth Press.

Wrangham, Richard, and Dale Peterson. 1996. *Demonic Males: Apes and the Origins of Human Violence*. Boston: Houghton Mifflin.

Xi Jinping. 2012. 《习近平谈苏联解体》 (Xi Jinping discusses the disintegration of the Soviet Union). August 6, 2014, blog.sina.com.cn/s/blog_ae27d1f50102uyrq.html.

Yang, Martin. 1945. *A Chinese Village: Taitou, Shantung Province*. New York: Columbia University Press.

Yang, Mayfair Mei-hui. 1999. "From Gender Erasure to Gender Difference: State Feminism, Consumer Sexuality, and Women's Public Sphere in China." In *Spaces of Their Own: Women's Public Sphere in Transnational China*, edited by Mayfair Mei-hui Yang, 35-67. Minneapolis: University of Minnesota Press.

Zeid Ra'ad Al Hussein. 2005. "A Comprehensive Strategy to Eliminate Future Sexual Exploitation and Abuse in United Nations Peacekeeping." New York: United Nations.

Zhang, Everett. 2015. *The Impotence Epidemic: Men's Medicine and Sexual Desire in Contemporary China*. Durham, NC: Duke University Press.

Zhang, Jun, and Peidong Sun. 2014. "When Are You Going to Get Married? Parental Matchmaking and Middle-Class Women in Contemporary Urban China." In *Wives, Husbands, and Lovers: Marriage and Sexuality in Hong Kong, Taiwan, and Urban China*, edited by Deborah S. Davis and Sara L. Friedman, 118-144. Stanford, CA: Stanford University Press.

Zheng, Tiantian. 2009a. *Ethnographies of Prostitution in Contemporary China*. New York: Palgrave.

——. 2009b. *Red Lights: The Lives of Sex Workers in Postsocialist China*. Minneapolis: University of Minnesota Press.

——. 2012. "Female Subjugation and Political Resistance." *Gender, Place and Culture* 19 (5): 652-669.

Zuk, Marlene. 2002. *Sexual Selections: What We Can and Can't Learn About Sex from Animals*. Berkeley: University of California Press.

索引
（页码为原版页码，见本书边码）

abortion, sex-selective, 184, 198
acquired characteristics, 215–216
acupuncture, 217
addictions, 206–208
Addictions Counseling Center, 206–207
Afghanistan
　Soviet invasion of, 117
　US war in, 116
Africa
　murder rates in, 53
　vasectomy rates in, 102
aggression. See violence and aggression
Alaska, 129, 130
Albee, Edward, 67–68
Algerian War, 6
All-China Women's Federation, 183, 199, 201
alpha females, 10
alpha males
　in animal kingdom, 10, 56, 71, 240–242
　costs of position, 241
　rule of, 239–247
Alveano Aguerrebere, Saúl, 154
Alzheimer's disease, 224
ancestry, 3, 77, 206–208
　See also heredity
Ancestry.com, 3
Andalusia (Spain), 90
AndroGel, 39–40
androgen insensitivity syndrome, 93
androgens, 93
　See also testosterone
Ángela (abuelita, author's friend), 179–180, 209
Animal Planet (television program), 4–5, 64
animals, 2, 4–5, 59–85, 112, 240–242

anthropodenial and, 81-82
anthropomorphism and (see anthropomorphism)
    apes, 65, 68, 73-76
baboons, 79, 84
bonobos, 70-72, 77, 82, 85, 245
chimpanzees, 10, 56, 69, 70-71, 77, 81, 82, 85, 112, 245
dolphins, 65
animals (continued)
ducks, mallard, 79, 80, 81, 84, 132, 246
fathering in, 174
frogs, smooth guardian, 174
gendered division of labor in, 5
gorillas, 68-69, 70, 71, 77
hummingbirds, 79, 84
langurs, 74, 75
marmosets, 174
octopuses, 65
orangutans, 77
penguins, emperor, 174
pets, 61, 63, 66, 76
pipefish, 174
primates (see non-human primates)
problems with generalizing about humans from, 62
science of male, 55-57
seahorses, 174
shared human ancestry with, 77
television programs on, 63-64

thinking with and about, 64-68
totemism and, 66-67
zoophilia and, 62-63
anthropodenial, 81-82
anthropology, 5, 14, 50, 215
on aggression, 111
case studies in, 27-32
environmental, 224
feminist, 242-244
on fetishism, 214
on gender, 12
medical, 224
paleo-, 77
anthropomorphism, 72
defined, 66
excessive, 76-81
negative effects of, 82-85
terms commonly used by scientists, 77
apes, 65, 68, 73-76
Aristophanes, 111
Aristotle, 65, 84
Arizpe, Lourdes, 96-97
ascribed characteristics, 215-216
Asia, 53
Asian Flushing Factor, 207
Association of Chinese Real Estate Studies, 183
ATENEA program (Mexico), 150-151, 153

baboons, 79, 84

"bandwagon science," 24
Bannon, Ian, 240-241
Bartra, Roger, 50
bathrooms, gender-segregated, 17, 141, 146, 160-161
Beijing (China), 191
Berman, EdgarF., 135-136
beta males, 240, 241
Bible, 35, 78
Billions (television program, US), 233
biobabble, 4, 47, 145, 214
biology, 1-14, 51-52, 113, 233, 240, 241, 247
　animal studies in, 61-62
　changing, 205-226
　Chinese beliefs on gender and, 193, 203
　evolutionary, 73, 89
　fathering and, 176
　foolishness of biological extremism, 5-7
　gender confusion and, 21-22, 32-33, 37
　gender segregation justified by, 150
　male lack of control justified by, 7-9
　need to abandon much language of, 227-229
　negative instance test for, 169-170
　as opportunity *vs.* destiny, 228
　rape and, 129-131
　rapprochement with culturedeveloping, 50

　See also science; sociobiology
bioskepticism, 57, 226
bioworship, 57
birth control. *See* contraception
Blind Date Corners (China), 190-193, 194, 195, 196, 197, 198-199
Blow, Charles, 3
blushing, 83
bodies
　Asian approaches to, 217-219
　female, 23, 214, 243
　fetishizing of, 214-216
　male, 130-131, 173-174, 214-216, 234, 235
　as nation-states, 207
Bogotá (Colombia), 150
bonobos, 70-72, 77, 82, 85, 245
Bosnia, 17
Bourke, Joanna, 130
boys-will-be-boys mentality, 2, 4, 5, 125, 138
　in differing societies, 10-11
　gender segregation justified by, 154
　as just-so story, 246
　origin of term, 11
　science used as justification for, 47, 49
Bradshaw, Kathryn, 133
brain
　male and female, 92-96
　of mass murderers, 211, 212, 215-216

Brain Storm (Jordan-Young), 109
Brazil
　fathering in, 169
　gender segregated public transit in, 149
Bribiescas, Richard, 92, 121-123
Brokeback Mountain (film), 233
Brown, Wendy, 124, 159-160
Brown University, 88-90, 230
Bruni, Frank, 3, 235
Burke, James Lee, 3
Business Week, 39

Cairo (Egypt), 149
Canada, 55
Caribbean, 169
Carter, Jimmy, 117, 136
castration, 43
　of hijras, 30-31
　as rape prevention strategy, 130
Charlotte, NC bathroom bill, 146
"check fathers," 169
chimpanzees, 10, 56, 69, 70-71, 77, 81, 82, 85, 112, 245
China, 14, 65, 181-203
　Blind Date Corners in, 190-193, 194, 195, 196, 197, 198-199
　boys-will-be-boys mentality in, 10-11
　Communist Party of, 186, 200
　Cultural Revolution in, 182, 187, 188, 196
　fathering in, 164, 169
　gender equality policy in, 139, 181-183, 185, 186, 189, 198
　gender ratio imbalance in, 198-199
　gender-segregated public transit in, 149
　"leftover women" in, 184, 198-203, 249
　Maoist, 181, 182, 183, 186, 187, 189, 193, 203, 218
　marriage in, 17, 182-184, 189-203
　one-child policy in, 184, 186, 191, 194, 201
　reassertion of male prerogative and female acquiescence in, 181-186
　traditional medicine in, 217-219, 225
　vasectomy rates in, 102
Chinese National Bureau of Statistics, 183
Chi-Raq (film), 111
chromosomes
　X, 93
　XYY, 48
　Y, 48-49, 152, 225
Cialis, 219
circumcision rite, 11
civil rights movement, 23
class, 116, 157, 166-167
Cohen, Leonard, 205
college campuses, sexual assault on, 17, 132-133, 228

Colonia Santo Domingo, Mexico City, 155, 165
Communist Party (China), 186, 200
condoms, 101
confirmation bias, 49
Confucianism, 84, 172
Congress, US (women in), 243
Connell, Raewyn, 52–53
conscription, 114–117, 161, 228
conservatives, 135
    gender confusion and, 15, 20, 21, 23, 25–26, 33, 34–35, 227
    gender segregation and, 141
contraception, 12, 97–107, 245
    lack of male options, 6–7, 228
    men's use of, 101–107
    as women's responsibility, 6–7, 14, 98–101, 104, 249
Correia, Maria C., 240–241
Cosmopolitan magazine (Chinese edition), 200
cowboys, 232–233, 247–248
Cream of the Crop (television program, China), 195
"cult of chastity," 186
Cultural Revolution (China), 182, 187, 188, 196
culture, 215–216, 233
    Chinese, 187
    danger of stripping away, 76
    gender confusion and, 21–26

    men associated with, 12, 243–244, 246
    military, 9, 115
    negative instance test for, 169–170
    rapprochement with biology developing, 50
Cyprus, 126–127

Dani (Indonesia), 90
Daniel (author's friend), 167
Darwin, Charles, 62, 65, 72, 89
Darwinism, 22, 24
Davis, Natalie Zemon, 141
de Beauvoir, Simone, 23, 111
de Waal, Frans, 69–72, 74, 81–82, 83
Delgado Peralta, Martha, 153
Delhi (India), 17
Delia (author's friend), 155–156, 157
Democratic Party, 135–136
Dennis (recovering addict), 206–207
"Denying Rape but Endorsing Forceful Intercourse" (Edwards, Bradshaw, and Hinsz), 133
Descartes, René, 65
Diagnostic and Statistical Manual of Mental Disorders, 17
Discovery Channel, 63–64
division of labor. *See* gendered division of labor
DNA, 3, 7, 222
    human–chimpanzee similarity, 56, 81

of mass murderers, 211
as substitute for God, 35, 56
dolphins, 65
Dominican Republic, 126-127
draft, military. *See* conscription ducks.
See mallard ducks
Duden, Barbara, 51
Durkheim, Emile, 66

education level of women, 18, 187, 199
Edwards, Sarah, 133
Egypt, 149
Eisenhower, Dwight D., 136
el asticity, 9
See also malleability
eldercare crisis (China), 184, 191
Eliot, Lise, 89, 93, 96
Eliot, T. S., 145
emperor penguins, 174
employment
occupational segregation in, 146-147
rates and patterns, 16-17, 18
wage differentials in, 18
endocrinology, 13, 23, 111
Endocrinology (journal), 42
Enríquez, José, 167
environment and gene expression. *See* epigenetics
environmental anthropology, 224
epigenetics, 50, 96, 203, 221-226
equality. *See* gender equality

erectile dysfunction (ED), 218-219
estrogen, 40, 49, 93
estrus, 71, 74
eugenics, 21, 22
Europe
ancient, 95
gender segregation in, 146
historical importance of mastering sexual drives in, 11
murder rates in, 53
evolution, 13, 24, 94
aggression and, 111
animal studies and, 56, 60, 75, 77, 79, 85, 240
of beauty, 76
historical perspective on theory, 22-23
of hypercooperation, 143
rape and, 128
sexuality and, 92
war and, 121-124
evolutionary biology, 24, 73, 89
evolutionary psychology, 24, 67-68, 73, 131
Experimento Pantallas, 159

Farquhar, Judith, 217-218
fathering, 163-180
in animals, 174
generational shifts in, 176-180
"good enough," 179
imaginary fatherhood, 165-167

irresponsible, 178-179
migration and, 170-174
mothering compared with, 163, 170
paternity uncertainty and, 74, 121-124
role modeling and, 8
stay-at-home dads, 174-176, 179
time and energy spent on children, 9
"traditional dad," 164-165
Fausto-Sterling, Anne, 52, 93, 241-242
femininity, 42, 131, 185-186, 238, 239
feminism, 12, 73, 75
backlash against, 21, 23-24
on gender segregated public transit, 150, 154, 157-158
on reproductive health, 99
rise of, 23
feminist anthropology, 242-244
feminization of migration, 172, 173
fetishizing of bodies, 214-216
Fili, Doña (author's friend), 157-158, 159
final clubs, 144
finger-length theory of aggression, 54-55
Finland, 212
Fly Club, 145
Ford Foundation, 98
Fortune 500 company female CEOs, 243
Foucault, Michel, 232
Fox Club, 145

France
boys-will-be-boys mentality in, 11
gun ownership in, 212
military of, 6
Freud, Sigmund, 124
frogs, smooth guardian, 174
Fuentes, Agustín, 76

Gandhi, Indira, 106
gang rape, 17, 79, 80, 81
Garnanez, Tina, 117-119
Gates, Bill, 145
"gay gene," 216
gays, 54, 216, 230, 232
homophobia and, 16, 29
marriage in, 16, 17, 36
North Carolina HB2 and, 146
gender
culture *vs.* biology in, 12
sex distinguished from, 15-16, 19-20, 218
sexuality distinguished from, 19-20
World Bank document on, 240
gender binary
in animals, 63
brain remodeling and, 95
challenges to, 230, 239
in China, 185-186, 189, 193, 198, 203
science used to justify, 48
sexuality and, 87, 89

gender complementarity, 144
gender confusion, 15 – 37, 141, 145, 214, 220–221, 239
  case studies illustrating, 27–32
  in China, 189, 190
  distress and, 32–36
  gender renegotiation potential and, 227
  historical and cultural perspectiveon, 21–26
  sources of, 16–21
  way out of, 36–37
gender equality, 52, 173
  Chinese policy on, 139, 181–183, 185, 186, 189, 198
  rape incidence correlated with, 129
gender fluidity, 233
gender segregation, 141–162
  in bathrooms, 17, 141, 146, 160–161
  male bonding and, 142–149
  occupational, 146–147
  protest and semantics of abuse, 155–159
  in public transit, 16, 149–159, 160, 249
  in religion, 147–148, 161
  tolerance and men mixing *vs.*, 159–162
gendered division of labor, 12, 93–94, 122, 143–144, 244–246
  in animals, 5
  in parenting, 165, 166, 170, 176, 177

Generation Z, 230
generosity–testosterone link, 43–44
genetics, 13, 24, 48–49
  See also ancestry; chromosomes; DNA; epigenetics; heredity
genitalia
  importance placed on, 42, 48
  sexuality and, 93, 95–96
  See also testicles
Germany, 149
Gisu (Uganda), 11
Goat, The, or Who Is Sylvia? (Albee), 67–68
Goldberg, Arthur, 236
"good enough mothering/fathering," 179
Goodall, Jane, 69
gorillas, 68–69, 70, 71, 77
Gould, Stephen Jay, 83–84
Gu Yunchang, 183–184
gun ownership, 212

Haiti
  murder rates in, 54
  UN peacekeepers in, 13, 125–127
Halberstam, Jack, 232
Handmaid's Tale Cautionary Principle, 20
"harems" (baboon), 79
Harvard College, 144–145
Herbert, Joe, 42, 44, 121, 129
Herdt, Gilbert, 29, 30
heredity, 24

of revolutionary violence, 219–221
of single motherhood, 167–170
See also ancestry
Hijras (India), 30–31
Hinsz, Verlin, 133
Hoberman, John, 41
Hofstadter, Richard, 22, 51
Holmes, Oliver Wendell, 145
home ownership, 183–184
homophobia, 16, 29
homosociality, 145
horizontal gene transfer (HGT), 222
hormonal hypothesis, 121
Hormone Party, 231
hormones, 13, 41, 93
See also estrogen; testosterone
House Bill 2 (HB2), 146
Hrdy, Sarah Blaffer, 69, 73–75, 222–223
hukou system, 191
Human Genome Project, 22, 48
hummingbirds, 79, 84
humor, sexual, 10
Humphrey, Hubert H. , 135
hunting and gathering, 94, 143, 244
Hurston, Zora Neale, 39
Hyde, Janet, 96
hydraulic model, 126

Idaho, 102
If You Are the One (television program, China), 189, 195
imaginary fatherhood, 165–167
impotence, 218–219
India
    gender-segregated public transit in, 149
    hijras of, 30–31
    sterilization campaign in, 106
    vasectomy rates in, 102
indigenous healers (Mexico), 107–108
Indochina War, 6
Indonesia
    Dani of, 90
    fathering in, 169, 172
    gender – segregated public transit in, 149
infidelity, 80–81, 188
instinct, 24, 69, 72, 163
intelligence, musical preferences attributed to, 1–2
International Planned Parenthood Federation, 97
intersexed people, 93
Iran
    US hostage crisis, 136
    vasectomy rates in, 102
Iraq War, 13, 116, 117–120
Isaacson, Walter, 3
Israel, 147, 176–177
Isthmus of Tehuantepec (Mexico), 27–29
Istmeñas, 28

J. Walter Thompson, 158
Jakarta (Indonesia), 149
Japan
　China influencedby, 186
　intelligence study in, 1-2
　post-war occupation of, 6
Jenner, Caitlyn, 232
Jimmy (recovering addict), 206-207
Joel, Daphna, 94-95
Johnson, Lyndon, 136, 236
Jordan-Young, Rebecca, 74-75, 109
Juchitán (Mexico), 27-29
Judaism, 147-148
just-so stories, 246

Kafka, Franz, 59
Kavanaugh, Brett, 233-237, 242
Keller, Evelyn, 216
Kennedy, John F., 136
Kimmel, Michael, 16
Kipnis, Laura, 15, 131
Klinefelter syndrome, 93
Koko (gorilla), 68-69
Korea, 149
Korean War, 116
Kushner, Jared, 145

ladder of being, 65
Lamarck, Jean-Baptiste, 221, 222-223
language, importance of, 7, 11, 36

langurs, 74, 75
Lanza, Adam, 211
Laqueur, Thomas, 96
Latin America, 102
Lawson, Tom, 55
Leach, Edmund, 65
Lebanon, 125-127
Lee, Spike, 111
"left-behind fathers" (Southeast Asia), 169, 172
"leftover women" (China), 184, 198-203, 249
lesbians, rape of, 134
Lévi-Strauss, Claude, 66-67
Lewis, Oscar, 164
LGBTQ community. *See* gays; queerness; transgender persons
Li, Teacher (author's friend), 63
libido, 87-109
　See also sexuality
Liliana (author's daughter), 171, 179-180, 208, 220
Lipitor, 39
literacy rates (China), 186-187
Little Third (China), 188
Lock, Margaret, 224, 225
Lodge, David, 87
Lodge, Henry Cabot, 145
Lu Xun, 163
Luhrmann, Tanya, 173, 234
Luo, Fatso, 195

Luo Ji's Thinking (television program, China), 195
Luo Yuan, 139
Lysistrata (Aristophanes), 111

machismo, 158, 247–248
male bonding
 in China, 188
 gender segregation and, 142–149
male gaze, 182
male privilege
 aggression and, 114, 127, 132, 140
 in China, 181–186
maleness
 aggression and violence associated with, 114, 121
 epigenetics and, 225
 fathering and, 173
 reconsidering, 233
 science of (*see* science)
 TCM approach to, 218
 war and, 121
 See also masculinity (ies)
mallard ducks, 79, 80, 81, 84, 132, 246
malleability, 9, 27, 33–34, 50, 85, 95, 221
mamitis, 170–171, 178
Maoism, 181, 182, 183, 186, 187, 189, 193, 203, 218
Marcos (author's friend), 155–156

Marie Claire, 27
Marks, Jonathan, 22
marmosets, 174
marriage
 in China, 17, 182–184, 189–203
 same-sex, 16, 17, 36
Marriage and Family Research Association (China), 201
Marriage Law of 1950 (China), 182–183, 184
Martin, Emily, 129, 207
Marx, Karl, 32
masculinity (ies)
 aggression and violence associated with, 114
 animal studies on, 63
 asking more from, 250
 case studies of, 27–32
 in China, 185, 188, 189
 as complex whole, 210
 epigenetics and, 222, 223, 224–225
 fathering and, 173
 gender confusion and, 19, 21, 36–37
 label not needed, 239
 military and, 115
 myths and half-myths on, 9–10
 nervous system alteration from thinking about, 206
 reshaping, 228
 in Sambia, 30
 testicles considered soul of, 249

testosterone and, 42
toxic, 36, 222, 238
Trumpian version of, 138
World Bank document on, 240
See also maleness
mass murder, 16, 53, 211–213, 224
matchmakers, 190, 191, 192, 193–198
  Chen, 202
  Ling, 196
  Wang, 192, 200, 202
  Yang, 194, 202
  Zhu, 195–196
mate-deprivation hypothesis, 131
"maternal instinct," 163
maternal mortality rates, 245
matriarchal social structures, 9
Matus, Macario, 29
McCarthy, Eugene, 135
McNamara, Robert, 97
Mead, Margaret, 169
medical anthropology, 224
medicine, Chinese traditional. See Traditional Chinese Medicine "Meet Vidal Guerra & His Mother, Antonia: She's Turning Him into a Girl" (article), 27
mehitzah partition, 147
Men: Evolutionary and Life History (Bribiescas), 121–122
"Men Who Like Jazz Have Less Testosterone Than Those WhoLike Rock" (article), 1

Mencius, 169
men's secret houses, 144
menstruation, 136, 210
#MeToo movement, 13–14, 18, 25–26, 228, 249
Mexfam, 97, 98
Mexico, 14
  boys-will-be-boys mentality in, 10
  family planning in, 97–107
  fathering in, 164, 165–167, 170–171, 177–179
  machismo cult in, 158, 247–248
  migration in, 170–171
Mexico (*continued*)
  pronatalist policy in, 97
  vaquero-cowboys in, 232–233, 247
  vote granted to women in, 243
  See also Mexico City; Oaxaca
Mexico City (Mexico), 13, 166, 167, 208, 220, 247
  gender-segregated public transit in, 149, 150–159, 249
  same-sex marriage legalized in, 16
Michigan, 103
midwives, 107–108
migration, fathering and, 170–174
Miguel (author's friend), 159–160
Milam, Erika Lorraine, 22–23
military, 113
  Canadian, 55
  conscription in, 114–117, 161, 228

French, 6
gays in, 17
gender segregation in, 147
Israeli, 147
sacrifice and service notions in, 115
sexual outlets provided in, 6
transgender persons banned in, 17
US, 6, 17, 19-20, 114-120, 147
veterans of, 116
women in, 9, 19 - 20, 115, 116, 117-119, 147
See also war
"milk fathers" (Brazil), 169
Minnesota, 103
misogyny, 4, 13, 26, 138-139, 249
See also sexism
Monsiváis, Carlos, 181
Montana, 103
moral panic, 17
Morales, Daniel, 126
Morocco, 90
mothering
fathering compared with, 163, 170
"good enough," 179
role modeling and, 8
single motherhood, 167-170
Mullins, Demond, 119-120
murder, 13, 112, 114, 136-137
mass, 16, 53, 211-213, 215-216, 224
science on, 52-55

musical preferences, 1-2
muxe' (Mexico), 27-29, 31

Nagel, Thomas, 67
Nanjing (China), 191
National Autonomous University of Mexico (UNAM), 156
National Institutes of Health, US, 69
natural selection, 89, 213
nature, 49-50, 57, 187
marriage and, 200
men associated with, 247
rape and, 127-128
women associated with, 12, 243-244, 246
nature mysticism, 49
Nazism, 71
negative instance test, 169-170
neuroscience, 24, 50, 95, 96, 109
New Delhi (India), 149
New Guinea
male initiation rite in, 29-30, 231
men's secret houses in, 144
New Hampshire, 103
New Jersey, 102, 129, 130
New Southern Tour speech, 139
New York Times, 210-211, 235
New Zealand, 102
Newsweek, 1, 2
Nixon, Richard, 135
#NoEsDeHombres, 158-159

non-human primates, 68-76
  alpha females in, 10
  alpha males in, 10, 56, 71, 240-241
  female sexuality in, 73-76
North Carolina, 146
Nugenix, 41
Núñez-Noriega, Guillermo, 232
Nussbaum, Martha, 235, 236-237, 242

Oates, Joyce Carol, 49
Oaxaca (Mexico)
  family planning in, 97, 102-106
  midwives and indigenous healers of, 107
  muxe' of, 27-29, 31
objectification, 214
Oceania, 53
octopuses, 65
Oferta Sistemática (Mexico), 100-101
One Out of a Hundred (television program, China), 195
one-child policy (China), 184, 186, 191, 194, 201
Oppenheimer, Sigmund (author's great-great-grandfather), 59, 60
orangutans, 77
Oregon, 103
Orthodox Judaism, 147-148
Ortner, Sherry, 242-244, 246

paleoanthropology, 77

Palestine, 169, 176-177
Palsson, Gisli, 225
Panetta, Leon, 147
Paredes, Américo, 247
Parker, Kathleen, 3
Parsons, Talcott, 170
paternity uncertainty, 74, 121-124
patriarchy, 114, 130, 244
  in China, 187, 189, 193
  epigenetics and, 223, 225
  gender segregation and, 144
  naturalizing, 4
  sexuality and, 90
peacekeepers. *See* United Nations peacekeeping forces
Pence, Mike, 249
penguins, emperor, 174
People's Park (China), 195, 197, 200
Peterson, Jordan, 228
pets, 61, 63, 66, 76
Philippe, Edouard, 231
Philippines, 172
Pinker, Steven, 33-34, 35, 80-81, 127-129, 130
pipefish, 174
Plessy v. Ferguson (US), 143, 144
pornography, 90-92
Portugal, 11
power, 113, 135
primates. *See* non-human primates primatology, 68-72

prison, rape in, 131
progressives, 135
  gender confusion and, 15, 20, 33
  historical perspective on, 21
pronoun preferences, 16, 230–233
property ownership and rights, 18, 182, 183–184
"prostitution" (hummingbird), 79
proteomics, 48
Prum, Richard, 24, 76, 80, 174–176, 179
Public Facilities Privacy and Security Act, 146
public transit, gender-segregated, 16, 149–159, 160, 249

qi (China), 218
Qing dynasty (China), 186
queerness, 230, 232–233

racial profiling, 212, 213
racism, 13, 21, 51, 146, 225
Raine, Adrian, 52, 54–55
rape, 13, 109, 113, 114, 127–135, 228, 249
  animal analogies, 79, 80, 81, 82, 84, 112, 241–242
rape (*continued*)
  defended as "natural," 34
  gang, 17, 79, 80, 81
  of men, 131, 134
  news coverage exposing, 132–134
  normalization of, 127–132
  rates of, 129, 134
  scientific explanations for, 53, 54
  See also sexual abuse and violence
rape culture, 132–135, 228
religion, 124
  gender confusion and, 32, 34–35
  gender segregation in, 147–148, 161
  sexuality compared with, 19
reproductive health
  men's, 177–179
  women's, 97–101, 245
  See also contraception
Republican Party, 135
rhythm method, 101
Rich, Adrienne, 163, 170
Richard (Rosenthal, author's cousin), 174–176
Richardson, Sarah, 48, 49, 226
Rio de Janeiro (Brazil), 149
Roberto (author's friend), 62, 155
Rockefeller, David, 145
Rockefeller, Jay, 145
Rockefeller Foundation, 98
Roosevelt, Franklin, 145
Roosevelt, Teddy, 145
Rubin, Gayle, 19
Rwanda, 243

safety-valve theory, 126–127

Sahlins, Marshall, 241
Sambia (New Guinea), 29-30, 231
Samerski, Silja, 51
same-sex marriage, 16, 17, 36
Sanday, Peggy, 129, 134-135
Santo Domingo, Mexico City, 166, 168, 171, 179, 220
São Paulo (Brazil), 149
Sapolsky, Robert, 5, 42-43, 45
Saudi Arabia, 212
scala naturae, 65
science, 39-57, 227
　"bandwagon," 24
　gender confusion and, 21-25, 32-33, 34
　gender segregation and, 145
　of male animals, 55-57
　on male murder rate, 52-55
　popular beliefs arising from, 47-52
　thinking permeated by popular, 240
　See also anthropology; biology; neuroscience; sociobiology
scientific racism, 21, 51
scientific sexism, 21
seahorses, 174
Second Sex, The (de Beauvoir), 23
Second Wife (China), 188
secret houses, men's (New Guinea), 144
segregation. See gender segregation semen ingestion (initiation rite, New Guinea), 29-30

"separate but equal" doctrine, 143
Serious Inquiries Only (television program, China), 202
sex-gender distinction, 15-16, 19-20, 218
sexism, 21, 74, 136
　See also misogyny
sex-selective abortion, 184, 198
sexual abuse and violence, 4, 17, 145, 241
　on college campuses, 17, 132-133, 228
　epigenetics and, 225
　#MeToo movement on, 13-14, 18, 25-26, 228, 249
　in military, 55, 118-119
　rates of, 134
　segregation for prevention of (see gender segregation)
　by UN peacekeeping forces, 13, 124-127, 249
　See also rape
sexual dimorphism, 89, 94-95
Sexual Exploitation and Abuse (SEA), 124-127
sexual humor, 10
sexual initiation rite, 29-30, 231
sexual reproduction, 12
sexual selection, 88-90
sexuality, 7, 13, 50, 51, 87-109, 240, 246

in animals, 60, 61, 70, 71, 73-76, 79
brain and, 92-96
difficulty of defining, 19-20
female, 88-90, 95, 108-109
in female animals, 73-76
fetishizing of, 214
harm caused by ignorance of, 101-102
historical importance of masteringdrives, 11
men's perceived inability to control, 208-210
military and, 6
TCM approach to, 217-219
testosterone and, 45
visual cues and, 91-92
Shakespeare, William, 227
Shanghai (China), 13, 190-193, 196, 198-199, 201, 247
Shenzhen (China), 149
single motherhood, 167-170
slavery, 78, 82, 83, 123
smooth guardian frogs, 174
Smuts, Barbara, 113
social Darwinism, 22
sociobiology, 21
animal studies and, 71-72, 73, 75
rise of theory, 23-25
Sociobiology: The New Synthesis (Wilson), 23-24
Solo Mujeres program, 150-151, 152

Sontag, Susan, 111
Southeast Asia, 171-172
Southern Baptists, 34-35
Soviet Union, 117, 139
Springsteen, Bruce, 63
Stanford University Medical Center, 211
stay-at-home dads, 174-176, 179
stereotypes, 49, 92, 189, 190, 192, 206, 232
sterilization
female, 102, 106
male, 102-106
"strong blood" (Caribbean), 169
suicide rates (China), 185
Sun, Peidong, 182
Supreme Court, US
on gay rights, 17
on segregation, 143
Supreme People's Court, China, 184
Sweden, 40
Switzerland, 212

Taiwan, 186
TCM. *See* Traditional Chinese Medicine
testicles, 248-249
See also genitalia
testosterone, 7, 39-47, 93, 121, 152, 225, 235-236, 249
aggression and, 42-46
brain development and, 95
coining of term, 42

deficiency diagnoses, 39-41
generosity and, 43-44
Golden Age of research on, 45
incredible properties attributed to, 3-4
musical preferences attributed to, 1, 2
testosterone replacement therapy (TRT), 39-41
They Movement, 230-233
"third gender", 28, 31
"Three-High Woman" (China), 188-189
Tiger, Lionel, 142-143
Tokyo (Japan), 149
totemism, 66-67
toxic masculinity, 36, 222, 238
Traditional Chinese Medicine (TCM), 217-219, 225
transgender persons, 16, 17-18, 214, 230, 231-232
bathroom segregation and, 141, 146, 161
military service ban on, 17
religious beliefs on, 36
Trump, Donald, 4, 25-26, 136, 138, 139-140, 249
tubal ligation, 102
Turner syndrome, 93
Twain, Mark, 83
23andMe, 3
2D:4D ratio, 54-55

ultra-Orthodox Judaism, 147-148
United Nations, 137
United Nations Entity for Gender Equality and the Empowerment of Women, 158
United Nations Office on Drugs and Crime, 53-54
United Nations peacekeeping forces, 13, 124-127, 249
United States, 13-14, 21, 22, 23, 27, 40, 185
boys-will-be-boys mentality in, 10
fathering in, 167
gun ownership in, 212
mass murder in, 211-213
military of, 6, 17, 19-20, 114-120, 147
murder rates in, 53
rape rates in, 129, 134
religious groups' influence in, 34-35
same-sex marriage legalized in, 16
state-sanctioned violence in, 137
university attendance by gender, 18
vasectomy rates in, 102
unmarked category of behavior, 18-19
Uruguay, 212

Vanity Fair, 232
vaquero-cowboys, 232-233, 247
Vargas Llosa, Mario, 6
variation, 27, 131-132, 216

vasectomy, 102-106
VenustianoCarranza, Mexico City, 177-179
Vermont, 103
Viagra, 219
Vietnam, 172, 173
Vietnam War, 6, 23, 116, 135, 236
violence and aggression, 6, 7, 13, 16, 49, 50, 109, 111-140, 206, 213-214, 215, 240, 246
   in animals, 60, 61, 70, 71, 112
   brain and, 94
   epigenetics and, 223, 225
   fetishizing of, 214
   heredity blamed for, 219-221
   historical linking of science with, 22-23
   power and, 113
   prohibited vs. honorable, 137-138
   science on, 50, 51, 52-55
   state-sanctioned, 137
   testosterone and, 42-46
   in women, 112, 114
   Y chromosome and, 48
   See also sexual abuse and violence
Violence and Gender (journal), 133
Viveros, Mara, 104
Vogel, Hannes, 211
voting, 115, 243

wage differentials, 18
war, 115, 241
   men as makers of, 111-112
   reasons for making, 120-127
War on Terrorism, 117
Washington (state), 103
"Welcome to the Age of the Leftover Woman" (article), 200
white males, 211-213
white supremacy, 229
Wilson, Edward O., 23-24
Wilson, Woodrow, 136
Winnicott, D. W., 179
withdrawal (birth-control measure), 101
women
   aggression and violence in, 112, 114
   brains of, 92-96
   contraception as responsibility of, 6-7, 14, 98-101, 104, 249
   education level of, 18, 187, 199
   employment rates in, 16-17
   influence of on men, 8-9, 21, 106, 179
   in leadership positions, 243
   in military, 9, 19-20, 115, 116, 117-119, 147
   nature associated with, 12, 243-244, 246
   objectification of, 214
   power in, 113, 135
   reproductive health of, 97-101, 245
   sexuality in, 88-90, 95, 108-109

Trump election and, 25–26, 138
See also femininity; feminism; marriage; misogyny; mothering; sexism
Woolf, Virginia, 111
WorldBank, 97, 240, 241
World War I, 6
World War II, 6, 116

X chromosome, 93
Xi Jinping, 139, 198
Xu Wei, 200
XYY men, 48

Y chromosome, 48–49, 152, 225
Yale University, 121
Yang, Mayfair, 182
Yerkes National Primate Research Center, 69–70

Zeid Ra'ad Al Hussein, Prince, 125
Zhang, Everett, 218, 219
Zhang, Jun, 182
Zheng, Tiantian, 188
Zhu Wenbin, 195–196
zoophilia, 62–63